Caminhos da filosofia

SÉRIE ESTUDOS DE FILOSOFIA

2ª edição revista e atualizada

Caminhos da filosofia

Roseane Almeida da Silva
Marcio Pheper

inter
saberes

Rua Clara Vendramin, 58 . Mossunguê
CEP 81200-170 . Curitiba . PR . Brasil
Fone: (41) 2106-4170
www.intersaberes.com
editora@intersaberes.com

Conselho editorial
Dr. Alexandre Coutinho Pagliarini
Dr.ª Elena Godoy
Dr. Neri dos Santos
M.ª Maria Lúcia Prado Sabatella

Editora-chefe
Lindsay Azambuja

Gerente editorial
Ariadne Nunes Wenger

Assistente editorial
Daniela Viroli Pereira Pinto

Edição de texto
Letra & Língua Ltda.
Monique Francis Fagundes Gonçalves

Capa
Denis Kaio Tanaami(*design*)
Sílvio Gabriel Spannenberg (adaptação)
Everett Collection/Shutterstock (imagem)

Projeto gráfico
Bruno Palma e Silva
Sílvio Gabriel Spannenberg (adaptação)
Antony Robinson/Shutterstock (imagem)

Diagramação
Kátia Priscila Irokawa

Designer responsável
Charles L. da Silva

Iconografia
Celia Kikue Suzuki
Regina Claudia Cruz Prestes

Dados Internacionais de Catalogação na Publicação (CIP)
(Câmara Brasileira do Livro, SP, Brasil)

Silva, Roseane Almeida da
  Caminhos da filosofia/Roseane Almeida da Silva, Marcio Ferreira Pereira. -- 2. ed. rev. e atual. -- Curitiba : Editora Intersaberes, 2023.

  Bibliografia.
  ISBN 978-85-227-0396-8

  1. Filosofia I. Pereira, Marcio Ferreira. II. Título.

22-140596   CDD-100

Índices para catálogo sistemático:
1. Filosofia   100

Cibele Maria Dias – Bibliotecária – CRB-8/9427

1ª edição, 2017.
2ª edição, rev. e atual., 2023.

Foi feito o depósito legal.

Informamos que é de inteira responsabilidade dos autores a emissão de conceitos.

Nenhuma parte desta publicação poderá ser reproduzida por qualquer meio sem a prévia autorização da Editora InterSaberes.

A violação dos direitos autorais é crime estabelecido na Lei n. 9.610/1998 e punido pelo art. 184 do Código Penal.

sumário

apresentação, 9

O pensamento filosófico, 14
1.1 Origens do pensamento filosófico, 16
1.2 Do *mhytos* ao *lógos*, 24
1.3 A natureza do conhecimento filosófico, 27
1.4 Paralelos conceituais entre filosofia, mito, senso comum, ciência e religião, 31

2 Filosofando, 42
2.1 A experiência do filosofar com Sócrates, 44
2.2 Aristóteles e o espanto para filosofar, 47
2.3 Filosofando com o martelo de Nietzsche, 54
2.4 A atuação do filósofo hoje, 59

3 Estudos filosóficos: a investigação filosófica por áreas – Parte I, 70
3.1 Epistemologia, ou filosofia da ciência, 72
3.3 Antropologia filosófica, 83
3.4 Lógica, 96

4 Estudos filosóficos: a investigação filosófica por áreas – Parte II, 108
4.1 Ética, 110
4.2 Estética, 118
4.3 Filosofia política, 127

5 A filosofia ao longo da história, 146
5.1 Filosofia pré-socrática: filósofos da *physis*, 152
5.2 Os sofistas, 166
5.3 Filosofia clássica: o apogeu filosófico, 168
5.4 Filosofia medieval: diálogos entre fé e razão, 195
5.5 Filosofia moderna: racionalidade *versus* empirismo, 206

6 A pluralidade do pensamento filosófico contemporâneo, 226
6.1 Marxismo, 234
6.2 O existencialismo e a fenomenologia, 241
6.3 Escola de Frankfurt, 246
6.4 Michel Foucault, 252

considerações finais, 265
referências, 269
bibliografia comentada, 281
apêndice, 285
índice onomástico, 293
respostas, 297
sobre os autores, 301

apresentação

A apresentação de um livro parece, pelo menos a nosso ver, marcar um momento solene. É como se, sentados em uma plateia, estivéssemos prestes a ouvir um conferencista renomado internacionalmente em sua área, tendo de aguardar ansiosamente por sua fala, levados a ouvir todo o ato formal de apresentações, quando o que realmente queríamos era que a palavra fosse finalmente dada àquele que nos fez ir até o local.

Sem desmerecer o ato cerimonioso e todas as falas e os sujeitos que o compõem e que, na verdade, não podem deixar de existir nesses momentos, verdadeiramente damos outro valor ao conferencista. Ainda que a solenidade nos apresente uma contextualização do tema em questão e nos indique os objetivos daquele momento, o que queremos mesmo é ouvir a fala do conferencista que tanto tem a nos dizer.

Assim nos encontramos – no momento solene. Você anseia por iniciar esta leitura sobre filosofia, mas temos de recepcioná-lo com esta apresentação.

Então devemos cumprimentá-lo, lembrando que estamos diante de um livro de introdução à filosofia, no qual pretendemos levá-lo a conhecer e, talvez, iniciar seus estudos nessa área. Logo, chamamos sua atenção para o que você vai encontrar nas próximas páginas.

Apesar da divisão em seis capítulos, esta obra foi construída considerando três modos de iniciar os estudos em filosofia. Das diversas possibilidades de diálogos sobre esse campo do conhecimento, optamos por direcionar nossos estudos introdutórios de três maneiras diferentes na mesma obra.

Os Capítulos 1 e 2 têm um caráter mais geral sobre o que é a filosofia e sua importância. Os Capítulos 3 e 4 conduzem ao estudo da filosofia centrado na investigação filosófica. Já os Capítulos 5 e 6 destacam o estudo da filosofia no decorrer da história, da Antiguidade à Contemporaneidade.

No Capítulo 1, propomos uma reflexão sobre a natureza do pensamento filosófico, abordando suas origens e a passagem do *mhytos* ao *lógos* e apresentando os paralelos conceituais entre filosofia, mito, senso comum, ciência e religião. Em suma, nosso objetivo nessa parte da obra é descortinar o conceito de filosofia.

O ato de filosofar é nossa preocupação no Capítulo 2. O questionamento que nos direciona nesse trecho do livro é: "O que é filosofar?".

Fundamentados em Sócrates, Aristóteles e Nietzsche, apresentamos a discussão sobre a questão proposta.

Nosso objetivo nos Capítulos 3 e 4 é apresentar cada uma das áreas da filosofia, bem como os principais pensadores que as representam e suas teorias. Assim, no Capítulo 3, tratamos da epistemologia, da metafísica, da antropologia filosófica e da lógica; ao passo que, no Capítulo 4, versamos sobre a ética, a estética e a filosofia política.

A filosofia ao longo da história é nosso interesse nos Capítulos 5 e 6. Nessa parte da obra, convidamos você a fazer um sobrevoo pela história da humanidade com o olhar fixo na filosofia. Assim, apoiado na divisão clássica da história, você compreenderá o pensamento filosófico nos períodos pré-socrático, clássico, medieval e moderno. Finalmente, no Capítulo 6, encerramos o panorama histórico, concentrando-nos na pluralidade do pensamento filosófico contemporâneo.

O conteúdo deste livro pode ser útil para a retomada de conceitos, com dedicação exclusiva a um ou outro filósofo, ou ainda para a solução de dúvidas pontuais. Ainda, ao final da obra, há uma lista com alguns filósofos de destaque na filosofia ocidental, de Tales de Mileto (625 a.C.-545 a.C.) a filósofos brasileiros em plena atividade.

Esperamos contribuir para aumentar seu interesse pela filosofia, despertando, talvez, a curiosidade por um tema específico ou mesmo por um pensador. É com essa expectativa que encerramos o que chamamos nas primeiras linhas desta apresentação de o "momento solene" e desejamos uma excelente leitura.

1

O pensamento filosófico

Vamos iniciar nosso texto propondo algumas questões acerca do próprio pensamento filosófico: O que é o pensamento filosófico? O que é a filosofia? Qual a sua origem?

Essas são as questões que guiam o conteúdo deste primeiro capítulo. Observe que são perguntas de cunho conceitual, ou seja, descortinar o conceito de filosofia é o nosso objetivo aqui. Para isso, vamos apresentar os aspectos que caracterizam a origem do pensamento filosófico, a natureza própria da filosofia, percebendo as diferenças entre conceitos que, às vezes, causam confusões, como mito, senso comum e ciência.

1.1
Origens do pensamento filosófico

Não sabemos ao certo o momento em que a filosofia teve seu início. É por isso que denominamos esta seção "Origens do pensamento filosófico", em uma tentativa de olhar para esse fato, o nascimento da filosofia, como um leque de possibilidades para seu surgimento. Mas é seguro afirmar, com base em estudos sobre história da filosofia, que a partir do século VII surgiram, na Grécia, homens que observavam o mundo à sua volta com inéditos questionamentos. Esses pensadores começaram a debater a dinâmica do mundo fornecida pelos *mhytos*.[1]

Em diversos estudos, encontram-se apontamentos de que, entre esses indivíduos questionadores, alguns teriam sido os primeiros filósofos, como Tales de Mileto e Pitágoras. Para o historiador da filosofia Corbisier (1984, p. 52), "Pitágoras teria sido o primeiro a chamar-se filósofo, amigo da sabedoria e não sábio propriamente dito. Pois o sábio é aquele que vive praticamente a sabedoria, dispensando-se inclusive falar, ao passo que o filósofo, precisamente porque não a tem, discorre sobre a sabedoria e a procura".

A palavra *filosofia* teria sido utilizada pela primeira vez por volta do século VI a.C. por Pitágoras, reconhecido na sociedade grega como

---

[1] Na próxima seção, conheceremos em detalhes a passagem do *mhytos* ao *lógos*.

um "sábio", assim como Tales de Mileto, Sólon, entre outros. Porém, o pensador considerava esse reconhecimento impróprio, como nos mostra Corbisier (1984, p. 52): "Um sábio é aquele que vive praticamente a sabedoria", ou seja, seria alguém com o saber de todas as áreas do conhecimento humano. Nesse sentido, Pitágoras dispensava esse título, preferindo se denominar "filósofo", indicando, pela própria composição das palavras *philos* e *sophia*, a definição de uma pessoa que "gosta da sabedoria", que tem um "amor pela sabedoria" (Corbisier, 1984, p. 52).

Pitágoras ficou conhecido mais tarde como um *pré-socrático*[2], pois foi um filósofo que viveu antes de Sócrates. Nesse ponto, encontra-se o início da filosofia no Ocidente; porém, há registros da filosofia, ou pelo menos da utilização da palavra, também no Oriente. Todavia, a filosofia oriental, graças à sua imbricação com a religião, levou o Ocidente a tomá-la mais como um estilo de vida. Hegel (1770-1831) compreende que a filosofia oriental deve ser considerada religião.

A concepção eurocêntrica, que concebe a Grécia como berço da filosofia, tem fundamentos importantes, entre os quais as evidências escritas – as quais padecemos na filosofia latino-americana e africana concomitantemente ao Período Clássico. Indo ao encontro desse pensamento, destacamos a concepção de Edmundo Husserl (1859-1938), o qual, relativo origem da filosofia, indica:

> Essa nação é a Grécia Antiga dos séculos VII e VI a.C. Nela surge uma atitude de tipo novo dos indivíduos para com o mundo circundante. [...] os Gregos denominaram-na Filosofia. Corretamente traduzida, no sentido originário, esta palavra não quer dizer outra coisa senão Ciência Universal, ciência do todo mundano, da unidade total de tudo aquilo que é. Bem depressa começa o interesse pelo todo e, com isso, a pergunta pelo devir omni-englobante, e pelo ser no devir, começa

---

2   Conheceremos a filosofia pré-socrática, bem como seus principais representantes, no Capítulo 5.

a particularizar-se segundo as formas e regiões gerais do ser – assim se ramifica a Filosofia, a Ciência una, numa diversidade de ciências particulares. Na irrupção da Filosofia neste sentido – na qual todas as ciências estão, por conseguinte, incluídas – vejo eu, por mais paradoxal que isso possa soar, o protofenômeno da Europa espiritual. Por meio de explanações mais detalhadas, por mais sucintas que tenham de ser, a aparência de paradoxo depressa será afastada. Filosofia, Ciência, é o título para uma classe especial de formações culturais. (Husserl, 2006, p. 321-322)

Husserl (2006) assevera que a dimensão política de colocar o pensamento racional como base da civilização, para além do mito, foi algo original e encantou e encanta diversos povos, demonstrando que esse ideal é universal aos homens. Ou seja, os povos que ainda balizam de maneira mítica as estratificações sociais, normatizações e demais organizações políticas, ao olharem para o modelo europeu, reconhecem-se a ponto de idealizarem em suas culturas o modelo de sociedade movida politicamente por princípios filosóficos e científicos. Essa dimensão universal, representada pela filosofia, e o modelo político originário na Grécia implicariam uma dimensão ética de suscitar no indivíduo um projeto universal de humanidade.

> Sentimos isso precisamente na nossa Europa. Há nela qualquer coisa singular, que todos os outros grupos humanos sentem também em nós como algo que, abstraindo de todas as considerações de utilidade, se toma para eles um motivo para sempre se europeizarem, apesar da vontade inquebrável de autopreservação espiritual. (Husserl, 2006, p. 320)

A persuasão das evidências filosóficas, impressas nos textos clássicos que nos enriquecem até hoje, são muito consistentes para nos convencer da importância do legado grego quanto ao pensamento racional. No entanto, cabe pontuar que o fato de não termos livros ou evidências empíricas acerca da organização e da compreensão filosóficas da realidade dos povos ameríndios ou africanos não significa que nesses lugares não havia pensamento racional ou mesmo uma organização política pautada para além dos mitos.

Chaui (2000, p. 28) aponta, a respeito da discussão sobre a especificidade grega da filosofia, que não podemos sonegar as contribuições orientais advindas de "(egípcios, assírios, persas, caldeus, babilônicos)", além é claro, das civilizações que precederam a Grécia Antiga.

Segundo o Professor Dr. Scott Randall Paine, da Universidade de Brasília (UnB), ao abordar o tema da filosofia oriental, havia também esse preconceito de negar o caráter de filosofia à filosofia oriental, contudo, ele adverte que, ao penetrar o pensamento oriental rompeu com tal barreira (UnBTV, 2005). A visão oriental está fundada na união entre todo e parte, entre indivíduo e cosmos, entre deus e indivíduo, sendo "deus" quase que onipresente no pensamento oriental. Paine (UnBTV, 2015) adverte que, por trás dessa influência da fé, muitas coisas estão escondidas: conceitos próprios da filosofia, como questões cósmicas, ontológicas, éticas.

Podemos encontrar conceitos muito próximos aos filosóficos ocidentais em vertentes do hinduísmo, do budismo de Sidarta Gautama (560 a.C.-483 a.C.), do taoísmo de Lao-Tsé[3] e do confucionismo de Kung-Fu Tsé (551 a.C.-478 a.C.), que coincidem com a época em que o mundo ocidental conheceu Pitágoras. Muitos desses conceitos filosóficos foram incorporados politicamente às culturas orientais, abarcando Índia, China, Japão, Coreia e os demais países orientais.

O recorte claro entre o mito e o pensamento filosófico que notamos na Grécia Antiga, no surgimento da filosofia ocidental, não ocorreu de maneira abrupta. A passagem do *mhytos* ao *lógos* não pode ser compreendida como ruptura, no sentido de os mitos ou a explicação mítica para o mundo terem desaparecido e a razão ou a explicação racional para o mundo ter surgido de repente. Essa passagem não ocorreu como se fosse um milagre, algo rápido do dia para noite. Sobre isso, Aranha e Martins (1993, p. 63-64) afirmam: "que o limiar da filosofia foi influenciado por transformações políticas, culturais, sociais e econômicas ocorridas na Grécia a partir do século VIII".

Tais mudanças caracterizaram, na história da filosofia, a passagem do *mhytos* ao *lógos*, que será discutida na próxima seção.

---

3 É preciso destacar que Lao Tzu, ou Lao Tsé, segundo a crença taoísta, foi gerado a partir de uma gestação de 81 anos, tendo nascido no século XIV a.C. ou XIII a.C. Contudo, a mesma crença aponta reencarnações desde então, e, em algumas dessas reencarnações, as culturas taoísta e confucionista corroboram de que tanto Confúcio quanto Lao Tzu teriam se encontrado. A lenda sobre Lao Tzu guarda algumas nuances bastante interessantes: ele teria nascido com cabelos brancos longos, com grandes orelhas e com aparência de velho, daí que Lao Tsé significa "filho velho".

Aspectos da Geopolítica da Grécia Antiga

Mapa 1.1 – Grécia Antiga 1300 a.C.-146 a.C. – Mapa das Colônias Gregas no Mediterrâneo – Período Arcaico

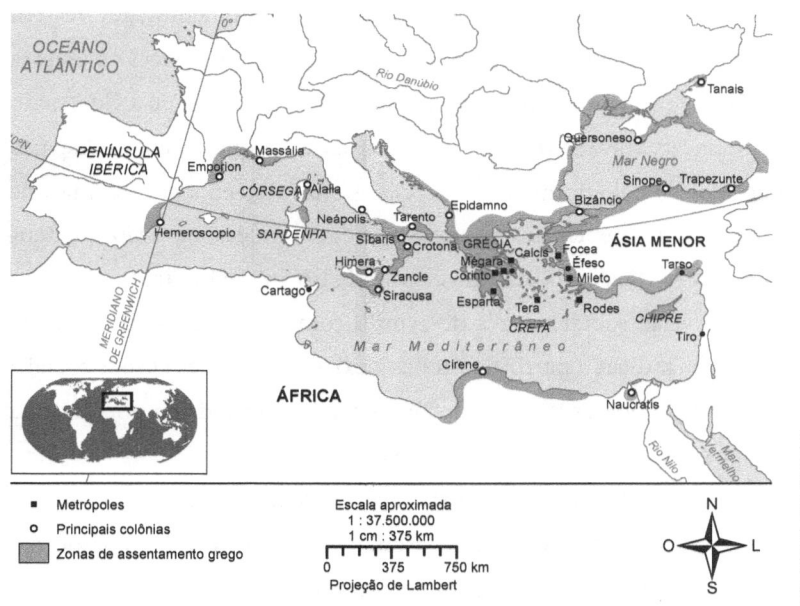

A perspectiva geográfica e geopolítica dá a dimensão da influência cultural e do legado grego para o mundo ocidental. O mapa abarca desde o Período Homérico (século XII a.C.-VIII a.C.) até a dominação política da Grécia pelos romanos que a transformaram em protetorado no ano de 146 a.C. A Grécia Antiga era composta pelos povos gregos no sul da Península Balcânica chegando à cidade de Hemeroscopio, na Península Ibérica, atualmente próxima a Cartagena, tendo quase o domínio completo do litoral norte do mediterrâneo, de toda costa do Mar Negro praticamente, dominando ainda a cidade Cirene, atual Líbia, no norte da África.

Embora os povos gregos tenham dominado o Mar Negro e o Mediterrâneo, não havia centralização política, sendo cada cidade independente, as cidades-Estado. Elas se uniram nas Guerras Médicas (490 a.C.-479 a.C.) contra os Persas, e, em outros momentos, guerrearem entre si. De tais conflitos entre os gregos, podemos destacar a Guerra de Troia, que aconteceu nos séculos XIII a.C. e XII a.C., e a Guerra do Peloponeso, travada de 431 a.C. a 404 a.C., na qual Atenas e Esparta guerrearam pelo domínio da Grécia. Atenas venceu a guerra, mas, de modo geral, a guerra enfraqueceu as cidades gregas, uma vez que também envolveu as importantes cidades de Corinto e El Pireo.

A divisão social variava de acordo com a cidade-Estado, todavia, podemos indicar a partir de Atenas a existência de três classes sociais:

1. Eupátridas: eram os cidadãos e participavam da democracia, ou seja, tinham direitos políticos.
2. Metecos: imigrantes moradores de Atenas que tinham o direito a ser comerciantes e artesãos, eram pagadores de impostos, porém não tinham direitos políticos garantidos.
3. Escravos: a maioria esmagadora da população de Atenas, eram considerados propriedades de seus senhores, evidentemente não tinham direitos políticos, no entanto, havia leis que estabeleciam limites e excessos na relação senhor/escravo.

As mulheres não pertenciam aos grupos de cidadãos, vivendo normalmente subjugadas à vida doméstica e à proteção paterna até que o patriarca escolhesse seus maridos, aos quais a mulher se subordinaria tal qual fizera ao pai; e as crianças seguiam o percurso de acordo com o gênero, caso fosse menino seguia na educação grega a fim de desempenhar seu papel de cidadão (eupátridas); e às meninas cabiam a docilidade, a vida doméstica e a transição de subalternação do pai ao marido escolhido pelo pai.

Base econômica da Grécia Antiga:
- moeda: Dracma – possibilitava o comércio entre as cidades;
- agricultura: cereais, vinha, oliveiras e figueira;
- criação de animais: gado, ovelhas e cabras;
- artesanato;
- pesca;
- construção naval e comércio marítimo.

Características geográficas:
- região litorânea;
- transporte marítimo;
- solo não fértil.

Períodos históricos da Grécia Antiga[4]:
- Pré-Homérico: do século XX a.C. a XII a.C., formação grega a partir do Mar Egeu, ao sul, na Ilha de Creta.
- Homérico: do século XII a.C. a VIII a.C. Tendo em vista que o poder era relacionado à propriedade de terras, nesse período há uma divisão social da seguinte ordem: eupátridas, os grandes proprietários de terras; georgóis, os pequenos proprietários rurais, e thetas, que não tinham propriedade de terras.
- Arcaico: do século VIII a.C. a VI a.C., período em que as cidades-Estados tinham plena autonomia e entre as quais Atenas e Esparta se destacavam.
- Clássico: auge grego, do século VI a.C. a IV a.C., período de desenvolvimento e esplendor da filosofia, do teatro e da música grega.

---

4 Esta seção tem como base os seguintes autores: Vernant (2006), Hesíodo (2011), Cerqueira (2008), Chevitarese (1996), Finley (1986), Gallego (2011), Zarauza (2012).

- Helenístico: do século IV a.C. a II a.c., houve o domínio de Felipe II, e ele e seu filho Alexandre, o Grande, levaram a cultura grega para o Oriente e todo império, fundindo a cultura grega à cultura da Fenícia, do Egito, da Palestina, da Índia, entre outras regiões.

1.2
Do *mhytos* ao *lógos*

Característica fundamental no surgimento da filosofia, a passagem do *mhytos* ao *lógos* não pode ser compreendida como ruptura, no sentido de os mitos ou a explicação mítica para o mundo terem desaparecido e a razão ou a explicação racional para o mundo ter surgido de repente. Essa passagem não ocorreu como um milagre, algo rápido do dia para noite. Sobre isso Aranha e Martins (1993, p. 63-64) afirmam:

> Alguns autores costumam chamar de "milagre grego" a passagem do pensamento mítico para o pensamento crítico racional e filosófico. Atenuando a ênfase dada a essa "mutação", no entanto, alguns estudiosos mais recentes pretendem superar essa visão simplista e a-histórica, realçando o fato de que o surgimento da racionalidade crítica foi o resultado de um processo muito lento, preparado pelo passado mítico, cujas características não desaparecem "como por encanto na nova abordagem filosófica do mundo". Ou seja, o surgimento da filosofia na Grécia não foi o resultado de um salto, um "milagre" realizado por um povo privilegiado, mas a culminação de um processo que se fez através dos tempos e tem sua dívida com o passado mítico. Algumas novidades surgidas no período arcaico ajudaram a transformar a visão que o homem mítico tinha do mundo e de si mesmo. São elas a invenção da escrita, o surgimento da moeda, a lei escrita, o nascimento da pólis (cidade-estado), todas elas tornando-se condição para o surgimento do filósofo.

A citação apresenta questionamentos muito importantes: O que significa esse "passado mítico"? Como, efetivamente, a invenção da escrita, o surgimento da moeda, a lei escrita e o nascimento da pólis (cidade-Estado) contribuíram para aflorar na sociedade grega dessa época o pensamento filosófico, sobrepondo-se ao pensamento mítico? Na tentativa de respondermos à primeira pergunta, trataremos a seguir da mitologia grega.

A Grécia Antiga pautava as relações dos seres humanos entre si ou com a natureza por meios dos mitos. Muitos mitos gregos tinham um correspondente na civilização romana. Sim, a Roma Antiga também foi uma sociedade alicerçada na mitologia, com deuses, contos e narrações. Afrodite é um exemplo: uma das deusas mais conhecidas na mitologia grega, é a deusa do amor, da beleza corporal, do sexo, da fertilidade e, de acordo com algumas narrativas, da vingança. Na mitologia romana, é conhecida como Vênus ou Vênus de Milo.

Poseidon é outra figura mitológica grega e, na mitologia romana, é Netuno, deus dos mares. Sempre segurando seu tridente em uma das mãos, quando fica irritado, conforme nos conta Vasconcellos (1998, p. 111), "tempestades terríveis tomam conta do mar, a terra treme, ventos furiosos se precipitam sobre as águas e erguem aos céus altas ondas".

Nas narrativas mitológicas, encontra-se para cada ser ou cada divindade uma ação que corresponde a um movimento da vida real. Como descrevemos anteriormente, os humores de Poseidon, por exemplo, são sentidos por fortes ventos, mar agitado e ondas enormes.

Há diversas narrativas sobre Afrodite, e uma delas conta que a deusa se apaixonou por uma criança, Adônis, o qual, na adolescência, foi morto por um javali a mando de Artemis. A deusa da beleza, com a ajuda do pai, Zeus, transformou o corpo do adolescente em uma flor. "Assim, durante quatro meses por ano, na primavera, Adônis renasce para viver ao lado de Afrodite; passada a estação, a flor murcha e morre para só reaparecer na primavera seguinte" (Vasconcellos, 1998, p. 92).

A anêmona, flor descrita na narrativa e que nasce apenas na primavera, era vista no mundo real dos humanos como uma obra de uma deusa.

As explicações míticas para as manifestações da natureza, na Grécia Antiga, foram as primeiras a ser contestadas pelos filósofos. Eles passaram a ignorar a mitologia, propondo uma interpretação do mundo fundamentada na razão, que, de acordo com esses pensadores, deveria guiar o homem.

Assim, a diferença fundamental entre *mhytos* e *lógos* é que os primeiros explicam o mundo por meio do divino e celestial, e o *lógos* é a maneira de conhecer e conceber o mundo por meio da razão, ou discurso racional, sendo, portanto, o elemento fundante da filosofia.

A pluralidade dos mitos

A explicação do mundo por meio de narrativas que relegam aos deuses ou entidades celestiais não é característica somente dos gregos, sendo comum a todos os povos humanos, dos celtas aos australianos, dos pré-colombianos aos povos do gelo. Os judeus disseminaram a teoria criacionista por meio da bíblia e das figuras de Adão e Eva, ao passo que os africanos, entre seus diversos mitos criacionistas, apresentam no mito de Yorubá a ideia de criação do mundo, enquanto nossos povos indígenas Guaranis e Kaingangues explicam as Cataratas do Iguaçu por meio do mito de Naipi e Tarobá (para conferir essa história em detalhes, basta acessar o link: <http://www.diaadiaeducacao.pr.gov.br/portals/cadernospde/pdebusca/producoes_pde/2016/2016_pdp_port_unicentro_michellarossadequadros.pdf> na página 26).

1.3
A natureza do conhecimento filosófico

A partir deste ponto da obra, podemos afirmar que a filosofia consiste na busca pela sabedoria, ou seja, consiste na busca pelo conhecimento. E como podemos buscar a sabedoria? Ou, ainda, como podemos buscar o conhecimento? Seria observando um fato? Questionando algum evento ou realidade? Refletindo criticamente sobre dado objeto? Tendo curiosidade e elaborando hipóteses para explicar aquilo que nos causa espanto, estaríamos em busca da sabedoria ou do conhecimento? A resposta é "sim". De acordo com Aranha e Martins (1993, p. 72, grifo do original), "para Platão a primeira virtude do filósofo é *admirar-se*. A admiração é a condição da qual deriva a capacidade de problematizar, o que marca a filosofia não como posse da verdade, mas como sua busca". Na mesma linha de pensamento, seu discípulo Aristóteles afirma que é a partir do espanto que se pode filosofar.

Este é o ato de filosofar: admirar-se de maneira reflexiva, admirar-se e se inquietar diante da compreensão de um conceito. Quando você sente uma inquietação sobre algo, o que quer que seja, o que você faz? Ignora? Esquece? Ou busca compreender melhor o fenômeno ou objeto? Se sua postura é a última descrita, você tem uma atitude filosófica.

A filosofia pressupõe questionamentos em vez de respostas e, ao questionar, o filósofo vai em busca do entendimento, da compreensão; não procura verdades estáticas e absolutas, mas sim a compreensão de conceitos, fenômenos, do mundo, por meio da reflexão colocada, na maioria das vezes, como questionamentos. No entanto, conforme nos ensina o mestre Demerval Saviani (1986), não se trata de qualquer tipo de reflexão, pois qualquer pessoa tem a capacidade de refletir, já que é uma capacidade do pensar, e todo ser humano pensa. A reflexão que é própria da filosofia, que acompanha a atitude filosófica, é uma reflexão radical, rigorosa e de conjunto (Saviani, 1986).

Devemos entender por *reflexão radical* não uma crítica intransigente, mas uma reflexão contundente, fundamentada, muito bem enraizada, que sustenta e fornece uma base segura. Só é possível obter tal nível de compreensão observando que a palavra *radical* tem uma derivação do latim, a palavra latina *radix*, que significa "raiz" (Radical, 2022). Assim, como afirmamos anteriormente, a filosofia é uma reflexão radical.

Lembre-se de que a filosofia é uma reflexão rigorosa. E o que é esse rigor? Para que não tenhamos dúvidas sobre os conceitos filosóficos e, ao mesmo tempo, tenhamos uma base sólida que sustente a argumentação, é necessário um rigor na linguagem utilizada, de modo a explicitar um conceito de modo claro. A reflexão filosófica é rigorosa à medida que evidencia o conceito, tornando-o compreensível.

Saviani (1986) afirma que a reflexão filosófica é de conjunto. Essa expressão pode parecer complicada, à primeira vista, mas não é. *De conjunto* remete a uma totalidade. A filosofia reflete sobre o todo, sobre tudo; nada escapa ao olhar filosófico. Por exemplo: enquanto a teologia aborda Deus, a biologia estuda a vida, a psicologia se debruça sobre a mente, e a sociologia tenta compreender a sociedade ou o ser humano nela inserido, a filosofia pode refletir sobre os aspectos divinos, da vida, da mente e das manifestações sociais do homem. Enquanto cada uma dessas ciências estuda um fenômeno em particular, a reflexão filosófica abarca todas essas áreas ao contemplar o homem de maneira conjunta (Saviani, 1986).

Buscar na filosofia a resposta para algo é debruçar-se em questionamentos, fazendo uma análise criteriosa com excessivo grau de reflexão. "A filosofia surge, então, como um pensamento reflexivo que busca a definição rigorosa dos conceitos, a coerência interna do discurso, a fim de possibilitar o debate e a discussão" (Aranha, 1996, p. 105).

Tendo demonstrado, então, que a filosofia é uma reflexão radical, rigorosa e de conjunto, podemos avançar para uma discussão sobre a finalidade e utilidade desse campo do saber. Será que a filosofia ainda é útil nos dias de hoje? Para que serve a reflexão filosófica em um mundo tão pragmático?

Vamos nos apoiar, neste momento, no estudo da professora e filósofa Marilena Chaui (2000, p. 24), que faz a seguinte consideração sobre a utilidade da filosofia:

> Se abandonar a ingenuidade e os preconceitos do senso comum for útil; se não se deixar guiar pela submissão às ideias dominantes e aos poderes estabelecidos for útil; se buscar compreender a significação do mundo, da cultura, da história for útil; se conhecer o sentido das criações humanas nas artes, nas ciências e na política for útil; se dar a cada um de nós e à nossa sociedade os meios para serem conscientes de si e de suas ações numa prática que deseja a liberdade e a felicidade para todos for útil, então podemos dizer que a Filosofia é o mais útil de todos os saberes de que os seres humanos são capazes.

Diante de todos os "ses" de Marilena Chaui, podemos afirmar que é no ato de questionar, por meio da reflexão, que reside a importância da filosofia. Essa área do conhecimento permite a qualquer um de nós o acesso a mais de uma dimensão da realidade que nos cerca.

Para exemplificarmos isso, convidamos você a pensar na seguinte situação: imagine um estudante e sua professora. O estudante precisa compreender alguns conceitos que ainda desconhece e realizar atividades avaliativas, assistir às aulas, ler as indicações feitas, efetuar pesquisas, entre outras atividades. A professora precisa, por sua vez, escrever um material que proporcione e facilite a aprendizagem do aluno, preparar as aulas, indicar leituras para incentivar a pesquisa, realizar a mediação pedagógica de aprendizagem. Há uma divisão entre as finalidades nesse caso, concorda?

Todavia, a qualquer uma das figuras anteriormente citadas é permitido perguntar. Qualquer um pode refletir e questionar toda e qualquer área de conhecimento, as atitudes do ser humano e a sociedade. Com esse questionamento, a filosofia nos leva à formulação de conceitos.

Diante desse contexto, podemos entender a filosofia como um diálogo. Sob essa perspectiva, olhar para qualquer área ou ciência filosoficamente torna-se mais simples. O olhar filosófico é, antes de tudo, fundamentado em um questionamento rigoroso, reflexivo e crítico sobre os conceitos apresentados e/ou constituintes de uma área ou ciência.

No entanto, devemos considerar com muita atenção que esse rigor crítico-reflexivo que permeia os questionamentos filosóficos deve se apresentar como um diálogo construtivo. O que chamamos aqui de *diálogo construtivo* vai muito além de uma crítica construtiva. Esta pretende expor um ponto de vista direcionado a uma melhoria, um avanço, um aprimoramento e até uma evolução sobre aquilo que se critica. O diálogo construtivo, por sua vez, é fundamentado na dialogicidade, na conversa entre os interlocutores sobre dado objeto. Como próprio de um diálogo, ora o interlocutor fala, ora ele escuta. Perceba que, nesse processo, as críticas ao objeto sempre podem ser refutadas. É essa possibilidade que permite a discussão filosófica sobre esse objeto.

Anteriormente apontamos que essas abordagens conceituais que se desapegam ao mito e tentam explicar a realidade com base em evidências extraídas da crítica humana e suas reflexões racionais genuínas acerca de si, do cosmos e da existência, que denominamos *filosofia*, não eram necessariamente surgidas na Grécia, sendo a filosofia oriental um campo vastíssimo a ser desbravado. Assim, trazemos à baila a Escola Carvaka (século VI a.C.-1000 d.C.) que influenciou e causou conflitos tanto com o hinduísmo quanto com o budismo. Conforme Dasgupta (1975):

- não acreditavam em alma nem em Deus ou metafísica;
- eram empiristas radicais;
- eram materialistas radicais;
- o objetivo da vida segundo seus seguidores é a felicidade, o prazer carnal e material;
- acreditavam que a morte é o fim da existência tanto corpórea quanto da alma.

É possível observar uma ruptura com o mito de maneira clara e expressa, na concepção da Escola Carvaka, e precisamos frisar que isso acontecia no século VI a.c., muito antes de vários desses conceitos serem tratados pela filosofia ocidental.

1.4
Paralelos conceituais entre filosofia, mito, senso comum, ciência e religião

No início deste capítulo, explicamos que, por não haver um momento histórico que marca o surgimento da filosofia, o correto é pensar sempre em **origens do pensamento filosófico**. Além disso, demonstramos que essa origem, que ocorreu na Antiguidade Clássica grega, também foi marcada por uma sociedade organizada pelos mitos. Já no contexto da Idade Média, houve a tentativa de aproximar a filosofia da religião, pois esta última é característica determinante do período medieval. Avançando para a Idade Moderna, observa-se uma necessidade de distinguir filosofia e ciência e ciência e senso comum. Levando-se em consideração o conceito de filosofia nos dias de hoje, ou seja, considerando os diversos aspectos que caracterizam a contemporaneidade, observa-se a necessidade de diferenciá-la de senso comum, ciência, mito e religião. Assim, podemos considerar que os conceitos de mito, senso comum, ciência e religião sempre se apresentaram em paralelo ao conceito de filosofia. Veremos, então, a seguir, esses conceitos para evidenciar esse paralelo.

1.4.1 Senso comum

Chamamos *senso comum* o conhecimento derivado das experiências de um grupo social, transmitido de geração a geração. Nessa transmissão, o conhecimento dissemina-se pela sociedade sem quaisquer questionamentos por parte de seus membros, ou seja, não há reflexão alguma sobre os conceitos apresentados pelo senso comum. É composto de costumes, tradições, ações que as pessoas realizam diariamente, às vezes durante a vida toda, sem parar para questionar o motivo disso.

Um exemplo para demonstrar como o senso comum está presente em nosso dia a dia é o ato de dar água com açúcar para uma pessoa que está nervosa. Ora, água com açúcar não é calmante, fato já provado cientificamente. Entretanto, como responder ao fato de que certas pessoas realmente ficam mais calmas ao ingerir água com açúcar? É provável que entre em cena o efeito placebo, presente também em diversas situações em que são ministradas receitas de remédios caseiros. Todavia, o que nos interessa mais nesse exemplo é que as pessoas não se questionam sobre aquilo que estão fazendo e, diante de um resultado aparentemente positivo, afirmam e acreditam que aquilo funcionou, transformando a situação em uma verdade.

Outro exemplo relativo ao senso comum vem de uma das civilizações mais desenvolvidas cientificamente em nossos tempos, os Estados Unidos. Lá, em razão de crenças, a quase totalidade dos prédios não têm o 13º andar. Isso demonstra a coexistência entre senso comum e ciência e que mesmo uma sociedade aparentemente desapegada do mito, em sua organização social e política, sempre resguarda algum resquício mítico.

1.4.2 Mito

Quando uma verdade do senso comum é amplamente difundida em uma sociedade, gerações e gerações a utilizam até transformá-la em um mito. A água com açúcar é um caso emblemático em nossa sociedade.

Um mito é uma verdade estabelecida sem qualquer reflexão para a explicação dos fenômenos de uma sociedade. Perceba que *mito* não é somente uma fantasia, uma crença ou um costume, é um conjunto desses fatores combinado a um modelo de sociedade. Por isso, afirmamos que toda sociedade tem seus mitos.

Alguns mitos são tão presentes em nossas vidas que não os percebemos – novamente citamos o caso da água com açúcar, que, além de ser um conhecimento do senso comum, também é um mito. Também podemos destacar a figura dos heróis, tão presentes em filmes, novelas, histórias em quadrinhos e desenhos animados. A luta entre o bem e o mal que esses personagens travam tenta explicar determinada ação de alguns seres humanos, demonstrando as consequências para a sociedade em que estão inseridos.

O mito pode ser considerado uma história verdadeira, pois sempre se refere a uma ou várias realidades. No entanto, assim como o senso comum, é uma verdade "dada" sem questionamentos, sem reflexão.

Assim, podemos afirmar que filosofia não é um mito, pois ela é calculada com rigorosa reflexão.

1.4.3 Ciência

Em oposição às características do senso comum e do mito está a ciência. Vamos esclarecer esse contraste no que se refere ao tipo de conhecimento, bem como à produção desse saber, pois a elaboração de um saber do senso comum e do mito tem configurações, modos e características diferentes do saber científico.

Como destaca Chaui (2010), o conhecimento científico é objetivo, quantitativo, homogêneo, generalizador, construído com base em investigações e métodos. Aliás, o método é a grande característica da ciência moderna. Com a utilização desses procedimentos rigorosos, a ciência produz um conhecimento sistematizado, racional, preciso e seguro.

Entretanto, é preciso que tomar cuidado com a afirmação de que o conhecimento científico é preciso e seguro. De fato ele é, mas isso não significa que seja infalível, que seja uma verdade incontestável e que seja o único tipo de conhecimento válido e, portanto, que deva ser seguido. Além de haver contradições nas teorias científicas, a ciência evolui, o que significa que uma teoria científica válida hoje pode não ser a mesma ou não ter a mesma validade amanhã. Por isso, podemos afirmar que as verdades científicas são sempre provisórias. É possível que uma teoria científica se estabeleça por décadas como verdadeira; pode ser que passemos nossa vida observando teorias científicas que não sofreram alteração em sua definição e, consequentemente, em sua validade. Contudo, as mudanças nos conceitos científicos podem ocorrer a qualquer momento.

Para ajudar a compreender um conceito de ciência, recorreremos a Lakatos e Marconi (2010, p. 62), que afirmam que ciência é "uma sistematização de conhecimentos, um conjunto de proposições logicamente correlacionadas sobre o comportamento de certos fenômenos que se deseja estudar".

É interessante que saber que a ciência moderna, a partir do século XVII, com a revolução galileana, estabeleceu-se em uma contraposição ao aristotelismo. Aristóteles, filósofo da Grécia Antiga, já procurava explicar os fenômenos da natureza; sua observação da natureza acontecia de maneira especulativa, pois ele não contava com um método de observação. Ainda, os filósofos pré-socráticos ficaram também conhecidos como *filósofos da physis* (natureza) em razão de suas observações, seus relatos e suas teorias sobre os fenômenos da natureza. Gallo (2013, p. 40) assim observa:

> esses filósofos antigos procuravam abandonar as explicações míticas ou religiosas sobre a origem do mundo e das coisas, construindo uma hipótese racional, isto é, uma ideia criada pelo exercício do pensamento, por meio da observação dos fenômenos naturais e com base em uma argumentação. Com isso, eles procuravam construir um conhecimento que pudesse convencer as pessoas por sua clareza e sua coerência, à diferença da religião, que esperava que as pessoas confiassem de modo "cego".

Dessa forma, podemos afirmar que, mesmo quando esteve vinculada à filosofia, ou seja, antes do século XVII, com o surgimento da ciência moderna, a ciência já proclamava uma construção dos sentidos sobre o mundo, uma produção de conhecimento sobre o mundo de modo racional.

Síntese

Neste capítulo, apresentamos o conceito de filosofia com base em questões como "o que é filosofia?", "o que é filosofar?", "qual a origem da filosofia?". Assim, tratamos superficialmente das origens do pensamento filosófico, ressaltando características que levaram ao surgimento desse evento, que não tem um momento exato na história. Na sequência, destacamos a natureza própria da filosofia e como esta se difere de conceitos como mito, senso comum, ciência e religião. Ao apresentarmos um paralelo entre esses conceitos, evidenciamos suas diferenças, atividade necessária para a compreensão do que é filosofia, objetivo deste primeiro capítulo.

Indicações culturais

Filmes

> DOZE homens e uma sentença. Direção: Sidney Lumet. EUA: Fox/MGM, 1957. 96 min.

Esse filme descreve o julgamento de um homem acusado de homicídio contra o próprio pai. A história revela como diferentes interpretações podem surgir de um mesmo fato – nesse caso, cada integrante do júri avalia o evento de acordo com os conhecimentos que carrega, suas crenças e seu modo de pensar.

> TROIA. Direção: Wolfgang Petersen. EUA: Warner Bros, 2004. 163 min.

Com Brad Pitt no papel de Aquiles, o filme é baseado na Ilíada, de Homero e retrata a sociedade baseada nos mitos ao contar a Guerra de Troia, região que foi destruída pelos gregos por volta de 1250 a.C.

Atividades de autoavaliação

1. Analise as afirmações a seguir e indique se são verdadeiras (V) ou falsas (F):

    ( ) O nascimento da filosofia foi viabilizado pelas transformações sociais na Grécia Antiga.

    ( ) De acordo com a origem etimológica da palavra *filosofia*, o ato de filosofar é a ação de busca pelo conhecimento.

    ( ) Os primeiros filósofos de que se tem notícia foram Buda, Lao Tse e Sócrates.

    ( ) Fatos históricos, econômicos, sociais e políticos marcam o início do pensamento filosófico.

    Agora, assinale a alternativa que corresponde corretamente à sequência obtida:
    a) V, V, V, V.
    b) V, V, F, V.
    c) F, F, F, V.
    d) V, V, F, F.

2. Analise se as afirmações a seguir e indique se são verdadeiras (V) ou falsas (F):

    ( ) Vários mitos gregos relatam o poder, a vingança e o castigo dos deuses diante de desobediência ou negligência de um ser humano.

    ( ) Os mitos refletem toda a crença no cristianismo.

    ( ) A mitologia grega compreende o mundo por meio da filosofia.

    ( ) O mito explica as relações humanas, sociais e com a natureza, por meio da vontade dos deuses.

    ( ) A mitologia narra uma sucessão de fenômenos, naturais ou humanos, concebidos como divinos.

    ( ) Toda sociedade tem seus mitos.

Agora, assinale a alternativa que corresponde corretamente à sequência obtida:
a) V, F, F, V, V, V.
b) V, V, F, V, F, V.
c) F, F, F, V, V, F.
d) F, V, V, F, V, V.

3. Assinale a alternativa correta no que se refere à passagem do *mythos* ao *lógos*:
   a) Com o surgimento da filosofia, os mitos foram esquecidos.
   b) O *lógos* representa a total ruptura com o pensamento mítico.
   c) A palavra *lógos* deriva da palavra *lógica*, em especial, da lógica aristotélica.
   d) Os mitos não mudaram com o surgimento da filosofia, a compreensão de mundo é que mudou, a partir do *lógos*.

4. "A filosofia surge, então, como um pensamento reflexivo que busca a definição rigorosa dos conceitos, a coerência interna do discurso, a fim de possibilitar o debate e a discussão" (Aranha, 1996, p. 105). Com base nessa afirmação, é correto afirmar:
   a) A filosofia surgiu como um pensamento temporário que logo foi substituído pelo pensamento científico.
   b) Buscar na filosofia a resposta para alguma coisa é debruçar-se em questionamentos, uma análise criteriosa com excessivo grau de reflexão.
   c) A filosofia é o pensamento reflexivo, e qualquer pensamento é reflexivo.
   d) Buscar na filosofia a resposta para alguma coisa é superar o conhecimento científico.

5. No que se refere aos paralelos conceituais entre filosofia, mito, senso comum e ciência, é correto afirmar:
   a) Em oposição às características do senso comum e às características do mito está a ciência.
   b) O mito não pode ser considerado uma história verdadeira.
   c) Chamamos de *senso comum* o conhecimento derivado do consenso entre as pessoas de uma sociedade.
   d) Filosofia, mito e senso comum se contrapõem à ciência, pois esta última é o único conhecimento verdadeiramente correto.

Atividades de aprendizagem

Questões para reflexão

1. Como você compreende a posição de Pitágoras, que não permitiu ser chamado de *sábio*, mas se definiu como *filósofo*?

2. Com base na origem etimológica da palavra *filosofia*, redija um texto argumentando sobre a busca pelo saber. Como isso ocorre? O que é o ato de filosofar?

3.

> Primeiro surgiu o Caos. Depois Gaia, a de peito largo, Cosmogonia é sempre o recanto seguro de todos os Imortais que habitam o pico nevado do Olimpo. [No fundo da terra dos largos caminhos existe o sombrio Tártaro.] Por fim, surge Eros, o mais belo entre os deuses imortais, que solta os membros e cativa todos os deuses e homens e corações de vontade sensata em seus seios. (Hesíodo, 1978, p. 72, tradução nossa).

Segundo Hesíodo (1978), Gaia é a personificação do movimento de construção do mundo, sendo a deusa responsável por tudo o que veio posteriormente ao Caos. É a divinização da Terra enquanto ente vivo, do qual a própria vida brota, originando tudo o que lhe compõe dos céus às montanhas, mares e rios, e que com isso tudo permite a existência humana.

Tendo em vista o mito de Gaia, reflita sobre as seguintes questões:
a) Quais as convergências entre tal narrativa mítica e as evidências científicas de que dispomos hoje sobre o meio ambiente?
b) O ser humano se desenvolve com sustentabilidade ecológica? Liste dados científicos que possam subsidiar sua opinião.
c) Em nosso país, na região amazônica, há muitos conflitos envolvendo o Poder Público de um lado e mineradores, madeireiros e grileiros de terras de outro. A justificativa dos criminosos para tentar normatizar tais práticas é que tais ações, ainda que causem prejuízos para o meio ambiente, geram trabalho e renda para população ribeirinha. Pesquise artigos, reportagens ou dados que lhe deem suporte para dissertar a respeito do tema apresentando não só a problemática, mas também possíveis soluções.

Atividade aplicada: prática
1. Realize uma entrevista com no mínimo dez pessoas questionando-as sobre o que entendem por *filosofia, senso comum, mito, ciência* e *religião*. Observe as respostas tentando identificar quais desses conceitos aparecem de maneira mais correta, considerando o conteúdo estudado neste capítulo.

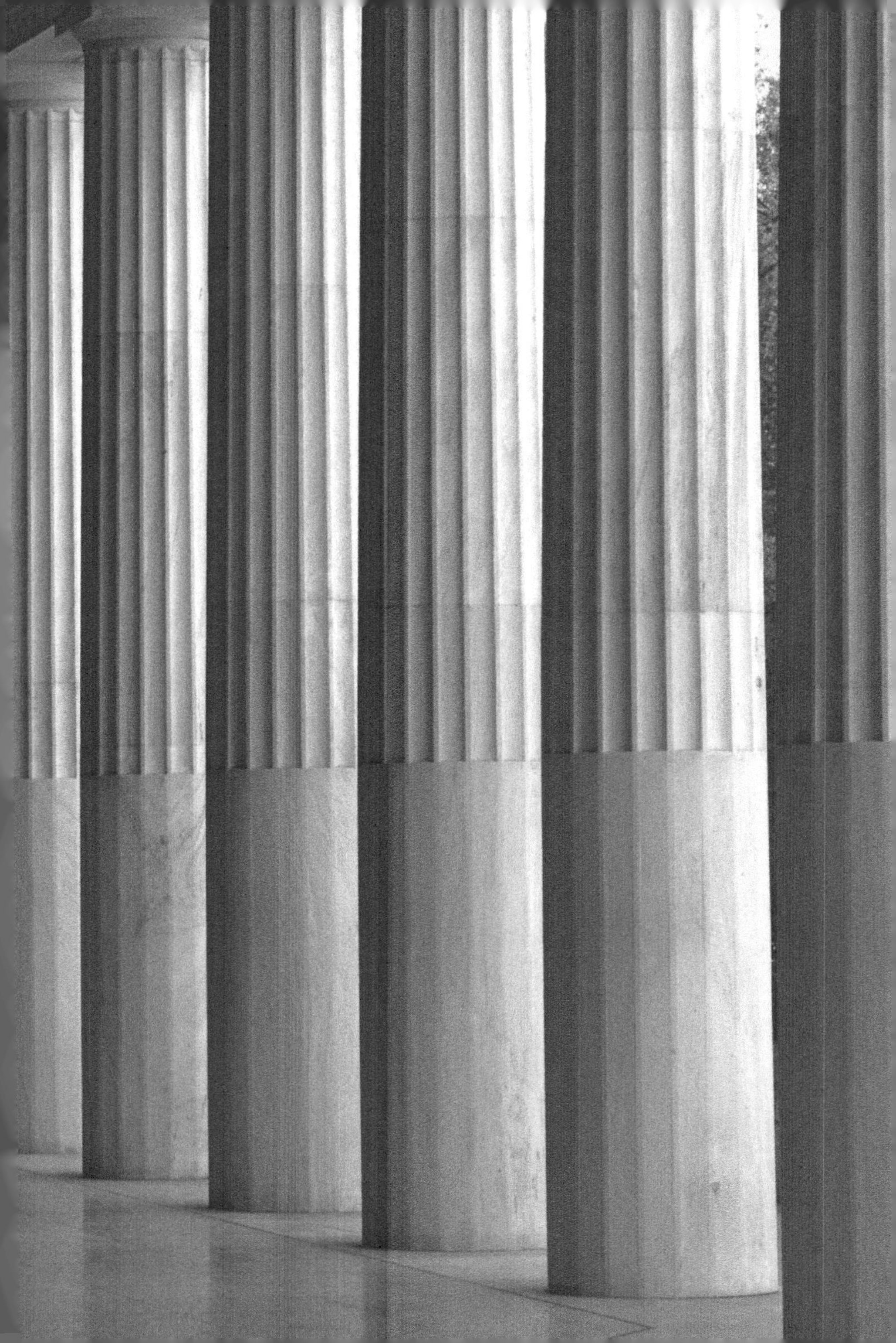

2

Filosofando

Neste capítulo, vamos nos concentrar no ato de filosofar. O questionamento que vai nos direcionar é exatamente: "O que é filosofar?".

Diversos são os filósofos que podem nos acompanhar nessa discussão sobre o ato de filosofar. No entanto, elegemos apenas três grandes pensadores para nos auxiliar nessa compreensão: Sócrates, Aristóteles e Nietzsche.

2.1
A experiência do filosofar com Sócrates

"Conhece-te a ti mesmo."[1] Você está visitando o templo de um deus grego ou uma igreja moderna e lê essa inscrição em uma das paredes, quem sabe até em destaque. O que você conclui? Desafie-se a tirar conclusões a partir daí.

Pois bem, esse é o princípio fundamental da filosofia socrática. O pensador grego defendeu que tudo que é possível conhecer faz parte do próprio ser. Nada que é externo é acessível à alma e pode ser conhecido. O conhecimento é parte do que cada um é.

> Esse homem, nascido em 470 ou 469 a.C., em Atenas, filho de Sofrônico, escultor, e de Fenáreta, uma parteira, aprendeu a arte do pai, mas acabou por se dedicar à reflexão e ao ensino da filosofia. Ao contrário dos sofistas, trabalhava sem recompensa alguma. Por conta da inscrição no templo de Delfos, sua instrução foi pautada, sobretudo, na reflexão pessoal, embora tenha tido contato com a alta cultura ateniense (Corbisier, 1984).

---

1 Não há evidências de quem teria escrito essa frase. Sabe-se que é uma inscrição no Templo de Delfos, um "conselho que se tornaria a máxima principal do pensamento de Sócrates" (Corbisier, 1984, p. 108).

Figura 2.1 – Sócrates (470 a.C ou 469a.C - 399 a.C.)

Sócrates desempenhou por algum tempo o cargo de magistrado e foi sempre modelo irrepreensível de bom cidadão. No geral, manteve-se afastado da vida pública, da política, afinal de contas, seu temperamento era de contraste, por ser crítico e de juízo reto. Viver de modo justo e formar cidadãos sábios, temperantes e de virtude eram as atitudes que o filósofo julgava serem as melhores para servir ao povo grego, contrastando dos sofistas, que formavam pessoas capazes de defender meticulosamente interesses particulares.

2.1.1 Maiêutica: o método de Sócrates

Para que possamos compreender a maiêutica de Sócrates, é importante manter dois fatores em mente e que já foram citados: (i) a inscrição do templo de Delfos; e o (ii) o trabalho da mãe dele. Sim, esse filósofo foi um tanto incomum e, por isso, um marco na filosofia ocidental. Vamos acompanhar então o raciocínio da construção de seu método.

Sócrates constata que todo conhecimento possível parte do indivíduo, ou seja, é parte do ser. Desse modo, cada pessoa pode apenas conhecer aquilo que em si já sabe. Assim, refletindo sobre o "conhece-te a ti mesmo", é possível concluir que a atitude de conhecer é a prática de voltar o olhar sobre si mesmo, atividade que se efetiva única e exclusivamente através do uso da razão. É aí que entra o trabalho da parteira, pois, segundo Sócrates, o ato de conhecer ou de pensar é semelhante a um parto. Não físico, mas racional.

Sócrates desenvolveu uma forma de ajudar os jovens em sua formação, auxiliando-os na descoberta dos próprios conhecimentos e conduzindo-os ao "conhece-te a ti mesmo". Essa forma, que o próprio pensador chamava de *maiêutica*, "parto" em grego, consistia em uma espécie de interrogatório em que, com muita habilidade, o filósofo induzia as pessoas a exporem seus pensamentos sobre os mais diversos assuntos. Em seguida, com um trabalho de reflexão e inquisição intelectual, Sócrates questionava ou contrapunha as opiniões oferecidas de modo implacável, sempre possibilitando ao interlocutor a autorreflexão. Por esse motivo, podemos afirmar que o método socrático é dialético, ou seja, fundamenta-se em um conhecimento que, embora seja inerente ao próprio sujeito que conhece, desenvolve-se pela possibilidade de ser reflexivo (Reale; Antiseri, 1990). Por meio da maiêutica socrática, Sócrates chegava a outro elemento peculiar do ato de filosofar: a ironia.

Vimos que, pela maiêutica Sócrates, estimulava as pessoas não só a refletir, mas também a falar, a expor suas ideias. Imagine você dialogando com Sócrates e chegando às próprias conclusões. Estaria entusiasmado, não? Claro. Era assim mesmo que as pessoas se sentiam, entusiasmadas e respeitadas pelo mestre Sócrates.

No entanto, como queria extrair sempre mais conhecimento, acreditando que cada pessoa teria mais dentro de si, Sócrates lançava um novo questionamento, justamente no momento em que o interlocutor acreditava que sabia tudo, pois havia chegado a uma conclusão. A pessoa partia do zero, novamente não sabia de nada, de novo teria de supor, indagar-se até uma nova conclusão, a qual possivelmente seria também derrubada com um novo argumento socrático.

2.2
Aristóteles e o espanto para filosofar

Aristóteles nasceu em Estagira, antiga cidade da Macedônia, hoje pertencente à Grécia. Viveu entre os anos de 384 a.C. a 322 a.c. Seu pai, Nicômaco (cujo nome foi dado também ao filho de Aristóteles e veio a ser título de uma de suas grandes obras), era um médico renomado, um cientista da natureza. Essa influência foi decisiva para a formação do pensamento filosófico de Aristóteles. Foi para Atenas com 18 anos, onde se tornou discípulo de Platão. Com a morte de seu mestre, em 347 a.c., Aristóteles deixou a Academia e começou a desenvolver a própria filosofia, divergindo em muitos aspectos do pensamento platônico (Corbisier, 1984).

Foi preceptor de Alexandre da Macedônia. De acordo com Corbisier (1984, p. 186), quando o Imperador Felipe da Macedônia convidou Aristóteles para ser tutor de seu filho, teria escrito na carta: "Tenho um filho, mas agradeço aos deuses, menos por essa dádiva, que por tê-lo feito teu contemporâneo. Espero que teus cuidados e teus juízos (ensinamentos) o farão digno de mim e de seu futuro império". Percebemos aqui o respeito que Aristóteles conquistou durante a vida como filósofo. Além desse valor intelectual para a sociedade grega da época, ele entrou para a história da filosofia como um dos maiores filósofos clássicos. O pensamento aristotélico influenciou grandes filósofos.

Mapa 2.1 – Mapa do Império de Alexandre o Grande 336 a.C.-323 a.C.

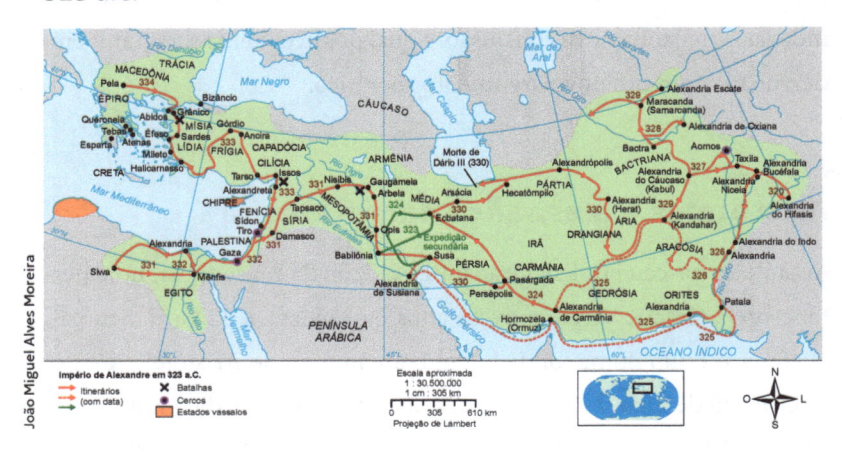

Alexandre disseminou a cultura grega no norte e leste da África, Capadócia, Mesopotâmia, Babilônia, Pártia, entre outras localidades, e sob seu domínio promoveu o sincretismo cultural em seu império tendo a cultura grega como base.

As releituras de Tomás de Aquino, no século XIII, converteram seu pensamento em doutrina oficial da Igreja Católica[2]. Por outro lado, a ciência moderna, que nasceu no século XVI, contrapôs-se ao aristotelismo. Nessa linha também podemos citar filósofos como Kant, no século XVIII, e Hegel e Marx, no século XIX, os quais também se debruçaram sobre a obra de Aristóteles, que influenciou o pensamento desses estudiosos (Corbisier, 1984).

Precisamos destacar também que a obra de Aristóteles é muito vasta, perpassando diversos temas. Seus escritos, em grande parte, são fragmentos ou apontamentos, ensinados em suas aulas, as quais funcionavam como preleções. Muitos desses fragmentos se perderam

---

2   No capítulo sobre a Idade Média, discutiremos esse assunto.

no tempo. O pensador teria escrito cerca de 150 obras, de temas mais variados, abrangendo o conhecimento de sua época (Corbisier, 1984). Entre as obras que chegaram até nós, destacamos: *Organon* (um tratado lógico); *Física, Do céu, Sobre a geração e a corrupção* e *Meteorológica* (tratados da física); *Da alma, dos sentidos e da sensibilidade, Da memória, Da reminiscência, Do sono e da vigília, Dos sonhos, Da adivinhação pelos sonhos, Da longitude e da brevidade da vida, Da vida e da morte, Da respiração* (obras de psicologia); *História dos animais, Das partes dos animais, Do movimento animal, Da geração dos animais* (sobre história natural); *Metafísica, Ética a Nicômaco, Grande moral, Ética a Eudemo, Política, Constituição de Atenas, Retórica* e *Poética* (obras sobre as ciências do espírito). De modo mais fragmentado, ainda temos conhecimento de obras como *Político, Sofista, Eudemos* e *Protéticos* (Corbisier, 1984).

Aristóteles talvez tenha sido o primeiro pensador a se interessar pela filosofia de seus antecessores. O texto *Metafísica* pode ser considerado um breve histórico da filosofia até Platão. Sobre isso, diz Aristóteles (1973, p. 225): "Acabamos de passar em revista, breve e sumariamente, os [filósofos] que trataram dos princípios e da verdade e como [o fizeram] [...]". O estagirita faz essa afirmação no Capítulo VII, destinado a relacionar o pensamento de seus antecessores, que já havia apresentado até o momento, à sua teoria das quatro causas.

Diante da vasta obra aristotélica, precisamos nos concentrar, neste ponto do estudo, naquilo que Aristóteles considerava filosofia. Para darmos conta dos objetivos deste capítulo, vamos compreender o que seria para Aristóteles o ato de filosofar.

No texto *Metafísica*, ele inicia seu discurso afirmando que "todos os homens têm, por natureza, desejo de conhecer" (Aristóteles, 1973, p. 211). Isso significa que é da essência do ser humano a vontade de conhecer. Desde os primeiros meses de vida, um bebê demonstra esse desejo ao observar o que acontece ao seu redor, ao tentar tocar os objetos que lhe aparecem, ao levar à boca os objetos que consegue pegar, ao "parar" por alguns segundos para prestar atenção em um som. O que se pode perceber nessas ações de qualquer bebê é que as sensações lhe agradam. Aristóteles já pensava sobre isso cinco séculos antes de Cristo. Na sequência de sua afirmação "todos os homens têm, por natureza, desejo de conhecer", o filósofo justifica: "uma prova disso é o prazer das sensações, pois, fora até da sua utilidade, elas nos agradam por si mesmas e, mais que todas as outras, as visuais" (Aristóteles, 1973, p. 211).

O que Aristóteles está dizendo é que nosso desejo de conhecer se expressa pelos sentidos. Temos prazer em sentir o que sentimos pelos sentidos – mais que isso, temos o desejo de observar, temos a vontade de conhecer por meio dos sentidos. Com esse pensamento, o filósofo de Estagira privilegia a visão em detrimento dos demais sentidos, pois, por meio da visão, podemos conhecer mais (mais no sentido de quantidade, e não de profundidade). Podemos conhecer mais pela visão porque, para Aristóteles, ela é nosso sentido mais imediato. Pense a respeito: Quantas coisas diferentes vemos em alguns segundos? Olhe ao seu redor. Muito provavelmente você observou coisas que já conhece. Porém, com um olhar mais atento às coisas do mundo, no dia a dia, podemos, pela visão, conhecer inúmeros objetos, pessoas, ações, fenômenos naturais, enfim, podemos perceber e conhecer mais do mundo.

Mas não podemos nos apressar e afirmar que, de acordo com o pensamento aristotélico, o conhecimento se concretiza somente pelas sensações. Sim, tornou-se claro que as sensações nos fornecem entendimento; no entanto, não é somente pelas sensações que formamos um conhecimento das coisas do mundo. No Capítulo 1 da *Metafísica*, Aristóteles (1973, p. 211) demonstra "que há graus diversos de conhecimento – sensação, memória, experiência, arte, ciência".

Se voltarmos ao nosso exercício de olhar ao redor para observar o mundo, podemos nos perguntar: Será que somos capazes de conhecer uma pessoa apenas por tê-la visto? Será que podemos afirmar que conhecemos um fenômeno natural apenas porque vimos como ele acontece na natureza? Será que compreendemos o que realmente é um objeto somente olhando para ele? A resposta para todas essas perguntas é "não". Aristóteles, já atento a isso, propôs os diversos graus de conhecimento.

Novamente observando as coisas ao nosso redor, podemos dizer que provavelmente já conhecemos tudo o que vemos em nosso entorno neste momento. Isso porque essas coisas já estão gravadas em nossa memória e, segundo Aristóteles (1973, p. 211), "É da memória que deriva aos homens a experiência: pois as recordações repetidas da mesma coisa produzem o efeito duma única experiência, e a experiência quase se parece com a ciência e a arte". Assim, podemos inferir que a experiência nasce na memória. São os registros ou, melhor, as recordações gravadas na memória que formam nossas experiências. As recordações são muitas, inúmeras, infinitas e especialmente variadas. Nesse sentido, quanto mais recordações, maior será nossa experiência sobre o mundo.

A experiência, de certo modo, assemelha-se à ciência e à arte, as quais chegam aos homens por meio da experiência (Aristóteles, 1973). Ora, um conjunto de experiência dá origem à arte. De um conjunto complexo de noções experimentadas, origina-se um único conceito que será universal, mesmo observando-se os casos semelhantes (Aristóteles, 1973). A arte é assim entendida, como um conhecimento universal no sentido que pode ser aplicado universalmente a diversas particularidades. Em outras palavras, a partir da ideia do universal, esse conhecimento se aplica a um caso particular. Podemos citar o exemplo do médico que estabelece um tratamento considerando a universalidade de um saber. O caso particular que está sendo tratado já foi visto diversas vezes no cotidiano do médico e já está universalmente conceituado dentro da medicina. Esse é o conhecimento universal aplicado a um caso particular, isto é, à arte, à arte do saber.

Na prática do dia a dia, a experiência também influencia essa dinâmica. O indivíduo que detém determinada experiência aplica um conceito universal a um caso particular, justamente pela experiência que já foi construída sobre diversas situações como aquela.

Aristóteles considera a experiência a única prática que leva a saber que as coisas acontecem; em outras palavras, por meio da experiência compreendemos que algo aconteceu, entendemos que um objeto é aquele objeto, que um homem realiza determinadas ações. Todavia, por meio da experiência não podemos entender por que as coisas acontecem, por que um objeto é como é, por que um homem realiza determinadas ações. É pela ciência que podemos afirmar como as coisas acontecem e por que acontecem.

O "saber das causas" é o objeto da ciência, ou seja, compreender como as coisas do mundo acontecem, saber o porquê das ações, dos fenômenos, entender a razão de ser dos objetos e das coisas é um conhecimento resultante da ciência (Aristóteles, 1973).

Para Aristóteles, a filosofia é, portanto, esse tipo de saber, por meio do qual se deseja compreender o como das coisas, o qual desperta a vontade de entender por que as coisas acontecem da maneira que acontecem.

Nas palavras de Aristóteles (1973, p. 214):

> Foi, com efeito, pela admiração que os homens, assim hoje como no começo, foram levados a filosofar, sendo primeiramente abalados pelas dificuldades mais óbvias, e progredindo em seguida pouco a pouco até resolverem problemas maiores: por exemplo, as mudanças da Lua, as do Sol, a dos astros e a gênese do Universo.

Nesse sentido, podemos considerar que o ato de se admirar é condição *sine qua non* para o ato de filosofar. Já havíamos adiantado isso no início deste livro, quando afirmamos que primeiro Platão e depois Aristóteles viam na admiração o ato inicial e fundamental no processo de filosofar.

Quando nos admiramos com alguma coisa, nós nos surpreendemos porque até aquele momento desconhecíamos o objeto de nossa admiração. Assim, Aristóteles (1973, p. 214) afirma que "quem duvida e se admira julga ignorar". A admiração é o reconhecimento de um não saber, e aquilo que não se sabe é o que buscamos conhecer. Além disso, Aristóteles (1973, p. 214) afirma que "se foi para fugir à ignorância que filosofaram, claro está que procuraram a ciência pelo desejo de conhecer, e não em vista de qualquer utilidade". A ciência da filosofia (como era entendida por Aristóteles) se move, como já descrevemos, pelo desejo de conhecer, o qual, por sua vez, é impulsionado pela admiração que temos diante do desconhecido. Ainda, a ciência que se chama *filosofia* é o estudo das primeiras causas e dos princípios.

Aristóteles afirma que filosofar está na sabedoria e que todos os homens entendem por sabedoria a mais alta forma de conhecimento. Um exemplo de sabedoria seria, para Aristóteles, indivíduos que filosofam sempre movidos pela admiração por coisas que não compreendem.

Os filósofos não se conformam, nem antigamente, nem hoje, com o que percebem em um primeiro momento, mas desejam saber o princípio dos fenômenos, buscando a causa deles. Também nesse sentido, podemos afirmar que a filosofia é livre, pois não depende de outra ciência. A verdade alcançada pela filosofia tem sempre sua origem na admiração, no espanto que inspira o questionamento sobre as coisas do mundo.

2.3
Filosofando com o martelo de Nietzsche

Ao criticar o racionalismo, em especial o primado da razão, a metafísica, a teoria das ideias de Platão, o cristianismo, a moral, entre outros temas, Friedrich Nietzsche (1844-1900) acaba por realizar uma crítica sobre valores e conceitos que fundamentam toda a civilização ocidental.

Rebelde, provocador e polêmico são alguns adjetivos atribuídos a Nietzsche. O pensamento que compõe toda a sua obra é um verdadeiro abalo, um choque ao pensamento ocidental.

E sobre a filosofia? Sobre como filosofar? O que Nietzsche nos apresenta?

Em toda a sua obra, o filósofo prussiano utiliza metáforas para explicar seu pensamento. Para tratar do que deveria ser a filosofia ou do ato de filosofar, esse pensador se utiliza da "metáfora do martelo".

Em sua obra *O crepúsculo dos ídolos*, Nietzsche (2006, p. 2) nos diz logo na introdução:

> Uma outra convalescença, que sob certas circunstâncias é para mim ainda mais desejável, consiste em auscultar os ídolos... Há mais ídolos do que realidades no mundo: este é o meu "mau olhado" em relação a esse mundo, bem como meu "mau ouvido"... Há que se colocar aqui ao menos uma vez questões com o martelo, e, talvez, escutar como resposta aquele célebre som oco, que fala de vísceras intumescidas – que encanto para aquele que possui orelhas por detrás das orelhas! – para mim, velho psicólogo e caçador de ratos que precisa fazer falar em voz alta exatamente o que gostaria de permanecer em silêncio...
> Também este escrito – o título o denuncia – é antes de tudo um repouso, um feixe de luz solar, uma escorregadela para o seio do ócio de um psicólogo. Talvez mesmo uma nova guerra? E novos ídolos são auscultados?... Este pequeno escrito é uma grande declaração de guerra; e no que concerne à ausculta dos

ídolos, é importante ressaltar que os que estão em jogo, os que são aqui tocados com o martelo como com um diapasão, não são os ídolos em voga, mas os eternos; – em última análise, não há de forma alguma ídolos mais antigos, mais convencidos, mais insuflados... Também não há de forma alguma ídolos mais ocos... Isto não impede que eles sejam aqueles em que mais se acredita; diz-se também, sobretudo no caso mais nobre, que eles não são de modo algum ídolos...

Seguindo o raciocínio desse trecho, a filosofia deve, antes de tudo, "auscultar os ídolos". Nessa tarefa de ouvir de perto o mundo, na tentativa de diagnosticar seu modo de ser, observar-se-ia que "há mais ídolos que realidades no mundo". Assim, muitos dos conceitos e dos valores estabelecidos como verdades em nossa sociedade não passam de crenças superficiais criadas para garantir uma ordem harmônica no mundo. Tais verdades, quando postas sobre o martelo, um martelo que bate para ver o que tem dentro, são facilmente destruídas.

Ora, do que estamos falando? O que seria esse martelo? A **crítica**, pois é "o martelo como com um diapasão", ou seja, que tenta afinar, ajustar a verdade por detrás de um ídolo. A filosofia é, pois, esse martelo diapasão, que bate para "escutar aquele célebre som oco". E por que se acredita que ali, nos ídolos, há uma verdade absoluta? Porque o mundo é sensível. O mundo é composto de coisas apreendidas em um primeiro momento pelos sentidos. A razão vem depois, ou deveria vir depois, martelando o mundo sensível em busca da razão de ser.

E o que são os ídolos no pensamento nietzschiano? São todo tipo de conceito, verdade absoluta, pragmatismo, um modelo mental que cega o homem em sua razão.

Para que essa cegueira não perdure, Nietzsche, por meio do personagem Zaratustra, da obra *Assim falou Zaratustra*, mostra que é necessário transmutar-se, carregando seu espírito de todo o conhecimento, buscando refúgio em seu deserto interior, refletindo profundamente e insistentemente sobre sua própria vida, sua própria existência (Nietzsche, 1999).

Nietzsche nos ensina que três transmutações são necessárias ao espírito humano, ou seja, é preciso que o espírito se transforme para que se tenha um conhecimento racional sobre o mundo sensível. É necessário que o espírito se transforme para saber utilizar o martelo. E quais são essas três transmutações? Nietzsche responde: como o espírito se transforma em um camelo, de camelo em um leão, de leão em uma criança (Nietzsche, 1999).

Por meio dessa metáfora da transmutação, podemos compreender que o camelo é aquele que suporta o peso, a carga pesada dos valores do mundo. O leão é aquele que, com sua força, consegue romper com esses valores, e a criança representa a inocência necessária para um eterno recomeçar.

Para explicarmos mais adequadamente essa visão de Nietzsche, citamos Abrão (1999), que afirma que o estado de camelo é o estado do "tu deves", momento em que a civilização é marcada pelo primado de uma moral religiosa. Nesse contexto, a autora trata dos anos de predomínio do poder da Igreja sobre a civilização (Idade Média), mas também, de maneira mais específica, dos momentos na vida do ser humano que estão alicerçados nessa fase.

O estado de camelo dá lugar ao estado de leão. Na visão de Abrão (1999), o "tu deves" é substituído pelo "eu quero", momento de liberação da vontade humana. O desejo de romper com a tradição, a vontade de abandonar os valores e a moral religiosa imposta ao homem. Somente com a força de um leão é possível deixar de lado a carga pesada (moral imposta) que o homem carrega.

O autor de *Assim falou Zaratustra* nos alerta que precisamos criar uma força extra, deixar crescer e sair o "leão" de dentro de nós para nos libertamos da cultura dos valores e das verdades que nos aprisionam e escondem a verdadeira razão. Somente com a gana de um leão podemos lutar para nos libertar das crenças do mundo sensível, tomando consciência de nós mesmos e de nosso próprio destino (Nietzsche, 1999).

Finalmente, tendo o espírito humano se libertado das amarras da moral e dos valores impostos à sociedade, ele pode recomeçar. E aqui está a ideia do eterno retorno nietzscheniano: o leão se transforma em criança, demonstrando a necessidade de recomeçar, de retornar. Retomar conceitos, retomar verdades, recomeçar a crítica.

O século XIX e o contexto de Nietzsche

O século XIX foi de grande avanço para as ciências naturais, contribuindo com a industrialização e a evolução científica, tendo com a mecanização um ganho de escala produtiva jamais visto até então. Os efeitos colaterais desse processo, como a miséria e a concentração de renda, foram moldando a sociedade capitalista e fomentando seus críticos.

Embora a sociedade medieval que atrelava a filosofia à fé houvesse ruído nesse aspecto, socialmente o papel das igrejas cristãs ainda era de forte presença política na sociedade europeia, seja sustentando ideologicamente as dinastias que restavam, seja se adaptando doutrinariamente ao capitalismo, conforme aponta Max Weber, no início do século seguinte, em 1904-1905, com a obra *A ética protestante e o espírito do capitalismo*.

Foi também o século de surgimento da doutrina utilitarista, a qual teve seus expoentes em Jeremy Bentham (1782-1875), que havia escrito em 1795 o *Manual of Political Economy*, e John Stuart Mill (1806-1873). Esses autores atrelaram o bem das ações à felicidade resultante destas, ou seja, uma ação boa necessariamente deveria levar à felicidade e, quanto "mais" boa a ação, mais felicidade dela seguiria, ao passo que a infelicidade, em contraposição, seria o resultado das más ações.

O positivismo também figurou como protagonista durante o século XIX, ao relegar ao conhecimento científico a única forma de conhecimento válido. Tal concepção levou para dentro das ciências sociais a pretensão de aplicação da mesma metodologia das ciências naturais, esperando com isso os resultados mais objetivos acerca do entendimento dos fenômenos sociais.

Diante desse contexto de desenvolvimento do capitalismo industrial, de acumulação de riqueza e da exploração do trabalho operário, cabe também enfatizar que o século XIX foi o berço de dois movimentos operários, anarquistas, socialistas e comunistas. O anarquismo compreendia que as condições dos trabalhadores só poderiam melhorar diante da extinção de todas as formas de poder, inclusive o Estado. Já o comunismo dizia que era necessário que os trabalhadores tomassem o poder, comandando inclusive os meios de produção que deveriam ser de todo o tecido social, e não de oligarcas, como acontecia no capitalismo.

Cabe aqui listar outros fatos importantes do século XIX:[3]

- 1801: Thomas Jefferson foi eleito presidente dos Estados Unidos, depois de ser o responsável pela Declaração de Independência desse país. Os processos revolucionários de libertação das colônias e a substituição de monarquias absolutistas por monarquias constitucionais ou repúblicas, iniciado no final do século XVIII teve continuidade;
- 1825: Guerra da Cisplatina na qual Argentina e Brasil disputavam o território onde atualmente é o Uruguai;
- 1839: declaração inglesa de guerra à China, Guerra do Ópio;

---

3 Os fatos aqui elencados são fruto de vários referenciais teóricos, entre os quais Reis Filho (2000), Matos (1992), Renouvin (1990) e Schnerb (1958).

- 1844: nascimento de Nietzsche;
- 1854: John Stuart Mill publica sua obra mais famosa: *Utilitarismo*;
- 1856: Augusto Comte publica *Síntese subjetiva*, obra na qual pretendia tratar da lógica, das psicologias, da indústria e das pedagogias, cada qual com um volume próprio;
- 1861: Guerra da Secessão;
- 1867: lançamento do livro *O capital – Livro I*, de Karl Marx;
- 1864: assassinato de Abraham Lincoln;
- 1885: Conferência de Berlim que partilhou a África;
- 1885: lançamento do Livro II de *O capital*;
- 1893: lançamento do livro *Da divisão do trabalho social*, de Durkheim (1858-1917);
- 1894: lançamento do Livro III de *O capital*;
- 1895: lançamento do livro *Regras do método sociológico*, de Durkheim;
- 1896: Jogos Olímpicos modernos, primeira edição em Atenas, na Grécia.
- 1900: morte de Nietzsche.

2.4
A atuação do filósofo hoje

Em um primeiro momento, podemos pensar que a atuação do filósofo hoje, especialmente em nossa sociedade, resume-se ao magistério, à docência, à profissão de professor. Seja no ensino superior, em programas de pós-graduação, no ensino médio e mesmo no ensino fundamental, ainda que mais raramente, sem dúvida os filósofos desempenham o papel de professores. No entanto, o filósofo, hoje, tem uma atuação que vai muito além do exercício da profissão docente.

Na história da humanidade, e mais precisamente na história da filosofia, é possível observar que os filósofos sempre foram contestadores e, ao mesmo tempo, instigadores. Sempre contestaram o senso comum, o óbvio, as maiorias. Por meio dessa contestação, sempre instigaram a reflexão, a crítica e o questionamento de verdades, muitas vezes impostas, consideradas incontestáveis.

Imbuído dessa postura contestadora, o filósofo acaba por se tornar indesejado para a sociedade, pois chama a atenção para as ideologias, para a estrutura social que envolve a política, a economia, a cultura, a educação, entre outros elementos sociais.

O debate proposto pelos filósofos tende a "desmascarar" essas estruturas que são construídas, na maioria das vezes, por discursos que pressupõem uma dominação social e ideológica. Nesse sentido, o filósofo propõe uma nova visão sobre aquilo que está sendo debatido ou, ao menos, observado por ele.

Ainda que muitos não reconheçam, ser filósofo é criar concepções e diretrizes de pensamento, como um guia que direciona o olhar do outro para a reflexão e contém ideias pioneiras que despertam o indivíduo, um grupo ou a sociedade para um outro olhar – um olhar mais crítico, profundo, tenaz e contumaz sobre as coisas materiais, espirituais, sociais e científicas que se inter-relacionam na composição e atuação do ser humano como sujeito em si e cidadão.

Não há exagero em considerar que é dever do filósofo estar atento a todo movimento do sujeito, da sociedade (com todos os seus elementos) e da ciência, bem como ensinar as pessoas a serem críticas, a refletirem sobre esses movimentos. O filósofo tem o dever de conduzir os seres humanos do senso comum a uma consciência crítica, que perpassa as questões práticas do dia a dia, a exemplo de consumo, trabalho, relações e até questões como política e ideologias.

Em uma sociedade como a nossa, que apresenta diversas injustiças sociais, com uma política consumida pela corrupção, com uma mídia que favorece a alienação e transforma a população em massa de manobra a serviço daqueles que estão no poder, com um dinamismo econômico e social que reduz o trabalhador à sua função e a um consumo voraz, é fundamental que o filósofo se faça cada vez mais presente.

Ressaltamos que a ausência do pensamento crítico dos indivíduos colabora para a deterioração da sociedade, uma vez que ideologias dominantes exercem seu poder sobre o povo. O filósofo não pode ser ignorado, ele precisa ser visto como profissional capaz de construir a crítica do homem na sociedade, de conduzir o homem a seu próprio pensamento crítico.

Uma vez mais reafirmamos: o filósofo não renuncia ao pensamento crítico e, ao não o fazer hoje em nossa sociedade, possibilita àqueles que o observam, que o escutam e, principalmente, que aprendem com ele a traçar seu próprio horizonte reflexivo.

O pensamento filosófico contribui para a desnaturalização, processo comum ao senso comum. Por exemplo, ao olhar para o Brasil e analisar os dados sociais relativos à morte de negros em comparação às demais etnias, seja por violência, seja por covid-19, veremos discrepâncias numéricas que denunciam uma estrutura social racista. O mesmo é observado nas diferenças salariais entre negros e não negros, mulheres e homens, o que já nos suscita a razão não só para o racismo, mas também para a estrutura machista que nossa sociedade ainda carrega.

A filosofia parece penetrar a alma e aguçar a razão, não permitindo a quem se submete a ela que minta para si, agindo de má-fé. As questões climáticas, até pouco tempo vistas como mera fortuna de responsabilidade dos deuses e mitos, em nossa sociedade foi problematizada com evidências lógicas e hoje preocupa e ocupa boa parte de nossa juventude que ascende à ética, por tal reflexão filosófica.

Em decorrência dessa compreensão racional de causas e efeitos, a filosofia desdobra-se em uma práxis de defesa do meio ambiente e dos povos nativos. Mas, claro, isso só para quem se permite o exercício da razão e a fundamentação das ações em princípios filosóficos e científicos.

O lema positivista de "Ordem e Progresso", expresso na bandeira do Brasil, parece ter nos levado não ao progresso, mas ao totalitarismo e à razão instrumental que ainda marca nossos dias e que deixaram suas marcas na contemporaneidade. A constatação de que o tal "progresso" não se conquista com receita simples expressa em um lema desafia a humanidade a encontrar soluções para as anomias contemporâneas: violência, intolerância religiosa, feminicídio, perdas salariais dos mais pobres, enriquecimento e concentração de renda descomunal aos abastados.

Síntese

Guiados pela questão "O que é filosofar?", neste capítulo apresentamos a perspectiva de três grandes filósofos: Sócrates, Aristóteles e Nietzsche.

Demonstramos que, para Sócrates, o ato de filosofar é uma experiência possível a qualquer pessoa. Por meio da maiêutica e da ironia, mostramos como a filosofia socrática é também uma filosofia dialética. Já com Aristóteles, explicamos que o ato de filosofar é derivado do ato de admirar. Em seguida, apresentamos o pensamento de Nietzsche, para quem a filosofia se assemelha a um martelo capaz de destruir os ídolos, ou seja, as inverdades do mundo.

Finalizando este capítulo, propusemos uma reflexão sobre a atuação do filósofo nos dias de hoje, argumentando que o filósofo tem a obrigação de realizar a crítica da sociedade e auxiliar aqueles que desejarem traçar seu caminho reflexivo.

Indicações culturais

Filmes

> SOCIEDADE dos poetas mortos. Direção: Peter Weir. EUA, 1989. 128 min.
> Um professor em uma escola tradicionalíssima desperta nos alunos o gosto pela arte a partir de questionamentos e reflexões sobre as certezas e convenções sociais.
>
> SÓCRATES. Direção: Roberto Rosselini. Itália: RAI/TVE, 1971. 120 min.
> O filme retrata que, mesmo após a sociedade ateniense ficar à mercê do governo conhecido como *Tirania dos 30*, o filósofo Sócrates continua a perambular pela cidade, questionando-a, fazendo crescer seus seguidores, entre eles aquele que seria seu discípulo mais famoso, Platão. O filme ainda mostra como Sócrates foi acusado de corromper a juventude, sendo condenado à morte por envenenamento.

Livro

GAARDNER, J. **O mundo de Sofia**. São Paulo. Companhia das Letras, 1995.

Um fascinante romance da história da filosofia que apresenta o pensamento dos principais filósofos. Sofia, uma menina de 14 anos, começa a receber cartas anônimas com questões filosóficas, assim, ela começa a ter lições de filosofia.

Atividades de autoavaliação

1. Analise as afirmações a seguir a respeito do pensamento de Sócrates e indique se são verdadeiras (V) ou falsas (F):

    ( ) Uma vez que o conhecimento faz parte do ser, conhecer é um processo de extração de verdades que pode ser chamado de *maiêutica*, "parto", em grego.

    ( ) Os sentidos são fundamentais para o conhecimento.

    ( ) Todo conhecimento vem da alma.

    ( ) Não existe saber ou verdade fora do ser.

    Agora, assinale a alternativa que corresponde corretamente à sequência obtida:
    a) V, F, V, F.
    b) V, F, V, V.
    c) F, F, F, V.
    d) F, V, V, F.

2. Uma das principais características do processo de filosofar em Sócrates é a ironia. Sobre a ironia socrática, é correto afirmar:
   a) Sócrates ouvia as respostas aos seus questionamentos com muita atenção e respeito, porém, em seguida, desconstruía as respostas, expondo novos argumentos à reflexão.
   b) Sócrates ironizava as respostas aos seus questionamentos, motivo pelo qual quase não tinha seguidores.
   c) A filosofia socrática extrai o conhecimento do homem por meio da ironia, que significa conhecimento em si.
   d) A ironia socrática era uma oposição à maiêutica socrática.

3. Sobre o filosofar em Aristóteles, é correto afirmar:
   a) O ato de filosofar em Aristóteles se efetiva por meio da investigação acerca da *physis*.
   b) Aristóteles afirma que o ato de filosofar é um ato de curiosidade, assim, sua teoria ficou conhecida como *ironia*.
   c) A filosofia é entendia por Aristóteles como algo divino, pois existe por si só; é considerada um discurso admirado do mundo e com o mundo.
   d) Na filosofia aristotélica, tudo é razão. Conhecimentos que coloquem em risco a verdade não são aceitos.

4. Analise as afirmações a seguir e indique se são verdadeiras (V) ou falsas (F):
   ( ) A função que permite os seres humanos diferenciarem suas ações dos demais animais é a razão.
   ( ) O filósofo não se conforma, nem antigamente, nem hoje, com o que percebe em um primeiro momento, mas deseja saber o princípio dos fenômenos, buscando a causa deles.

( ) Um dos fundamentos da filosofia aristotélica é a aceitação da realidade sensível como forma de conhecimento.

( ) O ato de se admirar é condição *sine qua non* para o ato de filosofar.

Agora, assinale a alternativa que corresponde corretamente à sequência obtida:
a) V, F, V, F.
b) V, V, F, V.
c) F, V, F, V.
d) V, V, V, V.

5. Analise as afirmações a seguir e indique se são verdadeiras (V) ou falsas (F):

( ) Nietzsche nos ensina que a filosofia não nos leva a lugar algum, pois nada é capaz de acabar com os ídolos de nossa sociedade.

( ) Para Nietzsche, muitos dos conceitos e valores estabelecidos como verdades em nossa sociedade não passam de crenças superficiais criadas para garantir uma ordem harmônica no mundo.

( ) Os ídolos no pensamento nietzschiano são todo tipo de conceito, verdade absoluta, pragmatismo, um modelo mental que cega o homem em sua razão.

( ) Nietzsche nos ensina que é preciso que o espírito humano se transforme para a aceitação dos ídolos.

( ) A filosofia é, para Nietzsche, um martelo capaz de quebrar os ídolos.

Agora, assinale a alternativa que corresponde corretamente à sequência obtida:
a) V, F, V, F, V.
b) V, V, F, V, F.

c) F, V, V, F, V.
d) F, V, V, V, V.

Atividades de aprendizagem

Questões para reflexão

1. De fato, é possível conhecer apenas com base em nossas verdades internas, como afirma Sócrates, sem aceitarmos os estímulos externos do mundo sensível, como propõe Aristóteles? De que forma é possível argumentar sobre essa questão?

2. A obra de Nietzsche é escrita em forma de metáforas. No que diz respeito ao que deveria ser a filosofia ou o ato de filosofar, esse pensador se utiliza da "metáfora do martelo". Diante dessa concepção, como podemos utilizar a filosofia nos dias de hoje?

3. A finalidade última de nossas ações é a felicidade. Todavia, o que vem a ser felicidade para os humanos não é algo universal, uma vez que os vulgares, assemelhando-se a animais, atrelam felicidade às paixões da carne e ao apego material, contrariamente aos homens sábios, que obtêm suas felicidades do exercício de suas funções virtuosas na pólis (Aristóteles, 1991).

Enquanto Nietzsche entende que a filosofia é capaz de quebrar mitos, o estagirita, de maneira resumida, quis dizer que nossa felicidade depende do coletivo e da felicidade que nossas ações virtuosas gerarão aos nossos concidadãos. Com esse espírito, vamos ao exercício da filosofia em prol da felicidade social. No entanto, de modo paradoxal, o exercício filosófico que pressupõe a verdade necessita, muitas vezes, expor as feridas da alma e da sociedade a fim que estas possam cicatrizar por intermédio da razão.

Assim, vamos a algumas análises importantes, em que o exercício filosófico é fundamental:

a) Quais são as inconsistências nesse modelo de "felicidade" capitalista?
b) Quais seriam as medidas concretas que poderiam contribuir para erradicar a miséria no Brasil? Pesquise dados atualizados a partir da PNAD Contínua do IBGE.
c) Quais seriam as garantias mínimas do Estado para propiciar o maior número de cidadãos felizes?

Atividade aplicada: prática

1. Escolha um dos três filósofos apresentados neste capítulo e, com base nos conceitos do filósofo escolhido, elabore um texto associando-o à atuação do filósofo hoje.

3

Estudos filosóficos: a investigação filosófica por áreas – Parte I

Nos dois capítulos que vimos até aqui, elaboramos uma introdução geral dos estudos filosóficos, com a intenção de evidenciar o que é propriamente a filosofia e sua importância, bem como de explicar o que é o ato de filosofar e como ele acontece.

Vamos, então, avançar nos estudos da obra propondo a seguinte questão: Como podemos estudar a filosofia?

Uma das respostas possíveis a essa pergunta é que a filosofia pode ser estudada com base em suas grandes áreas. Portanto, dependendo da temática, é possível fundamentar os estudos filosóficos em uma de suas grandes disciplinas filosóficas, a saber, epistemologia, metafísica, lógica, ética, filosofia política, antropologia filosófica e estética.

Essa é também uma divisão da filosofia de acordo com os temas propostos para discussão. Assim, essas áreas são disciplinas eminentemente filosóficas, ou seja, filosóficas em sua essência. Nesse sentido, nosso objetivo, nos Capítulos 3 e 4, é a apresentação de cada um desses campos de estudo, bem como dos principais filósofos que os representam e respectivas teorias.

Neste capítulo, trataremos da epistemologia, da metafísica, da antropologia filosófica e da lógica.

3.1
Epistemologia, ou filosofia da ciência

Um dos tópicos mais importantes da filosofia e que causa controvérsia nesse âmbito é, sem dúvida, a delimitação de sua própria definição. Muitos são os conceitos e os pontos de vista. Tratando-se da definição mais aceita – aquela que diz que a filosofia promove o questionamento sistemático do que se afirma –, é natural remetê-la aos tempos da Grécia Antiga, berço da primeira safra de filósofos ocidentais de sucesso.

Nessa viagem no tempo, é possível observar as primeiras concepções de ciência com Aristóteles e seus estudos de física. Já na Idade Média, houve duas formas de pensar ciência: uma caracterizava-se pela descrença em ciências autônomas, ou seja, pela rejeição da ideia de ciência desvinculada da teologia da época. A outra propunha a investigação da chamada *filosofia natural*, que se caracterizava pela dissociação da ciência da explicação proposta pela Igreja Católica, maior detentora do poder e conhecimento no período medieval.

Em meados do século XVII, por meio dos movimentos sociais encadeados principalmente por ideais filosóficos, a ciência e a filosofia começaram a se desligar, fato comprovado pela nova ordem de pensamento com relação aos questionamentos do mundo: a necessidade de explicar os fenômenos e acontecimentos com base na razão. Podemos afirmar que dessa necessidade nasceu a ciência como vemos hoje.

Nessa época, em que se destacaram grandes avanços nas áreas da matemática, da astronomia, da mecânica e da física, é possível identificar um campo propício para o nascimento de uma filosofia que pensa sobre a ciência. A principal preocupação dos filósofos científicos, em meio à criação de inúmeras teorias, posteriormente refutadas ou não, era: Estaria a ciência trilhando o caminho certo para seu principal propósito?

Embora haja algumas discordâncias sobre a definição e a utilização da filosofia da ciência, podemos afirmar que ela está presente em nosso dia a dia e sua essência é fundamentar o que vivenciamos por meio de uma crítica científica. A ferramenta indispensável que analisa as condições e a validade das proposições e das pesquisas é o método científico.

Por mais que as questões acerca do método científico tenham sido cercadas por grandes especulações no início do século XVII, elas já existiam na época da Grécia Antiga. Aristóteles, um dos primeiros a falar em filosofia da ciência, desenvolveu uma concepção de método científico a partir da indução e dedução (Corbisier, 1984).

Um dos primeiros a tratar dos métodos da ciência foi o londrino Francis Bacon (1561-1626), que defendia que a ciência deveria gerar algum resultado prático que melhorasse a vida do homem. Considerado fundador da ciência moderna, ele trouxe à tona a experimentação como base para as pesquisas. Em contraponto, em uma época anterior, na filosofia escolástica de Tomás de Aquino, a razão era mantida ligada à religiosidade, sendo ela um instrumento para explicar e justificar as verdades existentes da fé (Corbisier, 1988).

Em *Novum Organum*, Bacon (1999) defende que as teorias podem ser criadas por observações organizadas que gerem resultados, desde que haja comprometimento com a imparcialidade social e pessoal, elevando a importância da experimentação em detrimento do mero pensamento e da formulação de hipóteses. Bacon nasceu em 1561 em Londres e morreu em 1626, aos 65 anos, na capital inglesa.

O período renascentista foi um dos propulsores da ciência e, consequentemente, da filosofia da ciência, pois a divisão entre as duas disciplinas até então não era definida e visível. Esse movimento de retorno aos ideais da Antiguidade Clássica, juntamente ao humanismo, são movimentos fundamentados na ideia de que o homem deve ser o centro do universo e que os fenômenos do mundo podem e devem ser explicados com base na razão, sem qualquer verificação e validade da autoridade religiosa (Corbisier, 1988).

Como adiantamos no início deste capítulo, a filosofia da ciência também é chamada de *epistemologia*[1] e remete a todo conhecimento que é estruturado e fundamentado. Trata-se de um campo do saber preocupado em diferenciar a ciência da falsa ciência e pode ser tratada como uma abordagem de entendimento mais ampla, generalista sobre determinado assunto. Assim, a epistemologia tem duas linhas de raciocínio: (i) empirista; (ii) racionalista. Na **empirista**, todo aprendizado adquirido passa pelas experiências humanas, e o principal nome dessa vertente é o filosofo inglês John Locke (1632-1704). Já o **racionalismo** utiliza

---

[1] Palavra de origem grega que significa "estudo da ciência" (Epistemologia, 2022).

somente a razão como fonte de conhecimento e explicação da verdade; seu principal representante é o francês René Descartes (1596-1650).

Nos tempos da Grécia Antiga, Aristóteles (384-322 a.C.) já dizia que "todos os homens, por natureza, desejam saber" (Aristóteles, 1973, p. 211). Dessa forma, o pensador identificou os tipos de conhecimento: experimental, técnico e teórico, sendo este último o mais importante, pois é utilizado na tentativa de encontrar causas para os acontecimentos.

Em tese, esses conceitos são relevantes para que possamos compreender o real desligamento entre filosofia e ciência. Antigamente, uma filosofia, que antes poderia ser chamada de *filosofia natural*, agora passa a ser apenas ciência. A filosofia deixa de ser o aglomerado de disciplinas de até então, resultado observado sobre os questionamentos dos caminhos ou passos utilizados nas investigações para se chegar às verdades: os métodos científicos.

Os métodos científicos e as perguntas em torno deles passaram a ser objetos de estudo da filosofia da ciência. Embora haja várias ciências e vários métodos, a estrutura lógica do método científico apresenta algumas etapas comuns, conforme apontam Lakatos e Marconi (2010): a colocação do problema (questão levantada que o conhecimento disponível ainda não responde); a formulação de hipótese (solução ou um conjunto de soluções que possam servir como respostas a serem testadas para solucionar o problema); os testes (conjunto de testes que avaliarão as hipóteses); a conclusão (resultados sobre os testes aplicados que comprovarão a resolução do problema, ou até mesmo a criação de alguma teoria).

Muitas questões podem ser levantadas sobre os métodos científicos. Por isso, a partir do século XVII, ele passou a ser um dos maiores problemas entre os filósofos. Dessa dinâmica surgiu a filosofia da ciência, como um estudo epistemológico do método científico.

A forte dúvida quanto ao método de se fazer ciência não foi o único fator da criação de uma nova maneira de se pensar em ciência. Aliado a esses questionamentos pertinentes de uma época em que a razão começou a explicar os fatos mundanos e refutar algumas teorias, o entendimento sobre a necessidade de uma nova ordem científica ganhou mais espaço quando pensadores e filósofos passaram a elaborar teorias sobre o conhecimento científico e seus meios de pesquisa.

A evolução da ciência, fomentada não apenas pela necessidade de explicação pela razão, passou a ter um aliado: o senso crítico. Se, no período anterior ao século XVII, a pergunta era "A Terra ocupa o centro no universo?", a questão passou a ser "Como provar seguramente que não é a Terra que ocupa a posição central no sistema solar?". É nessa linha tênue, provocada por um pensamento mais racional, que a filosofia da ciência tem seu principal papel sobre o método científico.

Muitos dos resultados da ciência no decorrer dos anos demonstram que ela continuará a evoluir. Thomas Kuhn (1922-1996), físico e filósofo da ciência cujas ideias serão abordadas na próxima seção, lista critérios que permitem avaliar se uma teoria é melhor que outra e nos sugere a definição do que chama *ciência normal* como "a pesquisa firmemente baseada em uma ou mais realizações científicas passadas" (Kuhn, 1975, p. 29). Ele defende que a ciência normal é bem-sucedida quando não mais alcança coisas novas, chamando de *ciência extraordinária* os limites que contêm as questões não respondidas. Assim, sugere que a ciência estará em constante evolução, por meios dos avanços de paradigmas (conjuntos de teorias que sustentam as pesquisas de determinada época):

> Para mim, uma revolução é uma espécie de mudança envolvendo certo tipo de reconstrução dos compromissos de grupo. Mas não necessita ser uma grande mudança, nem precisa parecer revolucionária para os pesquisadores que não participam da comunidade – comunidade composta talvez de menos de vinte e cinco pessoas. (Kuhn, 1975, p. 225)

Assim, é possível acreditar que a ciência não é nem deve ser tratada como uma máquina criadora de verdades absolutas, sendo seu conteúdo questionável, moldável e transmitido de geração em geração.

Junto a esse crescimento científico, haverá muitos filósofos desempenhando papel crítico, não no sentido negativo da palavra, mas de maneira fundamentada, delimitada, conceituando cenários, criando e reformulando questões e redefinindo a ciência, para que assim ela continue a trilhar seu caminho de descobertas.

A filosofia criticista de Immanuel Kant (1724-1804), autor do livro *Crítica da razão pura*, tenta se aproximar do empirismo, que defende que o conhecimento é oriundo da percepção do mundo por meio dos sentidos, do racionalismo, e defende a razão como pilar para o conhecimento e a explicação dos fatos.

Uma generalização inocente sobre a origem do conhecimento pode ser observada no meio científico. Segundo Kant (1993), nem todo conhecimento está associado a alguma experiência, o que ele define como conhecimento *a priori*, ou seja, conhecimento sem vínculo com o empirismo. Assim, se uma pessoa pular do terceiro andar de um prédio, por exemplo, *a priori* ela poderá sofrer várias escoriações e fraturas pelo corpo, sem que seja necessário que ela pule para observar essa experiência; dessa forma, esse conhecimento é empírico.

Esse conhecimento independente de experiência pode levar a um juízo analítico ou explicativo, ou seja, um juízo que nada acrescenta ao sujeito pelo seu atributo ou predicado. Por exemplo: na frase "O chocolate é amargo", a característica de amargor do chocolate não precisa remeter a outros conceitos fora do objeto *chocolate* para o entendimento (Kant, 1993). Já no juízo sintético ou extensivo ocorre o oposto, o predicado é completamente estranho ao sujeito. Na frase "O chocolate é caro", o predicado "caro" é um conceito fora do simples conceito de chocolate.

Diante disso, para Kant (1993), os juízos analíticos não determinam qualquer avanço para o conhecimento, ao passo que os sintéticos são dependentes da experiência e do acaso. Kant (1993) buscava o conhecimento não fundamentado nesses dois fatores, mas no conhecimento *a priori*, a origem do saber e o questionamento desse conhecimento.

Muitos outros filósofos vão pensar em ciência e muitas serão as teorias do conhecimento geradas por eles. Desde a Revolução Científica de Copérnico (1543)[2], nunca o pensamento a respeito da ciência refletiu sobre si mesmo de uma forma tão convincente. Talvez ainda por isso a definição da própria ciência ainda seja considerada incompleta e inacabada, mesmo porque nem os filósofos têm meios que os capacitem a formular leis a serem cumpridas para que um campo do conhecimento seja considerado ciência ou não.

Todavia, é por meio da ciência que hoje compreendemos os fenômenos naturais que acontecem no mundo, sendo possível, em algumas situações, antecipá-los e controlá-los. Graças aos cientistas, pessoas que fazem uso dos métodos científicos, atualmente temos a cura para diversas doenças e tratamentos para tantas outras, temos descobertas incríveis que também nos permitem mudar as perspectivas com relação ao mundo.

A relevância dos resultados conseguidos, seus objetivos e os próprios meios utilizados por esse ou aquele campo científico são parâmetros relevantes para delimitarmos ciência, já que, de uma forma geral, ela é o conhecimento que utiliza de métodos sólidos e bem fundamentados.

---

2 Nicolau Copérnico, polonês, viveu de 1473 até 1543. Desenvolveu, a partir de seus conhecimentos astronômicos e matemáticos, a teoria heliocêntrica em contraposição ao geocentrismo. Mesmo sendo um cônego católico, como tantos cientistas estudou dentro das bibliotecas católicas e, posteriormente, questionou a teoria tomada como doutrina dentro da Igreja.

A ciência e seus métodos são o substrato filosófico dos principais filósofos da ciência, entre eles Karl Popper (1902-1994) e Thomas Kuhn.

3.1.1 Karl Popper

Karl Raimund Popper nasceu em Viena, na Áustria, em 28 de julho de 1902. Além de filósofo da ciência, foi matemático, físico e um estudioso da história da música (Abrão, 1999).

Popper era descendente de família judaica e, para fugir do nazismo, migrou para Nova Zelândia no auge de seus 30 anos. Foi incentivado a prosseguir nos estudos e ingressou na Universidade de Viena, onde fez doutorado em Filosofia. Com o fim da Segunda Guerra Mundial, tornou-se professor na London School of the Economics na cadeira de Método Científico, em 1949 (Abrão, 1999).

Popper analisou o método indutivo da ciência, pois acreditava que as teorias científicas eram passíveis de erros e críticas; assim, considerava que a ciência era mutável. Na concepção popperiana, a ciência avança a partir das refutações que as teorias vigentes sofrem, ou seja, é preciso refutar as teorias científicas para que novas teorias surjam. Segundo esse teórico, era necessária a comprovação da falseabilidade ou refutação das teorias científicas para a elaboração de outras que poderiam resolver as questões propostas pela ciência (Popper, 1972).

Popper (1972) procurou distinguir os métodos empíricos (aqueles realizados por meio de tentativas e erros) e os não empíricos, ou mesmo os pseudoempíricos (que, embora se utilizem da observação e da experimentação, não atingem o valor científico).

A solução para distinguir as teorias das ciências das especulações, pseudocientíficas ou metafísicas, é que a ciência deve abandonar a pretensão irrealizável de comprovação da universalidade – defendida pelos verificacionistas[3] – e compreender que o método científico acertado é o hipotético-dedutivo.

O método hipotético-dedutivo parte de hipóteses projetando relações de causa e efeito que ganharão consistência na medida em que se sustentarem frente ao exercício de tentativa de falsificação da hipótese. Quanto mais a hipótese for testada, refutada, ou seja, falsificada e mesmo assim se sustentar, mais ela se demonstrará consistente, ainda que provisória.

A pseudociência e a metafísica se caracterizavam pelo método especulativo, ao passo que as teorias científicas são obtidas a partir de fatos e pelos fatos são verificadas (Silveira, 1996), tendo a teoria popperiana a pretensão de um passo adiante e da inversão da proposição verificacionista.

Portanto, os verificacionistas defendiam a comprovação de teses universais, e Popper (2007), sabendo da impossibilidade ontológica de o ser humano, mortal e finito, comprovar o universal – infinito e eterno – propõe que a falsificação pode ser comprovada, de tal modo que o objetivo científico tem, em outras palavras, a missão de testar e tentar refutar, quebrar, superar ou destruir a tese vigente.

Caso esse exercício falsificacionista seja exitoso, o progresso da ciência se dará e uma nova tese tomará o lugar da antiga tese vigente; no entanto, caso a tese se sustente, ela se manterá ainda mais fortalecida. Segundo Popper (2007), tudo aquilo que é ciência pode e deve ser submetido à falsificação, e aquilo que não pode ser submetido ao falsificacionismo não pode ser caracterizado como ciência.

> Penso que nos devemos habituar à idéia de que a ciência não pode ser vista como um "corpo de conhecimentos", mas sim como um sistema de

---

3 Verificacionismo: movimento da segunda década do século XX, cuja verificação das premissas universais seriam o fundamento essencial; ligado ao positivismo lógico e à filosofia analítica.

hipóteses, ou seja, um sistema de conjecturas ou antecipações que não admite, em princípio, justificação, com o qual, entretanto, operamos enquanto puder sobrepujar os testes a que for submetido – um sistema de hipóteses que não estamos em condições de declarar "verdadeiras", ou "mais ou menos certas" ou mesmo prováveis. (Popper, 2007, p. 349)

A teoria falsificacionista, também denominada *teoria da falseabilidade* ou *refutabilidade*, foi um marco na história da ciência porque trouxe uma nova maneira de se observar e produzir ciência. Foi com o pensamento de Popper que a ciência ganhou o *status* de atividade também passível de erro, portanto, mutável. Até então, toda a ciência era irrefutável, pois acreditava-se que o que foi comprovado cientificamente não poderia jamais sofrer refutação alguma, as conclusões da ciência não poderiam ser questionadas. Por isso, Popper (1972, p. 66) afirma que "a irrefutabilidade não é uma virtude, como frequentemente se pensa, mas um vício". Com essa afirmação, ele uma vez mais chama a atenção para a necessidade de se falsear e se refutar as teorias científicas.

Nesse sentido, as teorias popperianas alcançaram notabilidade e foram de suma importância para mostrar à comunidade científica que tudo que se refere ao desenvolvimento da ciência tem caráter transitório. Dessa forma, a validade de uma teoria cumpre um tempo histórico, pois acompanha o pensamento histórico vigente, o contexto histórico de determinada sociedade. As mudanças sociais contribuem para a mudança do pensamento social vigente, alterando, consequentemente, o contexto social. Quando o contexto social se transforma, uma teoria científica pode não mais ter o mesmo valor; é até mesmo possível que seja completamente invalidada. Aqui está a transitoriedade da ciência em Popper (1972).

A pesquisa sobre filosofia da ciência foi um importante instrumento para se pensar o conhecimento, para se obter ciência. Para que o estudioso seja reconhecido cientista, é necessário direcionar e conduzir as pesquisas de modo estruturado e fundamentado, condicionado a certo senso crítico, assim, então, fazendo uso do chamado *método científico*. Com base em embasamentos sólidos, podemos seguramente justificar os resultados alcançados.

3.1.2 Thomas Kuhn

Thomas Kuhn, autor fundamental no estudo da filosofia da ciência, analisou as mudanças na teoria científica, o que lhe rendeu algumas conclusões durante sua atuação na filosofia.

Nascido em 18 de julho de 1922, em Cincinnati, Ohio, Estados Unidos, Thomas Samuel Kuhn formou-se em Física, pela Universidade de Harvard, em 1943, recebendo da mesma instituição o grau de mestre, em 1946 e de doutor em 1949. Essa sequência nos estudos fez com que se tornasse rapidamente professor em Harvard (Thomas..., 2017).

Com seus estudos e análises sobre ciência, Kuhn apresentou uma característica ainda não atribuída e/ou considerada na produção do conhecimento científico: a historicidade da ciência, propondo a discussão sobre ciência e sociedade, ou seja, ciência e valores sociais, econômicos e culturais (Mendonça, 2012).

Nesse sentido, ao considerar o contexto histórico da elaboração do conhecimento científico, a concepção kuhniana de ciência agregou um aspecto de subjetividade à ciência que não se adequava às características da ciência até o pensamento de Kuhn.

Sua obra *Estrutura das revoluções científicas,* publicada em 1962, ao trazer o conceito de paradigma e questionar o que é ciência, tornou-se um marco para a epistemologia e para a história da ciência. Nela, Kuhn, apresenta os conceitos de paradigmas, de ciência normal e de revoluções científicas, entre outras concepções (Mendonça, 2012).

Kuhn (1975) foi um grande defensor da ideia de que a fundamentação e a evolução da ciência se utilizam de aspectos psicológicos, sociológicos e históricos para se tornar realidade, pelo menos até o próximo cientista por à prova a teoria vigente e fazer nascer um novo paradigma. Segundo esse autor, paradigmas "são as realizações científicas universalmente reconhecidas que, durante algum tempo, fornecem problemas e soluções modelares para uma comunidade de praticantes de uma ciência" (Kuhn, 1975, p. 67).

Nesse sentido, podemos considerar o paradigma um padrão seguido na resolução de problemas, um exemplo que serve como modelo em uma área científica. O paradigma também caracteriza o que Kuhn (1975) chama de *ciência normal*, que é a ciência que se desenvolve pela revolução de paradigmas em saltos, cada salto simbolizando um ciclo: tem-se um pré-paradigma, que se transforma em um paradigma vigente, que, quando posto à prova e refutado, gera uma crise a qual, por sua vez, vai provocar uma revolução científica, que, segundo Kuhn (1975), é a essência, a engrenagem que faz com que aconteça o progresso na ciência. Após essa dinâmica, temos um novo paradigma, que vigorará até o próximo cientista colocá-lo à prova, a fim de revolucioná-lo.

3.3
Antropologia filosófica

A antropologia filosófica é o campo de estudo da filosofia que tem como questionamento principal a definição do homem ou do ser humano. Segundo Vaz (1991, p. 5), essa área da filosofia tem como tarefa "a elaboração de uma ideia de homem que leve em conta, de um lado, os problemas e temas presentes ao longo da tradição filosófica e, de outro, as contribuições e perspectivas abertas pelas recentes ciências do homem".

O termo *antropologia* foi designado por Kant, que a distinguiu entre a antropologia fisiológica, que seria o que a natureza faz com o ser humano, e a antropologia pragmática, a qual seria aquilo que o homem faz como ser livre ou também o que pode (e deve) fazer de si mesmo. A antropologia como ciência surgiu no século XIX, em paralelo ao aparecimento das outras ciências autônomas no ápice do positivismo, como uma ciência que tem o homem (ou ser humano) como objeto de estudo, tanto em sua dimensão biológica, ou seja, sua estrutura fisiológica e somática, quanto em sua dimensão comportamental e cultural (Abbagnano, 2007).

Apesar de essa ciência ter surgido como campo de estudo autônomo apenas no século XIX, a preocupação com o entendimento da natureza do homem está presente na filosofia ocidental desde o seu nascimento na Grécia Antiga.

A denominação *antropologia filosófica* acabou por se difundir na filosofia contemporânea a partir da primeira metade do século XX, sobretudo nos círculos ligados à influência de Max Scheler (1874-1928). Entretanto, as origens do que viria a se tornar a antropologia filosófica remontam ao pensamento dos filósofos do século XIX Søren Kierkegaard (1813-1855) e Friederich Nietzsche (Vaz, 1991).

O que tradicionalmente chamava-se apenas de *homem*, em decorrência das transformações culturais e na tentativa de uma promoção da igualdade de gênero, passou a ser substituído pelo termo *humano* nas ciências e na filosofia. Porém, em decorrência da própria utilização do termo *homem* pelos filósofos que serão aqui abordados, a palavra deverá ser entendida como sinônimo de *humano*.

Vejamos, a partir de agora, a concepção de *homem* em diferentes momentos do pensamento filosófico.

3.3.1 As principais definições de homem na filosofia grega clássica

Sócrates, em suas reflexões sobre a natureza do homem, considera o corpo um instrumento da alma (*psyché*). Portanto, o homem é a sua alma, e por *alma* Sócrates entende a razão e "sede de nossa atividade pensante e eticamente operante" (Reale; Antiseri, 1990, p. 87).

No diálogo *Fédon*, Sócrates pergunta: "Quando é, pois, que a alma atinge a verdade? Temos dum lado que, quando ela deseja investigar com a ajuda do corpo qualquer questão que seja, o corpo, é claro, a engana radicalmente" (Platão, 1979, p. 66). Portanto, a alma é que possibilita ao homem o conhecimento e o incita a conhecer, sobretudo, a si mesmo.

O mais famoso discípulo de Sócrates, Platão (428/427 a.C.-348/347 a.C.) foi influenciado pelo pensamento do mestre. No entanto, a visão de Platão caracteriza-se pela dicotomia entre corpo e alma. O pensador entendia o corpo como a prisão da alma, e era dividida em três partes: (i) a alma irascível, à qual pertencem as excitações como a coragem, a esperança, a cólera e a cobiça; (ii) a alma concupiscível, responsável pelos instintos da alimentação e do sexo; (iii) a alma racional, que seria a parte que se manifesta no pensamento puro, na razão e na contemplação suprassensível (Platão, 1965).

Aristóteles, opondo-se ao platonismo, à noção do ideal como superior ao material e também à noção de sensível superior ao ilusório, propõe que é pelos sentidos, por meio da formação da memória e da experiência em decorrência desses mesmos sentidos, que é possível a arte (no sentido grego de técnica) e a ciência (ou conhecimento).

O filósofo estagirita distingue três tipos de alma: (i) a vegetativa (capaz da reprodução e de assimilação – as plantas teriam apenas essa); (ii) a sensitiva (propiciadora das percepções sensíveis, como prazer e dor – os animais teriam essa categoria de alma, somada à primeira);

(iii) a racional (geradora da intelecção – presente apenas nos homens). Os homens, portanto, seriam os únicos seres detentores dos três tipos de alma e, por contarem com a alma racional, teriam por natureza o desejo de conhecer (Aristóteles, 1984). Esse pensador afirma que homem, além de um animal com capacidade de raciocinar, é um "animal civilizado" (Aristóteles, 1987). Além disso, define que, para que seja ético e tenha o domínio da alma sobre o corpo, o homem precisa de uma série de virtudes: coragem, brandura, temperança, veracidade, liberalidade, urbanidade, generosidade, justiça, magnanimidade, amizade e honestidade (Aristóteles, 1991).

3.3.2 O homem para o cristianismo

É notável a influência do pensamento dualista platônico (corpo e alma) na filosofia cristã medieval. Nesse período, os dois filósofos mais conhecidos foram Santo Agostinho de Hipona e São Tomás de Aquino, que defendiam que o homem tem livre-arbítrio para distinguir o bem do mal. Na escola filosófica que ficou conhecida como *patrística*, é possível observar em seu principal representante, Santo Agostinho, uma concepção antropológica predominantemente cristã e de paradigmas bíblicos: o homem é a imagem e semelhança de Deus. Além do dualismo, o platonismo é influente para esse pensador no que tange à relação com a busca humana do transcendente (Santos, 2012). Para Santo Agostinho, o homem estabelece seu sentido em um mundo terreno a partir da referência de uma organização de um mundo celeste, o qual, por sua vez, está dentro de uma formatação de um Deus trinitário. Para viver bem, o homem tem que viver sempre em relação com os outros, em comunidade (Agostinho, 1996).

Se na Alta Idade Média o pensamento da patrística e de Santo Agostinho foi influenciado por Platão, na Baixa Idade Média, em que surgiu a tradição escolástica, a filosofia de São Tomás de Aquino foi muito influenciada pelo pensamento de Aristóteles. Para o citado doutor da Igreja, bem como para o filósofo macedônico, o homem é constituído de corpo e alma, mas com esses dois elementos formando uma única substância que não pode ser separada. Para São Tomás de Aquino, a alma é a forma do corpo que constitui o homem. É necessário, então, que a alma e o corpo constituam uma só coisa e que não sejam diversos quanto ao ser (Corbisier, 1988).

Mapa 3.1 – Mapa do início da Idade Média

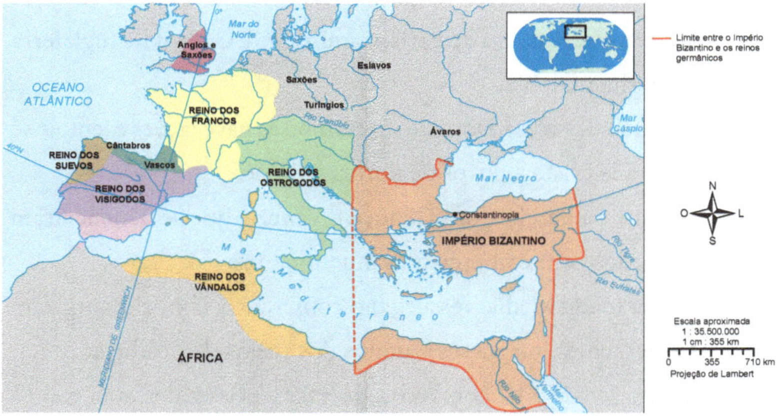

João Miguel Alves Moreira

Alguns fatos importantes da Idade Média[4]

- Início da Idade Média: no século V, com o fim do Império Romano do Ocidente que acabou com a vitória dos hérulos, comandados por Odoacro, sobre os romanos que tinham Rômulo Augusto como imperador;

4 Os fatos e as características da Idade Média mostrados aqui são fruto da pesquisa em diversas fontes, entre as quais Bruyne (1946), Gille (1963), Zambelli (1973) e Biller (2000).

- século V ao X – Alta Idade Média: vai da organização política dos estados europeus medievais até o ápice no século X;
- século VIII: consolidação do poder papal durante o Império Carolíngio;
- Baixa Idade Média: do século X ao século XV;
- século XII: início na França da Santa Inquisição que perseguiu filósofos, cientistas ou qualquer pessoa que se opusesse ou fosse apontada como opositora a doutrina oficial da igreja – formalmente o tribunal existiu até a década de 20 do século XIX;
- século XIII: surgimento das primeiras universidades com destaque para as universidades de Paris, Cambridge e Oxford na Inglaterra e Bolonha na Itália;
- realização das cruzadas onde se retomou as navegações e tentou-se impor a fé cristã a povos de outras religiões;
- destaque comercial para Gênova e Veneza, que se beneficiaram de acordos com comerciantes muçulmanos;
- final da Idade Média: ressurgiu o comércio e, com ele, surgiram os emergentes burgueses – donos dos meios de produção;
- crise no século XIV com fome, guerras e pestes: destaque para a Peste Negra, que dizimou a população da época.

Algumas características basilares da Idade Média

- Igreja Católica se transformou na instituição mais poderosa do Ocidente;
- fé e razão articuladas e subalternadas à doutrina oficial da Igreja;
- graças à relação de subalternação da filosofia e da ciência à doutrina cristã, a Idade Média também ficou conhecida como *Idade das Trevas*;

- sociedade estamental, portanto, sem mobilidade de classes com determinismo social;
- sistema social, econômico e político denominado *feudalismo*, no qual a terra é o centro do poder;
- na base da pirâmide social estavam os vassalos; acima, a nobreza e o clero, e dentro do clero ainda havia uma divisão entre o Alto Clero, composto por religiosos oriundos da nobreza, e o Baixo Clero, composto por religiosos oriundos de famílias não tradicionais;
- economia descentralizada sem moeda, com predominância do escambo;
- base econômica rural;
- sincretismo cultural entre a cultura romana e a cultura dos bárbaros;
- os polos culturais nos quais se acessava o pensamento filosófico e científico da época eram atrelados à Igreja Católica, destacando-se os mosteiros;
- crescimento populacional como fruto da diminuição da beligerância entre os romanos e os bárbaros;
- crescimento da produção agrícola a partir da introdução do sistema de plantio trienal, que dividia as terras agricultáveis de cada feudo em três, sendo duas partes destinadas ao plantio de duas culturas diferentes enquanto uma parte descansava por um ciclo;
- centralização política na mão dos reis europeus e questionamento do poder papal, o que intensificou disputas internas nos reinos e convulsões sociais, dando embalo à formação dos Estados-Nações.

Mapa 3.2 – Mapa do fim da Idade Média

3.3.3 A antropologia filosófica moderna

No humanismo moderno, o antropocentrismo passou a substituir gradativamente o teocentrismo, dinâmica que deu origem à escola filosófica que ficou conhecida como *racionalismo*, cujo principal representante foi o francês René Descartes (1596-1650). Para esse pensador, diferentemente de Aristóteles, o corpo e a alma não são constituintes de uma mesma substância, mas duas coisas distintas: o corpo humano entendido como uma espécie de máquina engenhosa, e a alma, como sua essência, capaz da razão e ligada ao corpo pela glândula pineal (uma pequena glândula localizada dentro do cérebro) (Descartes, 2004).

Nos séculos XVI e XVII, surgiram alguns filósofos que começaram a tentar compreender a natureza do homem em sua dimensão social. Esses pensadores foram posteriormente chamados de *filósofos do contrato social*. São eles: Thomas Hobbes (1588-1679), John Locke (1632-1704) e Jean-Jacques Rousseau (1712-1778). Para Hobbes, o homem é naturalmente cruel (dele vem a conhecida frase "o homem é o lobo do homem") e precisa do Estado para coagi-lo, civilizá-lo e deixá-lo apto a viver com os outros homens. Para o iluminista Rousseau, a visão é exatamente oposta: o homem em seu estado natural é bom, sendo a sociedade responsável por corrompê-lo, deixando-o perverso. Já para o empirista e precursor do liberalismo John Locke, o homem naturalmente não é nem bom nem mal, mas uma folha em branco (ou "tábula rasa"), sujeita a ser moldada pelas vivências do indivíduo (Brandão, 2011).

Immanuel Kant distinguia uma diferença entre a antropologia fisiológica (relacionada ao que a natureza faz com o homem) e a antropologia pragmática (aquilo que o homem faz como ser livre). Segundo Kant (2023, p. 5):

> Numa criatura, a razão é o poder de entender além dos instintos naturais as normas e os fins de uso de todas as suas atividades; ela não conhece limites para os seus desígnios. No entanto, a razão não age instintivamente, mas por tentativas, com o exercício e aprendendo, para elevar-se pouco a pouco e passar de um grau de conhecimento a outro.

Ele descrevia o caráter da natureza humana como algo produzido pelo próprio homem, pois ele é capaz de transformar-se de acordo como os objetivos que tem, de acordo com aquilo que deseja (Kant, 2006).

A descoberta das colônias e de outros tipos de existência humana, bem como do contexto de transformação que se acelerou durante a Idade Moderna, com revoluções no pensamento e na sociedade, foram determinantes para as indagações e reflexões dos pensadores da época e se refletem em suas teorias.

Alguns fatos importantes da Idade Moderna[5]

- Renascimento: movimento artístico e filosófico (séculos XIV-XVI) que revisitava o pensamento clássico e a arte grega a fim de retomar o desenvolvimento estético, cultural e filosófico da sociedade;
- Barroco: movimento cultural surgido na Itália que influenciou a Europa e o mundo até o século XVIII;
- 1453: marco inicial da Idade Moderna: queda do Império Bizantino;
- ocorreu entre o século XV e o século XVIII;
- 1492: chegada dos europeus às Américas;
- 1517: Reforma Protestante – quando Martinho Lutero (1483-1546) se opõe à venda de indulgências praticada dentro da Igreja Católica e desencadeia um processo que retira as terras e as propriedades da Igreja Católica na Alemanha, fundando a Igreja Luterana;
- 1534: Reforma Anglicana na Inglaterra – depois de ter o pedido de divórcio negado pelo Papa, Henrique VIII promulga a mudança da religião oficial do país, mantendo quase todos os ritos católicos, contudo, colocando como chefe supremo da Igreja o monarca britânico;
- 1541: Reforma Calvinista – depois do fracasso de Ulrich Zwinglio ao tentar promover uma reforma luterana na Suíça, Calvino, francês que estava exilado na Suíça, solidifica uma reforma ainda mais radical que a luterana;
- 1600: desenvolvimento do Iluminismo com diversas obras-primas lançadas nesse período nos campos filosóficos e artísticos que reverberaram em toda sociedade moderna, deixando legados à contemporaneidade;

---

5   Os fatos e as características da Idade Modena listados aqui são frutos da pesquisa em diversas fontes, entre as quais Châtelet; Duhamel; Pisier (2009), Russell (2004), Weber (2001) e Bittar (2002).

- 1606: Isaac Newton apresenta a teoria da gravidade;
- 1613: Galileu Galilei se pauta na ciência para refutar a teoria geocêntrica aristotélica tida como doutrina oficial da Igreja Católica, sendo denunciado em 1615 à Santa Inquisição; acabou advertido e proibido de propagar tais pensamentos;
- 1632: Galilei publica um livro autorizado pela Igreja Católica, contudo, seus opositores pressionam o Papa e ele é levado a julgamento por heresia em 1633, sendo condenado à pena de morte e tendo sua pena comutada em prisão perpétua domiciliar pela clemência do Papa Urbano VIII;
- 1688: Revolução Gloriosa – deposição de Jaime II do trono da Inglaterra e instalação de uma monarquia constitucional com Guilherme de Orange e Maria Stuart coroados rei e rainha;
- 1776: Revolução Americana – independência diante da Inglaterra e instalação da república estadunidense;
- 1789: Revolução Francesa, queda do absolutismo francês, marco final da Idade Moderna e de início da Idade Contemporânea.

Algumas características basilares da Idade Moderna[6]

- Era das Grandes Navegações e estabelecimento de colônias europeias pelo mundo;
- enriquecimento europeu a base da exploração de riquezas naturais das colônias e do trabalho escravo;
- separação entre fé e razão;
- surgimento dos Estados laicos;
- revoluções tecnológicas e científicas;

---

6 Os fatos e as características da Idade Modena elencados aqui são frutos da pesquisa em diversas fontes, entre as quais Châtelet; Duhamel; Pisier (2009), Russell (2004), Weber (2001) e Bittar (2002).

- desenvolvimento das grandes cidades na Europa;
- fortalecimento e desenvolvimento do mercantilismo;
- sistema absolutista com monarcas dominando as principais nações europeias;
- surgimento de movimentos de estruturação e defesa da instalação de democracias pelo mundo;
- restrição à mobilidade social: sociedade composta do Clero (1º estado), nobres (2º estado), plebeus, artesãos e burgueses – que mesmo pertencendo aos não nobres (3º estado) foram ganhando identidade própria, poder econômico e político.

Mapa 3.3 – Mapa das Grandes Navegações século XV e XVI

3.3.4 A antropologia nietzscheana

O pensamento de Friedrich Nietzsche é como uma corrente em oposição a toda tradição do pensamento ocidental, desde os gregos clássicos, passando pelo cristianismo e culminando na filosofia moderna: o pensador prussiano foi um severo crítico da razão e da possibilidade da verdade absoluta. Foi Nietzsche que afirmou que Deus está morto (pois, com o advento da ciência moderna, o homem não precisaria mais de Deus para explicar os fenômenos do mundo) e que as verdades são sempre proposições linguísticas e metáforas, vinculadas ao contexto histórico e cultural em que são produzidas, e sobretudo à moralidade vigente no contexto em questão. Por isso, o filósofo chama de *niilistas* (*nihil*: do latim "nada") todos aqueles que têm crenças absolutas, sejam religiosas, sejam científicas. Nietzsche propõe, então, o que chama de "*übermensch*", ou "além do homem": aquele que destrói todos os seus valores para construir os próprios (Flores, 2015).

Nietzsche se opõe totalmente ao dualismo cartesiano do corpo e da alma, entendendo que essa concepção é herdeira do pensamento dualista de toda a tradição filosófica ocidental (grega, cristã e moderna), que ele fortemente critica (Vaz, 1991).

3.3.5 Foucault e a crítica da antropologia

O pensador Michel Foucault (1926-1984), assim como outros da escola pós-estruturalista francesa, cujo auge foi nos anos 1960, foi profundamente influenciado por Nietzsche e assume uma postura crítica em relação à noção de natureza humana, entendendo que ela é sempre ligada ao que ele costuma chamar de *episteme* (conjunto de conhecimentos, valores e interpretações condicionados pela linguagem e cultura de determinado período e lugar histórico), além de entender que ela está sempre sujeita e condicionada pelas relações de poder: o que é determinado como "natural" para o humano pode sempre ser usado como uma ferramenta de opressão e imposição de normas a quem se desvia do que não é considerado natural.

Ao determinarmos, por exemplo, que é da natureza humana ter cinco dedos, uma pessoa que tem seis dedos não seria então humana? Por esses motivos, para o pós-estruturalismo, o conceito de natureza humana é sempre problemático. Para Foucault (1999), a antropologia como ciência positivista que pretende entender a natureza do homem é igualmente questionável, pois o filósofo francês entende, por criticar o conceito de natureza humana, que toda concepção antropológica de Kant e, posteriormente, do positivismo, da dialética (e, por conseguinte, do marxismo) e da fenomenologia estão equivocados em confusões entre o empírico e o transcendental.

3.4
Lógica

A lógica pode ser compreendida como a ciência da dedução ou da inferência. Segundo Corbisier (1984, p. 190), "para Aristóteles a lógica é um instrumento, ou melhor, um *organon*. Instrumento utilizado por toda a ciência na busca de um objeto e assim organizá-lo em sistema". O teórico brasileiro aponta ainda que a lógica se mostra como um percurso a ser seguido pelas demais ciências para expandir seus conhecimentos e ligar uma ciência a outra.

A palavra *lógica* vem do grego *lógos*, termo que pode ser compreendido como "razão" ou "linguagem". Nos estudos de filosofia, Aristóteles é considerado o pai da lógica, pois, no século IV a.C., o pensador macedônico chamou de "analítica" o que conhecemos como *lógica*. Esse filósofo abordou o tema nas obras *Organon* e *Metafísica*, embora não com esse termo (Corbisier, 1984).

Na obra *Organon*, Aristóteles apresentou, segundo Corbisier (1984), a divisão da lógica como: o conceito, o juízo e o raciocínio. O pensador apontou que a essência da lógica não é o conceito nem o juízo, mas sim o raciocínio, pois é por meio dele que se alcança a progressão do conhecimento. A obra *Organon* apresenta os seguintes tratados: *Categorias*,

Da interpretação, Primeiros analíticos, Segundos analíticos, Tópicos e *Argumentos sofísticos* (Corbisier, 1984).

Denominando todas as teorias na área até o surgimento da lógica formal ou matemática, a lógica era percebida como a ciência do raciocínio vago; e a partir do século XIX, o raciocínio lógico passou a envolver essas teorias. Compreendemos como *teoria* os sistemas que apontam fundamentos para a ciência, e como *ciência* o conhecimento sistematizado de determinado objeto de estudo.

Ainda de acordo aos tratados apresentados na obra de *Organon,* as categorias abordam a análise da linguagem. Aristóteles diferencia as coisas ditas "em combinação" (celular/aplicativo) das "sem combinação" (celular/giz). Os termos de combinação ainda são divididos em: substância, quantidade, relação, lugar e tempo. Segundo o pensamento aristotélico, a lógica só se ocupa com assuntos universais (Aristóteles, 1973).

Essa interpretação de Aristóteles aborda o estudo da proposição, que é a expressão verbal do juízo, sendo este afirmativo ou negativo, ou, ainda, podendo afirmar uma negação ou negar uma afirmação. Além disso, os juízos ainda podem se dividir por quantidade, qualidade, relação e modalidade. Exemplo: uma proposição como "homens são mortais" ou "homens não são mortais" (Aristóteles, 1973).

No tratado *Primeiros analíticos,* Aristóteles apresenta o silogismo. Nesse texto, após serem expostos alguns argumentos, também conhecidos como *inferências,* o filósofo trata da diferença entre deduzir e induzir: quando o indivíduo deduz, ele extrai o particular do universo e, quando induz, extrai o universo do particular (Kenny, 1998).

A lógica propõe a construção de raciocínios coerentes, que auxiliam na compreensão de inferências com maior clareza, tentando evitar possíveis erros de conclusão. De acordo com Kenny (1998, p. 96), "as principais investigações lógicas de Aristóteles incidiam sobre as relações entre as frases que fazem afirmações". Aristóteles mostra interesse em classificar frases que iniciam com "Todos", "Nenhum" e "Alguns" e em analisar as inferências existentes entre elas. Porém, ainda conforme Kenny (1998), quando apontamos algo como verdade, não podemos contradizer essa verdade – devemos respeitar a contradição.

Sendo assim, quando afirmamos que uma árvore é uma árvore, não podemos contradizer essa verdade. Se compreendemos que a árvore é um vegetal e identificamos que o pinheiro é uma árvore, logo, todo pinheiro é um vegetal. Ainda, quando afirmamos que todo paranaense é brasileiro e identificamos que alguns paranaenses são do sexo feminino, alguns brasileiros são do sexo feminino.

As inferências mencionadas são conclusivas a partir de suas premissas. Entendemos por *premissa* aquilo que dá base para o raciocínio. Aristóteles define o estudo dessa inferência como *silogística*. Uma inferência é percebida como verdadeira quando conduz à conclusão também percebida e aceita como verdadeira.

Porém, é possível apontar inferências que partem de premissas verdadeiras, as quais, por sua vez, conduzem a uma falsa conclusão, tais como: "Todos os gatos são mamíferos". Alguns mamíferos são animais aquáticos; logo, todos os gatos são animais aquáticos.

Ainda segundo Kenny (1998), tais modelos de inferências são comumente usados em modelos de lógica matemática, como: todo A pertence à B; algum B é C; logo, todo A é C. Quando a premissa conduz a uma falsa conclusão, é possível identificar que o argumento não é confiável.

Podemos considerar, então, que, segundo Aristóteles, para haver uma compreensão do pensamento lógico, o importante é a emancipação do raciocínio da inferência. É a descrição da argumentação da inferência que trará veracidade ao raciocínio lógico. Essa descrição precisa ser coerente com a verdade, com a compreensão e com o pensamento lógico.

Em suma, faz-se importante explicar por que as coisas acontecem como acontecem. De acordo com Kenny (1998, p. 98),

> Aristóteles estuda todas as formas possíveis de inferência silogística e estabelece um conjunto de princípios que permitem distinguir os bons silogismos dos maus. Começa por classificar individualmente as frases ou proposições das premissas. Aquelas que começam pela palavra "todos" são proposições universais; aquelas que começam com "alguns" são proposições particulares. Aquelas que contêm a palavra "não" são proposições negativas; as outras são afirmativas.

Corbisier (1984, p. 194) afirma que, para Aristóteles, "o movimento das premissas à conclusão representa um progresso do pensamento porque explicita o implícito, e atualiza, na conclusão, o que está potencialmente contido nas premissas". É possível compreender a afirmação quando se repete o silogismo aristotélico "Todo homem é mortal, Sócrates é homem, logo Sócrates é mortal"? Apenas é possível afirmar que todo homem é mortal porque se tem conhecimento de que Sócrates é mortal, pois todos sabemos que Sócrates é homem.

No tratado *Segundos analíticos*, Aristóteles apresenta o estudo da demonstração e da definição. Esclarece que a "demonstração é um silogismo científico cujas premissas devem ser verdadeiras, primeiras, indemonstráveis, mais inteligíveis que a conclusão, e causa da conclusão" (Corbisier, 1984, p. 194). O conhecimento científico necessita diferenciar o fato e o porquê, assim como os motivos do fato. As ciências são exatas quando conhecem a essência, e, para conhecê-la, é necessário questionar sobre o que determinado evento/fenômeno/objeto é, bem como aprofundar o conhecimento para chegar à definição da essência. Aristóteles aponta a importância da imaginação na busca do conhecimento científico (Corbisier, 1984).

No tratado *Tópicos*, Aristóteles busca uma fórmula que possibilite raciocinar sobre qualquer problema, porém evitando contradizer a si mesmo (Aristóteles, 2016).

Já no tratado *Refutações sofísticas*, Aristóteles (2016) finalmente aponta os sofismas, ou raciocínios falsos, apresentando o termo *paralogismo*, que significa "raciocínio falso com aparência de verdade". Um paralogismo pode produzir confusão nos argumentos, uma vez que verdadeiro e falso são percebidos como semelhantes (Aristóteles, 2016). Por exemplo: algumas pessoas são naturalmente belas, outras se tornam belas pelos efeitos dos enfeites que utilizam. É possível também perceber os sofismas no uso de palavras ambíguas.

Trazendo os conceitos lógicos de Aristóteles para o presente, com a democratização da opinião promovida pela revolução digital, vemos uma propagação exponencial de argumentos sofistas, desinformação e o fenômeno massivo da *fake news*.

Por erro na inteligência, ou mesmo má-fé, vemos oradores que empregam suas falácias ao negacionismo contemporâneo. Ao nos debruçarmos sobre tais argumentações que questionam de vacinas ao heliocentrismo, relativizando o consenso filosófico e científico a pretexto do direito de duvidar, vemos sofismas simples, esmiuçados por Aristóteles há mais de dois milênios.

Nesses pretensos argumentos lógicos, encontramos facilmente inconsistências racionais ou tentativas de manipulação como falsas causas, apelos à ignorância, populismos, generalizações apressadas, argumentos contra o homem, falácias de divisão, falácias de composição, recursos à força, conclusões irrelevantes, entre outros.

Da permanência e da pertinência que não permitem que tais ensinamentos aristotélicos se tornem datados e vencidos é que extraímos as evidências empíricas de que tal autor de fato é um clássico, uma vez que seus ensinamentos ainda são extremamente necessários à humanidade.

Além disso, Aristóteles também foi o primeiro a ordenar as ciências, ou seja, a fazer a separação das ciências de acordo com áreas do conhecimento. Desse modo, ordenou os conhecimentos relacionados à matemática em um grupo, e as ciências da biologia, da física, da filosofia em outro, e assim sucessivamente (Corbisier, 1984).

Síntese

Apresentamos, neste capítulo, a epistemologia, a antropologia filosófica e a lógica, bem como a possibilidade de estudar a filosofia por meio dessas áreas filosóficas, destacando os principais representantes de cada uma dessas disciplinas.

Indicações culturais

Filmes

> O ENIGMA de Kaspar Hauser. Direção: Werner Herzog. Alemanha: Versátil Filmes, 1974. 101 min.
>
> Com base em registros históricos, o filme conta a história de um jovem encontrado em uma praça de Nurengerg, em 1828. Não falava e apresentava sinais de que vivia isolado.
>
> O ÓLEO de Lorenzo. Direção: George Miller. EUA: Universal Pictures, 1992. 129 min.
>
> Esse filme apresenta a ciência como algo que se inicia com um problema e que pode ser desenvolvida por qualquer pessoa. Com base em fatos verídicos, o filme narra a batalha dos pais de Lorenzo, um garoto que sofre de uma doença degenerativa muito rara, para conseguir produzir um remédio que a estabilize.

Atividades de autoavaliação

1. Analise as afirmações a seguir e indique se são verdadeiras (V) ou falsas (F):
   ( ) A lógica pode ser utilizada para identificar a estrutura do pensamento de outras pessoas.
   ( ) A finalidade da lógica é estruturar o próprio pensamento para defender as próprias ideias, independentemente de serem verdadeiras ou não.

( ) A razão humana não é capaz de deduzir conclusões a partir de afirmações ou negações.

( ) O cuidado que devemos ter ao utilizar a lógica aristotélica para se alcançar a verdade refere-se à generalização de conceitos ou elementos, pois generalizar é sempre um risco.

( ) A lógica aristotélica é uma teoria clássica que explica como o pensamento humano é formulado.

( ) Para um silogismo ser válido, apenas um elemento é necessário: a conclusão tem que ser óbvia.

Agora, assinale a alternativa que corresponde corretamente à sequência obtida:

a) F, F, V, V, V, V.
b) F, F, V, V, V, F.
c) V, V, F, V, V, F.
d) V, F, F, V, V, F.

2. Campo de estudo da filosofia que tem como objetivo, ou seja, como questionamento principal, a definição do homem. Essa definição refere-se à:

a) metafísica.
b) lógica.
c) antropologia filosófica.
d) filosofia da ciência.

3. Thomas Kuhn (1975) acredita que o progresso da ciência ocorre em saltos, e cada salto simboliza um ciclo nesse modelo de revolução. Nesse sentido, é correto afirmar:

a) Com a quebra ou mudança de paradigma, há um avanço na ciência.

b) Um paradigma não pode levar a outro paradigma mesmo com o avanço da ciência.

c) Um paradigma científico, uma vez aceito pela sociedade, não pode ser refutado.

d) A teoria dos paradigmas é de Popper, filósofo em que Kuhn se fundamenta para falar do progresso da ciência.

4. A epistemologia tem duas linhas de pensamento, o empirismo e o racionalismo. Assinale a alternativa que explica corretamente esses dois modos de produzir o conhecimento:

a) O empirismo utiliza somente a razão como fonte de conhecimento e explicação da verdade. Já o racionalismo destaca que todo aprendizado adquirido passa pelas experiências humanas.

b) O empirismo destaca que todo aprendizado adquirido passa pelas experiências humanas. Já o racionalismo utiliza somente a razão como fonte de conhecimento e explicação da verdade.

c) No empirismo, as verdades são reveladas pelos sentidos, e no racionalismo, pelo espírito humano.

d) No racionalismo, a razão é fonte de conhecimento, da mesma forma que no empirismo; porém, neste último, acrescentam-se os fenômenos psicológicos.

Atividades de aprendizagem

Questões para reflexão

1. Escolha um artigo de jornal e transforme os argumentos do autor em formas lógicas simples, ou seja, em expressões curtas, de modo que o texto possa ser lido e compreendido em poucos instantes. Vale como dica estudar melhor o uso do silogismo e utilizá-lo como ferramenta.

Após os estudos sobre antropologia filosófica, você consegue diferenciar a concepção de homem em cada um dos grandes momentos filosóficos? Faça esse exercício e registre.

2. Retomando o trecho que lemos há pouco, daremos seguimento a um exercício de reflexão.

> "Por erro na inteligência ou má-fé vemos oradores que empregam suas falácias ao negacionismo contemporâneo. Ao nos debruçarmos sobre tais argumentações que questionam de vacinas ao heliocentrismo, relativizando o consenso filosófico e científico a pretexto do direito de duvidar, vemos sofismas simples, esmiuçados por Aristóteles a mais de dois milênios.
>
> Nesses pretensos argumentos lógicos, encontramos facilmente inconsistências racionais ou tentativas de manipulação como falsas causas, apelos a ignorância, populismos, generalizações apressadas, argumentos contra o homem, falácias de divisão, falácias de composição, recursos à força, conclusões irrelevantes, entre outros."

O exercido aqui diz respeito a um processo científico de pesquisa e dominação conceitual seguido de um momento de instrumentalização desses conceitos para refletir sobre o negacionismo.

a) Pesquisa: busque em fontes confiáveis a definição de falácias básicas como as citadas no parágrafo retirado do texto.

b) Instrumentalização: relacione as falácias às sustentações argumentativas negacionistas disseminadas na sociedade. As teorias negacionistas a serem relacionadas são de escolha do pesquisador.

Atividade aplicada: prática
1. Escolha uma das áreas filosóficas apresentadas neste capítulo e realize uma pesquisa aprofundando os conceitos aqui apresentados e mostrando outros filósofos que se dedicaram a essa área. Como conclusão, procure demonstrar como esse conhecimento pode contribuir para as ações em nosso dia a dia.

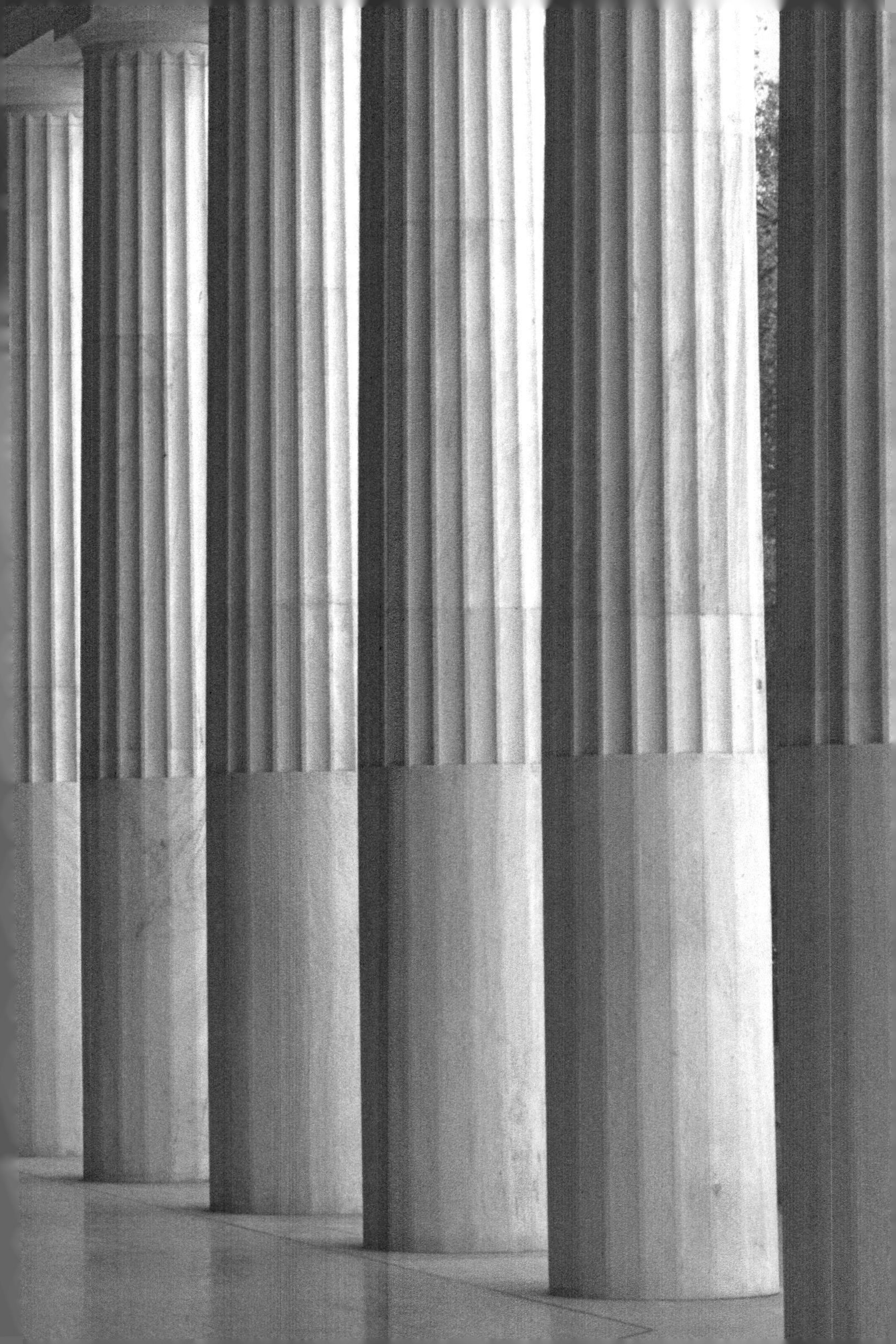

4

**Estudos filosóficos:
a investigação
filosófica por
áreas – Parte II**

Neste capítulo, daremos prosseguimento à nossa observação da filosofia por meio das respectivas áreas. Em especial, analisaremos a ética, a estética e a filosofia política.

4.1
Ética

Partiremos aqui da distinção entre ética e moral. Há muita confusão entre os dois termos; às vezes, chegam a ser tomados como sinônimos. Essa confusão é fruto de um olhar para a etimologia dos termos: *ética* é uma palavra derivada do grego *ethos*; *moral*, por sua vez deriva do latim *moris*. Os dois vocábulos são traduzidos como *costumes* (Aranha; Martins, 1993). Daí a noção errônea de que ética e moral significam a mesma coisa.

A moral diz respeito a um "conjunto de regras de conduta admitidas em determinada época ou por um grupo de pessoas" (Aranha; Martins, 1993, p. 274). Assim, a moral é um conjunto de regras que estão em nosso dia a dia e são utilizadas por nós de modo individual. Esses seguimentos proporcionam um caminho, um rumo a ações e julgamentos sobre o que é moral ou imoral, bom ou mal, certo ou errado.

Já a ética é um conhecimento universal sobre a moral. Ética é a disciplina filosófica capaz de investigar e refletir sobre a moral, por exemplo: a moral de nossa sociedade, a brasileira, não admite que um homem se case com duas mulheres ao mesmo tempo, pois, em nossa sociedade, isso é crime. A mesma situação, na Índia, por exemplo, não é um crime, não afeta a moral daquela sociedade. Por isso afirmamos que a moral é sempre local ou regional; a moral é sempre uma moral de determinada sociedade, portanto, não é universal. Leis morais não são válidas em todos os lugares da mesma maneira.

Seguindo o exemplo colocado, a ética seria a reflexão que se realiza acerca da poligamia. Essa reflexão é universal, pois, como tal, é válida para qualquer sociedade. Nesse mesmo sentido, Aranha e Martins (1993, p. 274) afirmam que a ética, diferentemente da moral, "é a parte da filosofia que se ocupa com a reflexão a respeito das noções e princípios que fundamentam a vida moral".

Na prática, a finalidade da ética e da moral são muito parecidas. Elas são fundamentais para a criação das bases da conduta do ser humano, determinando o caráter, o altruísmo e as virtudes do homem, com o fim de melhorar seu convívio com a sociedade. Para a consolidação desses fundamentos, tanto a ética quanto a moral estão e serão fundamentadas em valores.

Toda discussão ética passa por um debate sobre valores. Isso porque, como seres conscientes, somos capazes de estabelecer uma relação de valor com o mundo. Em outras palavras, nossa consciência é capaz de julgar e estabelecer um valor para isso ou aquilo. Por exemplo: quando um profissional tem de tomar uma atitude, por trás de sua escolha está a consciência, e é ela quem vai determinar sua satisfação de acordo com o resultado de suas escolhas. A essa consciência chamamos de *consciência moral*, que é alimentada pelos juízos de fato e pelos juízos de valor. De acordo com Chaui (2000, p. 433): "A consciência moral manifesta-se, antes de tudo, na capacidade para deliberar diante de alternativas possíveis, decidindo e escolhendo uma delas antes de lançar-se na ação".

Mas o que são juízos de fato e juízos de valor? Primeiro, destacamos que *valor* "é a relação de não indiferença entre o homem e os elementos com que ele se defronta" (Saviani, 1996, p. 36).

Vejamos a seguir exemplos de juízos de fato e juízos de valor:

> Para ser um professor de Filosofia, é essencial que a pessoa tenha formação em Filosofia.
>
> Ana Julia é uma excelente professora de Filosofia.

Na primeira frase, temos a aplicação do juízo de fato; na segunda, apresentamos o juízo de valor. A que conclusão podemos chegar diante dessas frases? Podemos perceber que os juízos de fato enunciam e explicam aquilo que é ou, ao menos, aquilo que deve ser. Trata-se dos juízos de realidade presentes em nosso dia a dia. Já os juízos de valor dizem respeito à interpretação e à avaliação do comportamento e resultam da apreciação, do julgamento que fazemos das coisas, dos fatos e dos indivíduos. Ao afirmarmos que "Ana Julia é uma excelente professora" estamos, por meio da palavra *excelente*, atribuindo um juízo de valor a essa profissional.

A moral é estabelecida de acordo com os valores; a ética, por sua vez, pode refletir e discutir sobre esses valores, sua constituição e aplicação.

Em toda sociedade, há uma moral constituída em momentos, lugares e tempos diferentes. Por isso, podemos dizer que, no que se refere ao pensamento filosófico, há uma moral na sociedade antiga, uma moral medieval, uma moral moderna e uma moral contemporânea. Analisaremos, a partir deste ponto do texto, a ética nesses diferentes momentos do pensamento filosófico.

Iniciemos, evidentemente, pelo pensamento na Grécia Antiga. Vamos nos ater ao pensamento de Aristóteles (384 a.C.-322 a.C.), que foi o criador da disciplina filosófica da ética, como já destacamos anteriormente.

O filósofo esclarece que a ética leva à felicidade, ou seja, ter uma conduta ética conduz a uma vida feliz. Em sua *Ética*, Aristóteles preocupa-se, acima de tudo, com o bem humano, em delimitar o que é o bem para o homem (Corbisier, 1984).

Essa é uma forma sintética de compreender a ética aristotélica. É importante enfatizarmos que, por haver muitos elementos a ser compreendidos e que esses fatores dependem da vontade e escolhas humanas, ou seja, são subjetivos, essa ciência não pode ser tomada por exata (Corbisier, 1984).

Apesar de subjetiva, a ética é fundamental para a orientação das ações como forma de alcançar o bem individual. Não é possível que o bem coletivo se consolide em uma sociedade se esse mesmo bem não alcançar a cada indivíduo. Quando Aristóteles demonstra que a ética é uma ciência da alma voltada para a prática, ele se refere, entre outras coisas, à consciência humana. Ela é a orientadora das ações e dela depende a felicidade ou não de cada indivíduo (Corbisier, 1984).

Desse modo, a ética aristotélica pode ser compreendida como um padrão de conduta que se orienta para o bem máximo. Em sua obra *Ética a Nicômaco* (1991), Aristóteles faz essa consideração e defende que o bem maior para o qual todos vivemos e orientamos nossas ações é a felicidade. Assim, quando uma pessoa precisa tomar uma decisão, implícita nela está sua consciência e é ela que vai determinar a felicidade dessa pessoa de acordo com o resultado de suas escolhas.

Essa ideia da ética como a busca pela felicidade adentra o pensamento filosófico da Idade Média, porém, acrescenta-se a ideia de que essa felicidade é Deus.

A ética cristã, ou a ética da Idade Média, período que vai desde a queda do Império Romano até a transição para Idade Moderna, no final do século XV, tem uma influência muito marcante da Igreja Católica.

Nesse contexto, a ética medieval é caracterizada por duas concepções: (i) o abandono da visão mundana; (ii) a emergência de uma subjetividade em Deus. A primeira induz o homem a acreditar que o fim último desta vida, ou seja, o objetivo desta vida é alcançar a perfeição divina. Todo o caminho é o caminho para chegar a Deus. A segunda diz respeito a uma relação do indivíduo com Deus (Abrão, 1999). Assim, o medievo caracterizava-se por uma ética essencialmente teocêntrica (Deus no centro): o comportamento ético do indivíduo era regulado por Deus; a vida ética neste mundo garantia o reino dos céus, a vida eterna.

No período moderno, o pensamento filosófico voltado para a ética pretendia desvencilhar a ética da moral cristã. Todo o pensamento filosófico moderno concebia a ética como um dever, porém, não um dever diante de Deus, mas um dever para com a sociedade, que tornava o homem bom para a sociedade. Assim, a ética do dever no pensamento filosófico moderno impunha ao homem um dever perante a família, perante o trabalho, perante sua comunidade, entre outros cenários de sua sociedade (Abrão, 1999).

Essa concepção de dever é oriunda do pensamento de Kant, que a chama de *imperativo categórico*, uma espécie de comando moral que ordena e conduz nossas atitudes para o bem, um bem universal. Como explica Kant (2004, p. 61), "age só segundo máxima tal que possas ao mesmo tempo querer que ela se torne lei universal". A maneira correta de agir é a direcionada à manutenção de uma lei universal, do bem universal.

O imperativo categórico kantiano foi levado a cabo pelo capitalismo industrial, que desenvolveu a ideia de que o trabalho é um bem universal, pensamento que foi reforçado pelo pensamento positivista. Todos já ouvimos a frase "o trabalho dignifica o homem". Essa máxima positivista capitalista, somada ao imperativo categórico kantiano, levou o homem da Modernidade a um dever rigoroso e necessário dentro de sua sociedade.

Em sua essência, a ética moderna continua sendo a busca pela felicidade: a de alcançar uma conduta de homem que cumpre seus deveres diante da sociedade. Dever de pai, dever de chefe de família, dever de trabalhador, dever de pagador de impostos, dever de cidadão probo, preocupado com o correto funcionamento dessa sociedade.

Diversos autores discutem e explicam a ética, incorporando elementos ainda não pensados ou pouco discutidos até então. É o caso da filósofa brasileira Marilena Chaui, nascida em 1941. Entre os aspectos da ética discutidos em suas obras está o senso moral, uma responsabilidade que, de certa forma, sentimos quando somos movidos pela solidariedade. Os sentimentos que exprimem nosso senso moral podem ser o medo, o orgulho, a ambição, a vaidade, a covardia, a vergonha e a culpa. Nossa consciência e nosso senso moral também exigem que decidamos o que fazer e encarar as consequências (Chaui, 2000).

A consciência e o senso moral são voltados ao respeito a valores, sentimentos, intenções, decisões e ações direcionadas ao desejo de felicidade, possibilitando diferenciar o que é bom do que é ruim, ou seja, o bem do mal, como já mencionava Aristóteles. São coisas que nascem e existem como parte de nossas vidas.

Ainda de acordo com Chaui (2000), existem elementos que interferem negativamente no senso moral, atrapalhando as decisões e a visão do bem e do mal. Para a filósofa, a violência é um desses elementos: ela existe nas sociedades há muitos séculos e faz com que a pessoa seja obrigada a mudar sua forma de pensar ou de agir (Chaui, 2000). A partir do momento que a sociedade cria as leis, simultaneamente criam-se valores positivos, que são, segundo a estudiosa, "como barreiras éticas contra a violência" (Chaui, 2000, p. 432). Quando a violência é empregada, as pessoas são tratadas como "coisas", que não pensam sozinhas e são manipuláveis, logo, o ponto de vista ético acaba.

Chaui (2000, p. 434) afirma que, para existir conduta ética, é necessária a existência do agente consciente:

> Ser consciente de si e dos outros, isto é, ser capaz de reflexão e de reconhecer a existência dos outros como sujeitos éticos iguais a ele; ser dotado de vontade, isto é, de capacidade para controlar e orientar desejos, impulsos, tendências, sentimentos (para que estejam em conformidade com a consciência) e de capacidade para deliberar e decidir entre várias alternativas possíveis; ser responsável, isto é, reconhecer-se como autor da ação, avaliar os efeitos e consequências dela sobre si e

sobre os outros, assumi-la bem como às suas consequências, respondendo por elas; ser livre, isto é, ser capaz de oferecer-se como causa interna de seus sentimentos, atitudes e ações, por não estar submetido a poderes externos que o forcem e o constranjam a sentir, a querer e a fazer alguma coisa. A liberdade não é tanto o poder para escolher entre vários possíveis, mas o poder para autodeterminar-se, dando a si mesmo as regras de conduta.

Esse trecho indica uma aproximação com o pensamento ético dos clássicos. Todas essas capacidades mencionadas advêm da razão ou, melhor, do uso que fazemos da razão. Nossa racionalidade é o elemento fundamental para a consciência moral.

Outro filósofo contemporâneo que apresenta novos elementos para a discussão da ética é Gilles Lipovetski (2005). Analisando nossa sociedade atual, o filósofo francês afirma que os valores de hoje mudaram, o que fez mudar a moral. Na Contemporaneidade, que Lipovetski chama de *Pós-modernidade*, o bem passou a ter a ideia de bem-estar, quando não um bem-estar social. O homem ético não tem mais o dever moral diante da sociedade como tinha na Modernidade, muito menos o dever religioso que tinha no período medieval. Na Pós-modernidade, seu dever é para com seu bem-estar. O individualismo, o consumo, o apelo da mídia, o narcisismo são elementos que Lipovetski (2005, p. 127) coloca em discussão:

> No momento em que impera o culto do ego é que os valores da tolerância triunfam; no momento em que perece a escola do dever, o ideal do respeito aos outros atinge sua consagração suprema. A consciência individualista é uma mescla de indiferença e repugnância pela violência, de relativismo e universalismo, de incerteza e imposição absoluta dos direitos do homem, de abertura às diferenças "dignas de consideração" e recusa às diferenças "inadmissíveis".

O sujeito ético da Pós-modernidade é individualista no sentido de que é guiado pelas próprias escolhas; não mais se guia pelo dever, mas por um querer, por isso a busca pelos seus direitos, por isso a indiferença e indignação ou não a essa ou aquela situação.

Esse novo cenário é estimulado pela mídia, a qual, segundo Lipovetski (2005, p. 110), exerce também um papel ético:

> Agora, os "empresários da moral" não são apenas as associações caritativas e humanitárias, mas também as redes de TV e os astros da mídia. Quanto mais se depaupera a religião do dever, mais consumimos generosidade; quanto mais os valores individuais ganham terreno, mais proliferam e alcançam recordes de audiência as encenações midiáticas das boas causas.

Diante de tudo isso, é possível percebermos que a ética, distanciada do dever religioso e do dever prático diante da sociedade, assume uma nova configuração, agora centrada no desejo do indivíduo. Incentivar a ética torna-se um negócio lucrativo. Não é à toa que os apelos da mídia, televisiva, digital, visual ou radiofônica, vão se tornando cada vez mais comuns, garantindo o sucesso desses apelos e a conduta ética dos cidadãos dessa sociedade.

Nesta sociedade pós-moderna, uma expressão que se torna popular é *ética profissional*. Estabelecida como disciplina universitária nos diversos cursos de nível superior em nosso país, a ética profissional tem um espaço dentro das organizações empresariais. Concebida como a discussão de normas que formam a consciência moral do profissional, essa ética exprime valores que devem ser seguidos pelo trabalhador em seu ambiente de trabalho. Daí a proliferação dos códigos de ética, tanto por conselhos de classes trabalhistas quanto pelas empresas em geral.

Nesse contexto, a ética profissional pretende que o profissional cumpra com todos os deveres de sua profissão e função, exigindo o respeito ao próximo e à empresa e garantindo o bom desempenho das atividades em um ambiente harmônico.

4.2
Estética

Na tradição do conhecimento filosófico, chamamos de *estética* o campo que estuda a natureza do belo e suas manifestações na arte. O fundamental em uma reflexão estética é o entendimento sobre a valoração humana no que diz respeito às suas experiências sensoriais e à produção de sentimentos gerados pela percepção de fenômenos estéticos naturais ou criados pelo ser humano como a arte e, consequentemente, o próprio conceito de arte.

A palavra *estética* e seu conceito moderno foram desenvolvidos pelo filósofo alemão Alexander Baumgarten (1714-1762), no século XVIII, e derivam da palavra grega *aisthésis*, que significa "sensação", "percepção", e define um ramo da filosofia voltado ao estudo da "percepção e as sensações como princípios de um conhecimento sensível do mundo" (Camargo, 2012). Todavia, a discussão acerca do belo está presente na filosofia desde a Grécia Antiga.

O que é o belo? A beleza e a feiura estão nos objetos do mundo ou são apenas julgamentos feitos por sujeitos exteriores a eles? É possível uma apreciação estética do feio? Por que as pessoas gostam da representação de coisas desagradáveis, como peças trágicas ou filmes de violência e terror? Esse tipo de discussão é central na estética e na filosofia da arte, desde a filosofia clássica até a contemporânea.

4.2.1 Estética e filosofia clássica

A preocupação com uma noção verdadeira da beleza remonta aos pensadores clássicos da Grécia Antiga, inicialmente Sócrates, que entendia o belo como intimamente relacionado à utilidade do objeto em questão. Para o filósofo grego, o objeto em questão deve ser útil e ter uma boa funcionalidade para aquilo que foi construído: o que é útil é belo, e o que é belo é útil. Essa noção socrática do belo é perceptível em diálogos como *Hípias maior*, na obra *A República*, de Platão, em que o discípulo de Sócrates afirma que seria feio um olho que não pudesse enxergar ou um corpo humano incapaz de desempenhar atividades físicas (Platão, 1980). A mesma discussão pode ser observada no texto *Ditos e feitos memoráveis de Sócrates*, escrito por Xenofonte, em que Sócrates afirma que um cesto de lixo pode ser belo, enquanto um escudo de ouro pode ser feio. Se o cesto de lixo é adequado para cumprir sua função, é belo, e se o escudo de ouro se apresenta pesado demais para cumprir sua função, seria feio (Sócrates, 1987).

Enquanto para Sócrates um objeto belo é aquele que desempenha adequadamente sua função, para seu discípulo Platão, a noção de belo se torna um tanto diferente. Para Platão, o belo passa a ser uma característica não acessível pelos sentidos, mas passível de ser apreendida de modo sensível, entretanto, apenas possível de ser compreendida pela intelecção (Nougué, 2013). O belo só pode ser em si no mundo das ideias, como o justo, o verdadeiro e o bem.

Em sua obra *A República*, Platão critica os artistas (pintores, escultures, poetas e atores) por acreditar que esses indivíduos, sendo miméticos (*mimesis* em grego, ou "imitação"), faziam cópias imperfeitas das coisas, inferiores em sua verdade. Se nosso mundo sensível já é imperfeito e os objetos menos verdadeiros que no mundo das ideias, as obras de arte seriam, então, menos verdadeiras ainda.

O belo não pode ser criado, pois existe por si mesmo no mundo das ideias, e a obra de arte é apenas imitação. Para Platão, os artistas, além de serem reprodutores de cópias imperfeitas, eram criadores de obras que mexem com as sensações e as emoções do homem, confundindo sua capacidade intelectiva e racional (Nougué, 2013).

Aristóteles concorda que a obra de arte é uma cópia, que é mimética que produz efeitos. Porém, ele discorda do papel da arte para a *polis* (cidade) conferido por Platão, acredita no efeito positivo da poesia, do teatro, das artes plásticas e de outras formas de representação (Nougué, 2013).

Aristóteles distingue dois tipos de arte: a que imita a natureza (mas pode abordar o que é impossível) e a que tem utilidade prática. O filósofo trouxe uma noção importante para a estética: de que não apenas o belo e o alegre podem ter um valor artístico, mas também o feio e o triste. Por isso, Aristóteles afirma que, ao assistir peças trágicas, como Édipo Rei[1], as pessoas gostam e se entretêm com obras dessa natureza porque causam uma sensação de terror ligada a uma sensação de piedade e, ao fim da peça, uma limpeza, um alívio de tensões. Isso é o que ele chama de *catarse* (em grego *katharsis,* que significa "purificação") (Aristóteles, 2008).

> A seguir, vemos a famosa escultura clássica ateniense de 455 a.C. Por meio da análise da obra, podemos compreender alguns conceitos estéticos e filosóficos dos gregos clássicos. Nela, vemos o lançador de discos, Discóbolo, idealizado, uma vez que as obras não retratavam o indivíduo, mais um ideal universal de ser humano. Isso significa dizer que a arte clássica grega não era feita de retratos particulares em que indivíduos pudessem se reconhecer. Pelo contrário, ainda que pudessem ser usados indivíduos como modelos a serem pintados e esculpidos, estes eram modificados pelos artistas a fim de se atingir uma beleza ideal e universal. Assim, uma vez estabelecida estas

---

[1] Peça clássica de Sófocles que retrata a história de um homem que acaba por matar seu pai e se casar com uma mulher sem saber que ela é sua mãe. Ao descobrir, esses eventos, arranca os próprios olhos.

> premissas a mente resultam que nenhuma forma estilizada se poderá considerar satisfatória, mesmo que em si própria seja agradável. Para ser satisfatória, uma estátua deverá ter um aspecto completamente humano, sem nenhum daqueles pequenos e inevitáveis defeitos que todo ser humano possui: em suma, sem qualquer desvio da norma. É necessário eliminar tudo o que é individual, acessório, acidental: elevar-se das formas dos homens à forma da humanidade. (Conti, 1987, p. 35)

Figura 4.1 – Gilmanshin: Estátua discobolus lançador de disco – cópia romana da escultura grega de bronze perdida

4.2.2 Estética na Idade Média

Durante a Idade Média, com um domínio quase absoluto da Igreja Católica sobre a Europa, a produção de arte e a noção do belo estavam intimamente ligadas ao cristianismo católico e à sua filosofia, que foi muito influenciada pela tradição platônica e, posteriormente, aristotélica. A arte desse período, centrava-se em ilustrar ensinamentos bíblicos e buscava colocar nessas representações o belo como meio contemplativo de contato transcendental com Deus.

O impacto sensorial do mundo, diferentemente da visão de Platão, não era condenável, porque, mesmo o mundo material sendo inferior, era visto como criação de Deus. A comunicação das narrativas e dos ensinamentos morais bíblicos eram o ponto central das obras de arte da Idade Média, e o impacto sensorial dessas obras, que inicialmente não tinham tanto aguçamento técnico, o que mudou ao final desse período histórico[2] foram ferramentas de ligação do homem ao divino pela contemplação (Costa, 2011).

Figura 4.2 – Foto da Capela Sistina, pintada por Michelangelo

MICHELANGELO, A criação de Adão. Cerca de 1511. Afresco: 2,8m × 5,7m. Capela Sistina, Museus do Vaticano, Roma.

---

2   Período que ficou conhecido na história da arte como *gótico*.

4.2.3 Estética e filosofia moderna

Com a chegada da Idade Moderna, logo após o Renascimento[3], surgiu o racionalismo, com pensadores como Descartes (1596-1650) e Espinosa (1632-1677). A ciência passou a se desenvolver paralelamente à escola filosófica empirista (Abrão, 1999).

O empirista que acabou vindo a ser um dos mais importantes pensadores da estética foi David Hume. Com ele, surgiu um novo questionamento importante relacionado à estética: o gosto (Hume, 1973).

Nessa tradição, a beleza começa a ser relativizada em outro nível. O belo ainda existe, e só é possível de ser notado por meio da sofisticação das capacidades sensitivas e racionais do apreciador. Mesmo assim, o julgamento da beleza depende da presença ou da ausência de prazer na mente, tendo um caráter subjetivo que é influenciado pelas memórias e experiências de cada sujeito, as quais produzem julgamentos diferentes de belo e feio a respeito dos objetos estéticos. Por isso, Hume (1711-1776) tem o seguinte entendimento do gosto: "Como uma questão de hábito, ou seja, varia conforme a realidade vivida. Para Hume não há nenhuma definição metafísica de arte" (Stigar, 2011). Para esse pensador, a "beleza não é uma qualidade das próprias coisas, existe apenas no espírito que as contempla, e cada espírito percebe uma beleza diferente" (Hume, 1973).

Sendo assim, conforme Stigar (2011, p. 57):

> para Hume a concepção de belo depende, sobretudo do conceito vivenciado mediante o sentimento e as afecções, é determinado externamente, pelo hábito, depende do método, da crença religiosa ou não do indivíduo. Contudo, não existe uma definição universal sobre o

---

3 Período em que surgiu o humanismo, retomada do pensamento grego clássico bem como de novas técnicas que tornaram a arte extremamente sofisticada e com possibilidades miméticas nunca antes vistas na história.

belo porque ele difere de cultura para cultura, sendo belo uma afexão empírica e não metafísica.

Para Kant (1993), um dos principais filósofos do período moderno, toda a concepção de belo só pode emanar do sentimento humano. Os juízos estéticos, como descreve em sua obra *Crítica do juízo*, de 1790, são, pura e tão somente, frutos das experiências subjetivas dos indivíduos.

O prazer estético é diferente, por exemplo, do prazer que a pessoa sente ao comer um alimento saboroso, pois, apesar de estar vinculado a um sentido, o prazer estético depende de um tipo de experiência única: um prazer desinteressado, que é despertado em nós apenas mediante a relação entre nossa mente e uma representação. Esse prazer ocorre porque, nesse estado, nossas capacidades cognitivas relacionam-se de maneira incomum, de modo diferente de quando apreendemos ou emitimos um juízo não estético. Quando dizemos que uma folha é verde, nosso entendimento nos fornece conceitos que se ajustam à intuição sensível que tivemos ao olhar aquela coisa e ver aquela cor.

No caso da experiência estética, nosso entendimento é incapaz de nos fornecer um conceito a respeito do que experienciamos, restando apenas um dado intuído sensorialmente. É justamente o fato de nossas faculdades do conhecimento operarem dessa maneira inusitada que faz com que emerja em nós um prazer estético. Por isso o belo é, em nós, um sentimento, mas um sentimento universal, possível de ser experimentado por outros que se abram ao mesmo tipo de experiência desinteressada que está na base do prazer estético (Freitas, 2003).

Figura 4.3 – *Moça com brinco de pérola*, de Johannes Vermeer

VERMEER, J. **Moça com brinco de pérola**. 1665. Óleo sobre tela: 44 cm × 39 cm. Mauritshuis, Haia.

A obra *Moça com brinco de pérola*, de Johannes Vermeer, do barroco holandês, foi pintada em 1665. Ela é considerada uma obra de referência no realismo, também conhecida como *Monalisa do Norte*, retratada em sua simplicidade sem vestimentas pomposas da nobreza. O belo nessa obra é expresso na simplicidade humana e no cotidiano. De tal forma é a mimetização da passagem do teocentrismo medieval ao antropocentrismo moderno. Ou seja, enquanto nas obras medievais víamos a representação do belo divinizado, nessa pintura vemos a beleza realista.

4.2.4 Estética e contemporaneidade: a arte moderna e contemporânea

O século XIX na arte caracterizou-se por uma quebra de paradigma: não importava mais a sofisticação técnica da obra, mas a inovação. Com a Revolução Industrial e a consequente globalização, teve início uma demanda cada vez mais acelerada por inovação. Com a fotografia, a fidelidade em copiar o real nos quadros deixou de importar tanto, afinal a fotografia agora poderia fazer isso de forma muito mais acurada.

Surgiram então diversas escolas do movimento conhecido como *arte moderna*, como o impressionismo, o realismo, o simbolismo, o *art nouveau* (ou arte nova) e, na primeira metade do século XX, o expressionismo, o surrealismo, o futurismo, o construtivismo, o dadaísmo, entre outros. Nenhum teve a intenção de representar fielmente o mundo, mas procuraram revolucionar a linguagem artística, culminando na famosa obra *A fonte*, criada em 1917 por Marcel Duchamp, que, ao colocar uma latrina em uma exposição de arte, propôs a desconstrução radical do conceito de arte.

Ainda no século XIX, o filósofo Friedrich Nietzsche rompeu radicalmente com a tradição filosófica que começou na Grécia, passou pelo cristianismo e culminou no humanismo e na filosofia moderna, já que deixou de acreditar na possibilidade de uma verdade absoluta (Campos, 2008).

Assim, se não existe verdade, se não existem fatos, mas apenas interpretações, não existe mais o belo em si. No século XX, com o existencialismo e, posteriormente, com o pós-estruturalismo, diversos autores começaram essa seguir linha de pensamento. Nesse período, que pode ser chamado na atualidade de *pós-moderno*, o belo não é mais um conceito universal, e o gosto passou a ser totalmente relativo, assim como o que pode ou não ser chamado de *arte* (Campos, 2008).

Figura 4.4 – *Releitura de Monalisa*, de Marlos Peterson

PETERSON, M. Releitura de Monalisa. Banner de propaganda política reaproveitado, tinta base de água 50 × 75cm. Instalação O Mito Hoje, Museu Oscar Niemeyer, 2018.

Vemos na obra **Releitura de Monalisa**, de Marlos Peterson algumas características importantes das artes contemporâneas, a começar pela falta de pretensão com a originalidade e o uso da releitura. Quanto ao material utilizado na obra também devemos observar que os padrões de telas de tecido e tintas são rompidos, já que a obra é pintada sobre um *banner* de propaganda política reaproveitado; entre as técnicas de pintura e uso de materiais, há utilização de ovo para enfatizar as sombras e luzes. Demais características contemporâneas como a ironia, a antiestética e a provocação também são presentes na obra.

Não podemos esquecer que o fundamental na arte contemporânea é a busca por quebras de paradigmas, de tal forma que padrões são rechaçados e para um historiador consequente, trata-se de interpretar as novas regras do jogo, teorizando esse pluralismo sem lhe aplicar as normas do passado. As noções de originalidade, de conclusão, de evolução das formas ou de progressão na direção de uma expressão ideal não têm mais nenhuma prerrogativa nesse momento de atualidade pós-moderna. (Cauquelin 2005, p. 132)

4.3
Filosofia política

Já explicamos que o nascimento da filosofia remonta ao século VII a.C., na Grécia. A política tem seu nascimento datado da mesma época, no período pré-socrático, e, sim, a política também é grega.

Chaui (2000) aponta que, em razão de ambas, filosofia e política, serem contemporâneas, a filosofia seria "filha da *polis*" (Chaui, 2000, p. 490), ou seja, a filosofia, a partir de então, buscaria explicar o mundo pelo método científico, sua visão passaria da tradição mítica/superstição para a ciência. Muitos pensamentos da área política foram desenvolvidos ainda no período pré-socrático, amadurecendo no período socrático, visto que muitos pensadores desses dois momentos foram chefes políticos e legisladores de suas cidades.

Porém, a filosofia não apenas direcionou suas reflexões para o fenômeno político: debruçou-se também na elaboração de teorias para explicar sua origem, sua finalidade e suas formas. Assim, Chaui (2000, p. 490) afirma:

> Quando lemos os filósofos gregos e romanos, observamos que tratam a política como um valor e não como um simples fato, considerando a existência política como finalidade superior da vida humana, como a vida boa, entendida como racional, feliz e justa, própria dos homens livres. Embora considerem a forma mais alta de vida a do sábio contemplativo, isto é, do filósofo, afirmam que, para os não filósofos, a vida superior só existe na Cidade justa e, por isso mesmo, o filósofo

deve oferecer os conceitos verdadeiros que auxiliem na formulação da melhor política para a Cidade.

Pensando em compreender a origem da vida política e, consequentemente, a política em si, a filósofa brasileira separa em três as teorias a serem conhecidas para se pensar política como arte e/ou ciência da governança de tudo aquilo relacionado à *polis* (cidade-Estado).

A primeira teoria determina que **a razão funda a política**, assim, Chaui (2000, p. 491) nos explica que

> a queda dos humanos, que são afastados dos deuses, tornam-se mortais, vivem isoladamente pelas florestas, sem vestuário, moradia, alimentação segura, sempre ameaçados pelas feras e intempéries. Pouco a pouco, descobrem o fogo: passam a cozer os alimentos e a trabalhar os metais, constroem cabanas, tecem o vestuário, fabricam armas para a caça e proteção contra animais ferozes, formam famílias.

A última idade é a Idade do Ferro, em geral descrita como a era dos homens organizados em grupos, fazendo guerra entre si. Para cessar o estado de guerra, os deuses fazem nascer um homem eminente, que redigirá as primeiras leis e criará o governo. Nasce a política com a figura do legislador, enviado pelos deuses. Com variantes, esse mito será usado na Grécia por Platão e, em Roma, por Cícero, para simbolizar a origem da política através das leis e da figura do legislador. Leis e legislador garantem a origem racional da vida política, a obra da razão sendo a ordem, a harmonia e a concórdia entre os humanos sob a forma da cidade. A razão funda a política.

Já a segunda teoria aponta que **a política foi fundada pela convenção**, ou seja, a política resulta do desenvolvimento das técnicas e dos costumes, sendo uma convenção humana – essa é a teoria política defendida pelos sofistas. Nessa concepção, o desenvolvimento das técnicas e dos costumes leva a convenções entre os humanos para a vida em comunidade regida por leis. Essa linha de pensamento foi inspirada na obra do poeta grego Hesíodo, que trata da doação do fogo aos homens pelo semideus Prometeu (Chaui, 2000).

A partir da chegada do fogo, os homens descobriram-se como diferentes dos outros animais e se organizaram em comunidades, colocando-se sob a proteção dos deuses de quem receberam as leis e as orientações para o governo. No entanto, não demoraram a perceber que o dia a dia reservava conflitos. Para superar tais demandas, os homens criaram regras – o que podia e não podia ser feito naquela comunidade. Assim surgiram as leis (Chaui, 2000).

Por fim, Chaui (2000) nos explica ainda a terceira teoria. Nesta, a **política é determinada pela natureza.** Isso porque

> os humanos são, por natureza, diferentes dos animais, porque são dotados do lógos, isto é, da palavra como fala e pensamento. Por serem dotados da palavra, são naturalmente sociais ou, como diz Aristóteles, são animais políticos. Não é preciso buscar nos deuses, nas leis ou nas técnicas a origem da Cidade: basta conhecer a natureza humana para nela encontrar a causa da política. (Chaui, 2000, p. 491)

A terceira teoria, portanto, indica que a política está no homem, ou seja, a origem, o nascedouro da política é o homem.

As teorias citadas são formulações feitas para explicar e fazer-nos pensar sobre a situação do surgimento da política como vivência. No entanto, não é possível tê-las como explicação de como a política e a filosofia passaram a ser pensadas singularmente – respeitando, sempre, as linhas de discussão em que não se pode separá-las, por exemplo, ao se tratar da ética.

Arendt e Abranches (1993, p. 92) nos apresentam uma versão de como política e filosofia se separam:

O abismo entre filosofia e política abriu-se historicamente com o julgamento e a condenação de Sócrates que constituem um momento decisivo na história do pensamento político, assim como o julgamento e a condenação de Jesus constituem um marco na história da religião. Nossa tradição de pensamento político teve início quando a morte de Sócrates fez Platão desencantar-se com a vida da polis e, ao mesmo tempo, duvidar de certos princípios fundamentais dos ensinamentos socráticos.

Platão retrata o julgamento socrático em sua obra *A República*, na qual afirma que o argumento utilizado para a condenação de seu mestre – o de corromper a juventude –, fora inspirado em uma experiência exclusivamente política, uma vez que Sócrates foi o primeiro filósofo a ultrapassar o limite estabelecido pela *polis* no que se refere aos assuntos políticos, pois se considerava um não *sophos* (sábio).

Em todo estudo, é importante conhecer os primórdios da discussão antes de adentrar em questões pontuais, no caso, aqui, a filosofia política. Por isso, apresentaremos, a seguir, alguns pontos específicos, destacando os principais nomes da filosofia política, pensadores que contribuíram para a evolução desse tema.

Assim como a maioria das áreas de conhecimento, o desenvolvimento da política é constante e gradativo. Afirmamos anteriormente que a filosofia política teve seu início em meados do século VII a.C. e continuou até a consolidação da filosofia política moderna, que compila diversas premissas adotadas pelos sistemas políticos no decorrer de séculos – visto que a maneira de governar está em constante reformulação graças às novas aspirações da sociedade e, em alguns casos, dos próprios governantes.

A filosofia política em seu percurso passou pelas reflexões de Sócrates e Platão (como apresentado anteriormente), Aristóteles, Maquiavel, Bacon, Hobbes, Locke, Montesquieu, Rousseau, Hegel, Kant, Rawls,

Habermas, para citar alguns. Para nosso estudo, selecionamos quatro importantes nomes que pensaram a política, destacando os limites e a organização do Estado em relação ao indivíduo: Maquiavel, Hobbes, Rousseau e Hegel.

4.3.1 Nicolau Maquiavel

Nicolau Maquiavel (1469-1527) escreveu sua principal obra, *O príncipe*, no período em que se encontrava preso, por suspeição de participar de uma conspiração à época da República Florentina (Abrão, 1999).

Em seu tratado político, Maquiavel traz em seu escopo orientações para os príncipes governarem seus reinados adequadamente. Essa obra apresenta o *ratio status* separado da necessidade: "*ratio status* não é um princípio de exceção, mas um princípio permanente de conduta do poder político, cuja essência é agir segundo a justiça" (Bercovici, 2008, p. 52).

Para Maquiavel, "os fins justificam os meios", ou seja, a "necessidade é, portanto, a regra de prudência a que o príncipe está submetido em suas ações. Ele não está subordinado a nenhuma normatividade ética, jurídica ou religiosa superior" (Bercovici, 2008, p. 62).

Assim, existe uma separação nítida entre política e religião. Por meio da leitura de *O príncipe*, constata-se que, em meio a tantos manuais de príncipes em que o cristianismo é o principal fundamento, há um regimento de príncipes que visa sobrepor a "engenharia política" à prudência (Bercovici, 2008).

A ética, para o príncipe de Maquiavel, não é vista sob o prisma cristão. Para o filósofo italiano, o dirigente deve ter uma ética em que a defesa e os objetivos do Estado estejam acima de preceitos religiosos. Portanto, o maquiavelismo traz uma moral laica. A moral cristã que imperava até então era incapaz de contribuir para a sustentação da organização política de uma sociedade, porque, em primeiro lugar, os valores e a ação espiritual não poderiam ser mais importantes e estar acima dos valores e das ações políticas. Em segundo lugar, a nova moral trazida por Maquiavel prevê a análise dos fatos considerando a política, ou seja, os resultados desses fatos, suas consequências para toda a sociedade. Não mais importa como a consequência de uma ação, seja ela boa, seja ruim, afeta aquele que realizou a ação, como ditava a moral da Idade Média – com O príncipe, importa se essa consequência foi boa ou ruim para a sociedade.

Nessa curta obra maquiavélica, é possível observar que, diferentemente de outros tratados – e por isso a escolha de destacarmos esse filósofo, tido como fundador do pensamento e da ciência política moderna –, o filósofo não tenta derivar, partindo dos primeiros princípios, a natureza do Estado ideal e as qualidades de um bom governante, mas, diversamente, "oferece a um possível governante, cujos fins devem ser escolhidos por si próprio, receita de êxito para alcançar esses fins" (Kenny, 1998, p. 249).

Destacamos, da obra desse ícone da Renascença, como seu pensamento sobre a política transpassou as relações entre a sociedade, o Estado e a moral, sendo muito estudado até a atualidade.

4.3.2 Thomas Hobbes

Thomas Hobbes (1588-1679) foi um teórico político e filósofo inglês. Entre suas principais obras está *Leviatã*, publicada em 1651. O autor defendia a visão do universo como mecânico e materialista (Abrão, 1999).

Nessa obra, o pensador inglês visou descrever a ação combinada das forças que causam a instituição do Estado ou, em seus próprios termos, da comunidade. Hobbes se utiliza de uma linguagem bíblica para apresentar uma sociedade sem ordem, que, segundo ele, acabaria por se autodestruir violentamente. Dessa forma, a ordem é essencial – uma ordem que tenderia para o fascismo.

Anthony Kenny, filósofo inglês, em sua obra *História concisa da filosofia ocidental* (1998), ao tratar da filosofia política de Thomas Hobbes, comenta a obra *Leviatã* e sua ideia sobre comunidade e soberania:

> Num estado de natureza, não existem leis, no verdadeiro sentido da palavra. Mas existem "leis da natureza", que tomam a forma de princípios de interesse pessoal racional, de receitas para a maximização das possibilidades de sobrevivência. Estas leis levam os homens, no seu estado natural, a procurar a paz e a rescindir de alguma da sua liberdade em troca de iguais concessões por parte dos outros homens. Estas leis levam-nos a prescindir de todos os seus direitos, exceto do direito à autodefesa, em favor de um poder central capaz de impor as leis da natureza por meio de força. (Kenny, 1998, p. 291)

Esse poder central pode ser uma assembleia ou mesmo um indivíduo, no entanto, nessa concepção, trata-se de um soberano máximo que representa a vontade de todos os membros da comunidade. O soberano se constitui por meio de um contrato em que todos suspendem seus direitos em prol de todos, chamando a isso *comunidade*, a "multidão unida numa só pessoa" (Kenny, 1998, p. 291).

Soberano e contrato surgem simultaneamente, porém o primeiro não faz parte do segundo e, assim, não pode transgredi-lo. Dessa forma, os governantes severos, para Hobbes, seriam escolhidos por meio de decreto e inconscientemente, em vez de serem escolhidos por Deus. Um contrato social seria selado e, assim, os homens geneticamente predispostos à barbárie estariam sob controle.

O mundo em que vivia Hobbes estava destruído pela Guerra Civil na Inglaterra, e apenas um governo severo seria capaz de salvar a humanidade dela mesma; visualizamos, assim, a organização do Estado em relação ao indivíduo.

4.3.3 Jean-Jacques Rousseau

Jean-Jacques Rousseau (1712-1778) foi um dos mais influentes filósofos franceses do século XVIII. Ele escreveu muitos tratados, peças de teatro, óperas, novelas todas fundamentadas em suas teorias e observações sobre a condição humana, e uma de suas principais obras, a qual destacamos por tratar de filosofia política, é *O contrato social*, publicada em 1762 (Abrão, 1999).

Assim como Hobbes, Rousseau (2002) também postula uma versão do contrato social em um tratado político com o mesmo nome. No entanto, diversamente do inglês, Rousseau afirma que o homem é livre e, partindo desse pressuposto, capaz de confrontar o direito divino da monarquia absolutista. Logo no início de sua obra, o pensador profere sua famosa frase: "O homem nasceu livre, e por toda parte encontra-se sob ferros" (Rousseau, 2002, p. 10). Nessa obra, o filósofo francês propõe que todos os homens foram criados iguais e dotados de certos direitos inalienáveis. O contrato social não busca determinar os limites de atuação do Estado; pelo contrário:

> O contrato social é um pacto único e de associação, cujo caráter excepcional é o engajamento recíproco e unanimemente consentido dos membros da coletividade. O retorno ao estado de natureza esta vetado, mas o caminho para a liberdade está aberto, com a superação de todo arbítrio. A igualdade é condição de liberdade; portanto, pela submissão às leis, os cidadãos são livres. (Bercovici, 2008, p. 113)

Para Rousseau (2002), o Estado não é uma mera associação de vontades, pois pretende dominar os indivíduos à medida que os educa e os torna cidadãos. Em seu contrato social, o Estado é racional e o indivíduo não se dissocia dele, ou seja, o homem só se desenvolve plenamente na sociedade política e sua liberdade verdadeira só existe no Estado. Graças a essa perspectiva, diferentemente do que ocorre no contrato social de Hobbes, em Rousseau a soberania do Estado reside no povo, e este não pode confiar aos governantes o seu exercício: a soberania é inalienável. Não existe outra soberania que não emane do povo, a qual deve ser exercida em sua totalidade (Bercovici, 2008).

Assim, Rousseau busca instituir o interesse comum pela ideologia do interesse público utilizada pela razão de Estado, pois o interesse do soberano não pode ser distinto do interesse dos cidadãos (Bercovici, 2008).

Devemos entender que o soberano, para Rousseau, "é o povo, entendido como vontade geral, pessoa moral coletiva livre e corpo político de cidadãos" (Chaui, 2000, p. 517). Nesse sentido, o soberano não detém a soberania – ele é apenas um representante do soberano de fato, visto que o interesse principal do povo é que o Estado não pereça. Para tanto, a existência dessa estrutura prevalece sobre o respeito às leis, desde que essa seja a vontade do soberano, expressa por meio da vontade geral (Chaui, 2000).

Com essa breve explanação sobre a forma de pensar a governança do Estado, o povo e a soberania, compreendemos que Rousseau delimita e organiza o Estado tendo a vontade dos indivíduos como precursor.

4.3.4 Georg W. F. Hegel

Georg W. F. Hegel (1770-1831) foi um filósofo idealista alemão, discípulo de Kant (apesar de discordar de muitas das ideias do mestre). O objetivo de Hegel era criar uma escola filosófica que explicasse a totalidade da experiência em termos de passado, presente e futuro.

A explicação e a compreensão da realidade conforme a conhecemos era sua meta e, para alcançar o conhecimento da realidade, seria necessário um movimento dialético do espírito, como afirma Kenny (1998, p. 382-383):

> A existência do Espírito é, afirma Hegel, uma questão lógica. Do mesmo modo que Hegel vê a história como uma manifestação da lógica, também tem tendência a ver a lógica em termos históricos e mesmo bélicos. Se duas proposições são contraditórias, Hegel descreve isto como um conflito entre elas: uma proposição sairá em combate contra a outra, e vencê-la-á ou será derrotada por ela. A isto chama-se "dialética", o processo pelo do [sic] qual uma proposição (a tese) combate outra (a antítese) e ambas são por fim vencidas por uma terceira (a síntese).

De maneira sintética, explicaremos o sentido e a forma por meio dos quais Hegel propõe sua ideia de espírito e qual sua dinâmica. Em sua obra *Fenomenologia do espírito* (1992), ele demonstra o desenvolvimento do espírito por meio da dialética e nos apresenta o espírito objetivo, o espírito subjetivo e o espírito absoluto (Hegel, 1992). Essas "formas" correspondem à sociedade, ao homem e a Deus, respectivamente. Segundo Aranha e Martins (1993, p. 234, grifo do original), "entre estas Hegel se refere ao **Espírito objetivo**, ou seja, o espírito exterior do homem enquanto expressão da vontade coletiva por meio da moral, do direito, da política: o Espírito objetivo se realiza naquilo que se chama mundo da cultura". E é exatamente no e pelo espírito objetivo que Hegel concebe sua teoria do Estado.

A teoria do Estado de Hegel (1992) promove, simultaneamente, uma ruptura e um enfrentamento com as doutrinas de seu tempo, pois apresenta uma visão anticontratualista, que combate o individualismo e a privatização do Estado. A teoria hegeliana busca detectar as insuficiências e as contradições, porém não pretende justificar o absolutismo ou negar os direitos individuais.

O que essa teoria nega é o estado de natureza do homem, o qual permite que ele "naturalmente" se organize em termos políticos e constitua "naturalmente" o Estado, tese que, como demonstramos há pouco, foi defendida por Hobbes.

O Estado de Hegel representa o universal organizado em que o cidadão é, ao mesmo tempo, parte e sujeito do todo, particular no sentido de que não pode existir no todo, e universal como autônomo sujeito do Estado. "O cidadão é, assim, a consciência particular elevada à universalidade. A totalidade de Hegel é dialética: a parte está de tal forma integrada ao todo que traz em si a universalidade do todo" (Bercovici, 2008, p. 196).

É possível afirmar, portanto, que, em Hegel, não existe a soberania popular. Porém, é importante destacarmos que, apesar disso, o povo não é excluído, mas necessita de uma instância de universalização, qual seja, o Estado para sua existência. Para Bercovici (2008, p. 197), o povo se organiza e se percebe parte do Estado por meio da constituição:

> A constituição é a organização da liberdade, onde os cidadãos se reconhecem, sem perder sua individualidade, no Estado. Para Hegel, a função da constituição é reunir as forças não controladas do povo e incluí-las como um elemento essencial dentro de uma totalidade na qual elas adquirem sentido.

Dessa forma, a constituição, ao reunir as contradições de um povo, fornece a sustentação necessária ao Estado. Nesse sentido, a constituição não é, para Hegel, uma carta que garante direitos individuais, mas sim um instrumento pelo qual o Estado garante sua realidade histórica, para então o povo constituído entrar para a história. Para o filósofo, as formas de Estado são históricas, desenvolvendo, em cada época, todos os momentos da ideia de liberdade em certo tempo e espaço. A forma mais perfeita do Estado ocidental é o Estado constitucional (Bercovici, 2008).

Síntese

Dando continuidade aos objetivos iniciados no Capítulo 3, nesta parte da obra permanecemos pautados pela questão "Como podemos estudar a filosofia?". Assim, neste capítulo, apresentamos proposições éticas, estéticas e políticas, destacando os principais representantes de cada uma dessas áreas e respectivos pensamentos.

Indicações culturais

Filmes

> A LISTA de Schindler. Direção: Steven Spielberg. EUA: Amblin Entertainment/Universal Studios, 1993. 195 min.

Um industrial alemão salva do holocausto centenas de judeus poloneses durante a Segunda Guerra Mundial. Podemos observar aqui a moral de um indivíduo interferindo em suas decisões e escolhas, transformando, assim, sua vida e a de centenas de pessoas. Baseado em fatos reais.

> O CARTEIRO e o poeta. Direção: Michael Radford. Bélgica/França/Itália, 1995. 109 min.

A amizade de um carteiro italiano, Mario, com o poeta chileno Pablo Neruda é o enredo para o filme apresentar um processo de educação estética. O filme teve cinco indicações para o Oscar, incluindo Melhor Filme, Diretor e Ator, em 1995.

> V DE vingança: Direção: James McTeigue. Alemanha/EUA: Silver Pictures/Warner Bros., 2006. 193 min.

O filme mostra a sociedade inglesa em um futuro distópico, submetida a um controle político autoritário do Estado e a uma estrutura policialesca. Um homem, V, empreende ações com o objetivo de destruir esse regime. A máscara do personagem V foi um dos símbolos das manifestações de rua, no Brasil, que tiveram início em 2013.

Livro

> ARISTÓTELES. **Ética a Nicômaco**. São Paulo: Nova Cultural, 1991.
>
> A concepção ética de Aristóteles apresentada nessa obra é orientação para o bem supremo, a felicidade. É, sem sombra de dúvida, um clássico a ser lido não apenas por filósofos, mas por todos que desejam ter uma vida reta, orientada por ações que almejem tanto o bem próprio quanto o coletivo.

Atividades de autoavaliação

1. Sobre o conceito de ética, é correto afirmar:
   a) Ética é a reflexão filosófica que se faz sobre a moral.
   b) Ética é uma disciplina filosófica que tenta compreender a essência do homem.
   c) Ética e moral compartilham o mesmo conceito: a conduta humana.
   d) Ética é o agir pela moral para alcançar o senso estético.

2. Sobre o conceito de moral, é correto afirmar:
   a) Moral é a reflexão sobre a ética social.
   b) Moral são as regras de uma sociedade.
   c) Moral é estabelecida pelos valores, por isso, faz parte da metafísica.
   d) Moral é uma área da filosofia que se fundamenta na epistemologia.

3. O campo da filosofia que estuda a natureza do belo e suas manifestações na arte é chamado de:
   a) ética.
   b) metafísica.
   c) antropologia.
   d) estética.

4. A obra *O príncipe* é considerada um tratado político que apresenta a conduta que um verdadeiro rei deve seguir para bem governar. Essa obra foi escrita por qual filósofo?
   a) Hobbes.
   b) Maquiavel.
   c) Rousseau.
   d) Hegel.

5. Quando estudamos política na filosofia, uma obra de referência é *O contrato social*, de Rousseau. Nesse tratado político, o filósofo considera que:
   a) o governo monárquico é essencial para a condução da política.
   b) a política é a arte de bem governar homens e escravos.
   c) somente um governo republicano é capaz de elevar a sociedade à industrialização.
   d) a sociedade deve ser composta por homens livres, colocando-se contra a teoria opressiva do direito divino da monarquia.

Atividades de aprendizagem
Questões para reflexão

1. Diante dos conceitos sobre política que apresentamos aqui, a saber, a filosofia política de Maquiavel, Rousseau, Hobbes e Hegel, reflita sobre as práticas políticas de hoje, em nossa sociedade, observando quais conceitos filosóficos estão presentes e quais estão menos presentes ou até mesmo ausentes nessas práticas. Registre suas reflexões.

2. Na apresentação do pensamento ético dos filósofos citados, demonstramos elementos como bem e mal, juízos de valor, juízos de fato e consciência moral. Será que esses elementos estão presentes em nossa vida ou apenas nas teorias filosóficas? Como esses elementos podem nos ajudar a nos tornarmos cada vez mais éticos em nossas ações, contribuindo para uma sociedade mais ética? Registre suas reflexões.

3. Leia com atenção o trecho a seguir e depois faça os exercícios.

> O verdadeiro fundador da sociedade civil foi o primeiro que, tendo cercado um terreno, lembrou-se de dizer: "isto é meu" e encontrou pessoas suficientemente simples para acreditá-lo. Quantos crimes, guerras, assassínios, misérias e horrores não pouparia ao gênero humano aquele que, arrancando as estacas ou enchendo o fosso, tivesse gritado a seus semelhantes: "Defendei-vos de ouvir esse impostor; estareis perdidos se esquecerdes que os frutos são de todos e que a terra não pertence a ninguém!" (Rousseau, 1997, p. 87).

   a) É possível organizarmos uma sociedade que atenda aos princípios das democracias contemporâneas sem a presença da propriedade privada? Discorra.
   b) Como proteger os ecossistemas e o meio ambiente como um todo diante do avanço daqueles que querem tomá-los como propriedade privada?
   c) Existem limites à propriedade privada? Você acredita que grandes exploradoras ambientais, como usinas de carvão, mineradoras e petroleiras, possam ser proprietárias destas ou você é favorável à estatização dessas modalidades de empresa? Por quê?

Atividade aplicada: prática

1. Escolha uma das áreas filosóficas apresentadas neste capítulo e faça uma pesquisa aprofundando os conceitos aqui apresentados e cite outros filósofos que se dedicaram a essa área. Como conclusão, procure demonstrar como esse conhecimento pode contribuir para as ações em nosso dia a dia.

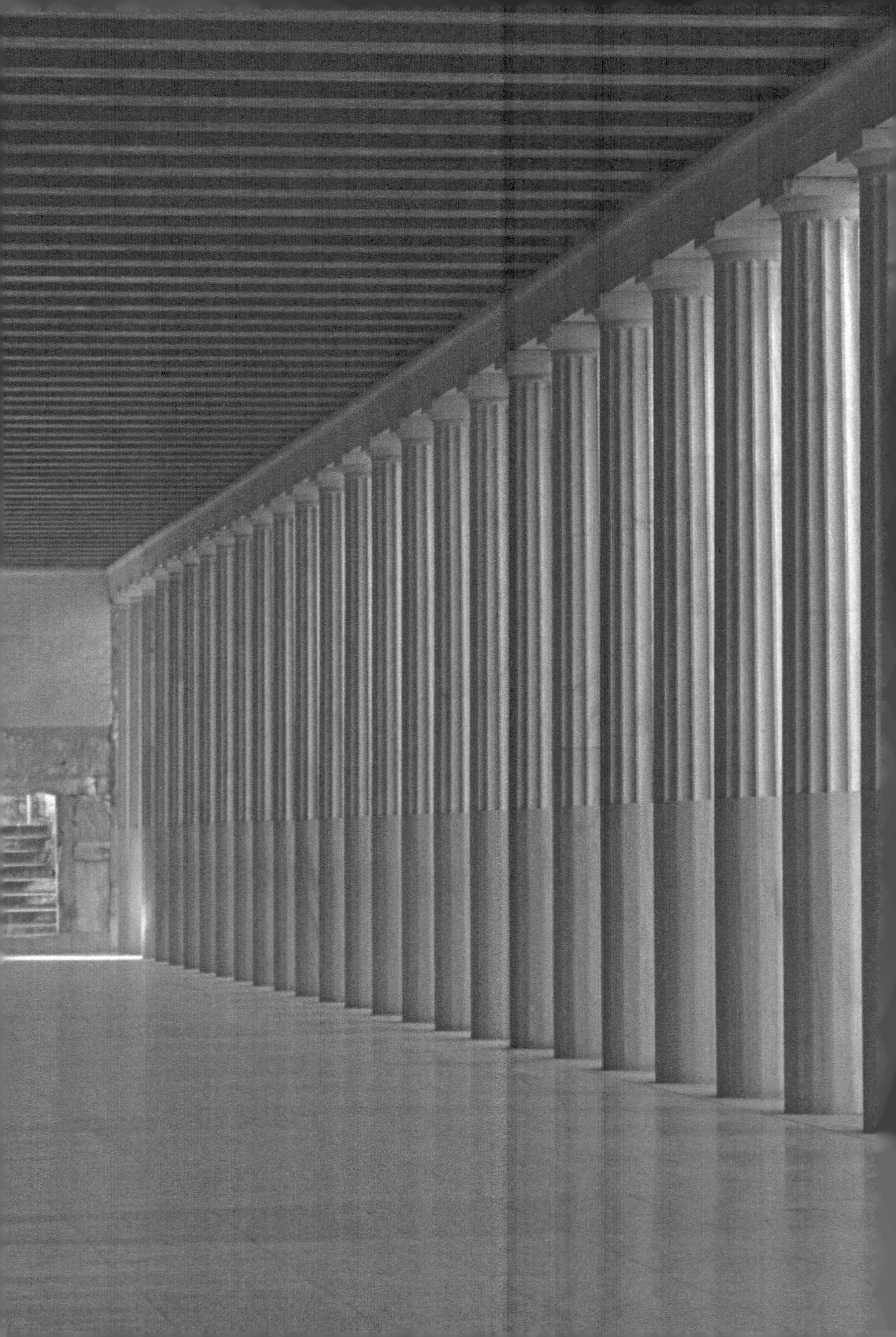

5

A filosofia ao longo da história

Outra maneira de estudar a introdução à filosofia é fazê-lo de acordo com a própria história do pensamento filosófico.

Quando pensamos em uma divisão da filosofia em períodos, consideramos a divisão clássica da história da humanidade, ou seja, Antiguidade, Idade Média, Modernidade e Contemporaneidade.

Com base nessa divisão, podemos afirmar que a filosofia é dividida em quatro partes básicas: (i) a grega (que aqui vamos dividir entre o período pré-socrático, de 700 a.C. até o surgimento de Sócrates); (ii) o período clássico (que inicia com o pensamento de Sócrates até 400 d.C.); (iii) a filosofia medieval (de 400 d.C. até 1400); a filosofia moderna (que vai de 1400 até 1800); e, finalmente, (iv) a filosofia contemporânea (que começa em 1800 e vai até os dias de hoje).

Figura 5.1 – Linha do tempo da história da filosofia

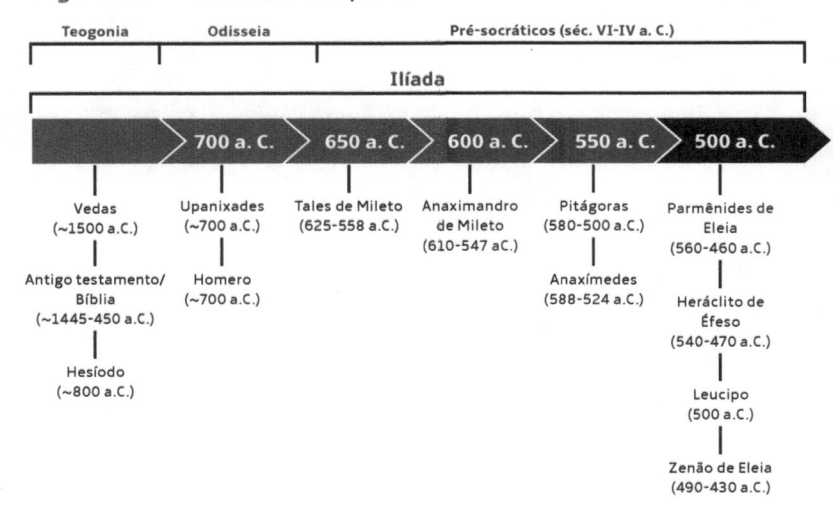

Teogonia	Odisseia		Pré-socráticos (séc. VI-IV a. C.)		
		Ilíada			
700 a. C.	650 a. C.	600 a. C.	550 a. C.	500 a. C.	
Vedas (~1500 a.C.)	Upanixades (~700 a.C.)	Tales de Mileto (625-558 a.C.)	Anaximandro de Mileto (610-547 aC.)	Pitágoras (580-500 a.C.)	Parmênides de Eleia (560-460 a.C.)
Antigo testamento/ Bíblia (~1445-450 a.C.)	Homero (~700 a.C.)			Anaxímedes (588-524 a.C.)	Heráclito de Éfeso (540-470 a.C.)
Hesíodo (~800 a.C.)					Leucipo (500 a.C.)
					Zenão de Eleia (490-430 a.C.)

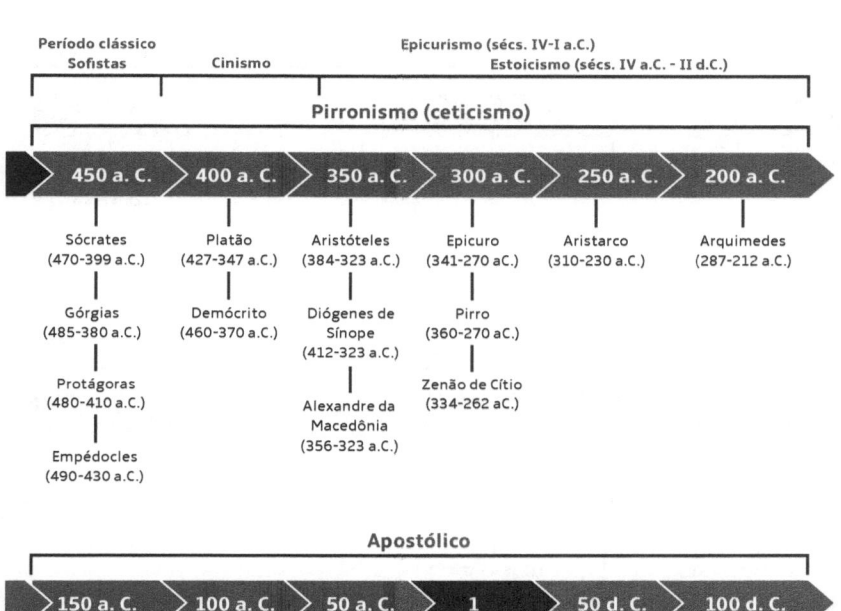

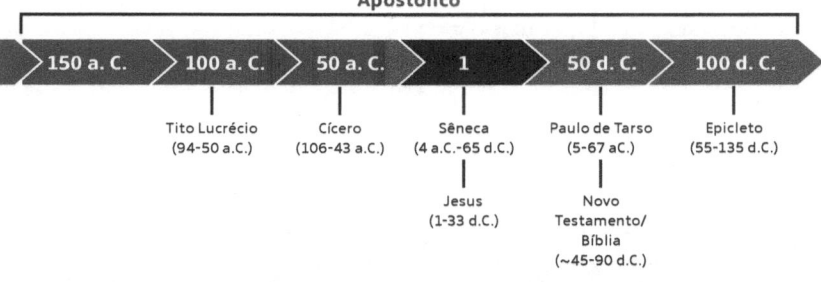

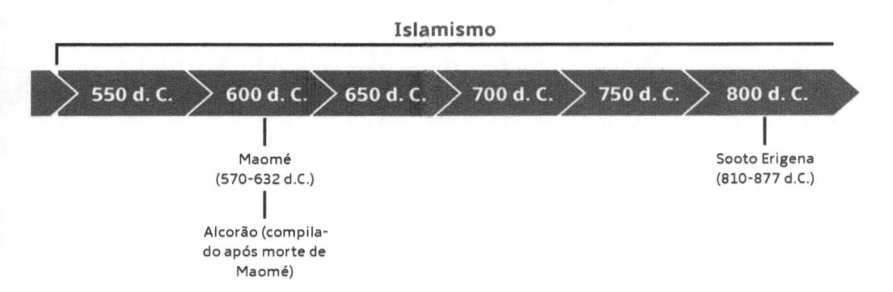

Período clássico — Sofistas — Cinismo — Epicurismo (sécs. IV-I a.C.) — Estoicismo (sécs. IV a.C. - II d.C.)

Pirronismo (ceticismo)

450 a. C. → 400 a. C. → 350 a. C. → 300 a. C. → 250 a. C. → 200 a. C.

- Sócrates (470-399 a.C.)
- Górgias (485-380 a.C.)
- Protágoras (480-410 a.C.)
- Empédocles (490-430 a.C.)

- Platão (427-347 a.C.)
- Demócrito (460-370 a.C.)

- Aristóteles (384-323 a.C.)
- Diógenes de Sínope (412-323 a.C.)
- Alexandre da Macedônia (356-323 a.C.)

- Epicuro (341-270 aC.)
- Pirro (360-270 aC.)
- Zenão de Cítio (334-262 aC.)

- Aristarco (310-230 a.C.)

- Arquimedes (287-212 a.C.)

Apostólico

150 a. C. → 100 a. C. → 50 a. C. → 1 → 50 d. C. → 100 d. C.

- Tito Lucrécio (94-50 a.C.)
- Cícero (106-43 a.C.)
- Sêneca (4 a.C.-65 d.C.)
- Jesus (1-33 d.C.)
- Paulo de Tarso (5-67 aC.)
- Novo Testamento/Bíblia (~45-90 d.C.)
- Epicleto (55-135 d.C.)

Islamismo

550 d. C. → 600 d. C. → 650 d. C. → 700 d. C. → 750 d. C. → 800 d. C.

- Maomé (570-632 d.C.)
- Alcorão (compilado após morte de Maomé)
- Sooto Erigena (810-877 d.C.)

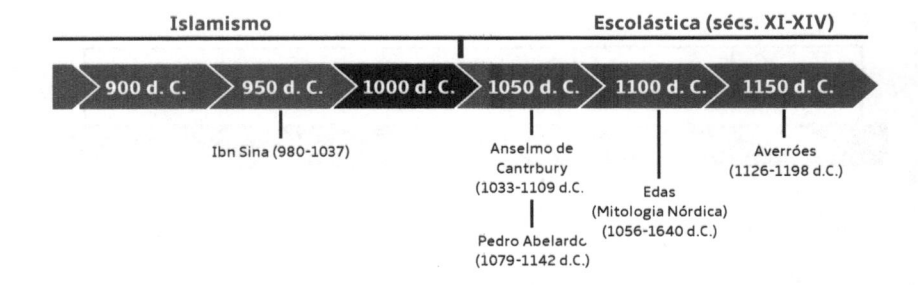

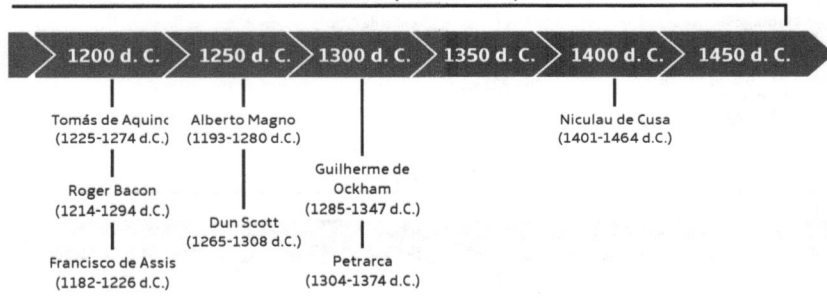

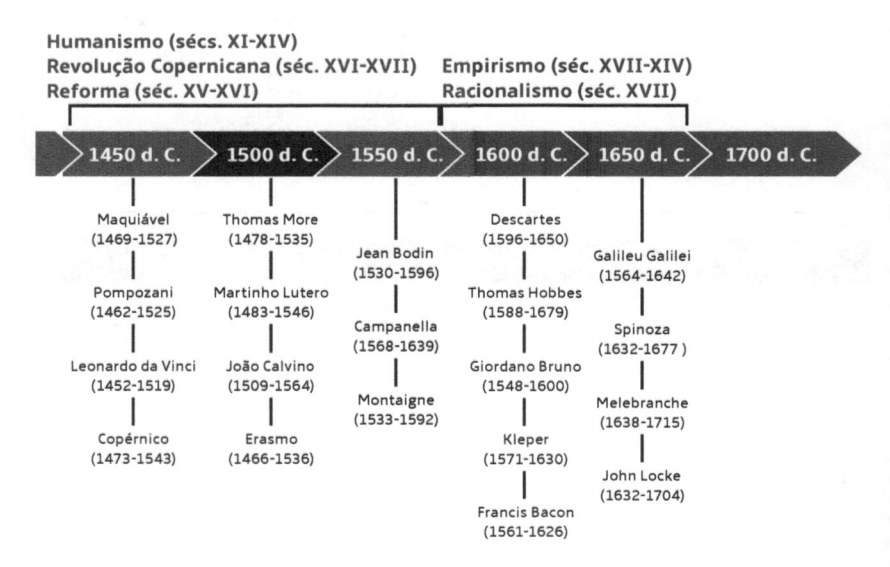

Islamismo

Escolástica (sécs. XI-XIV)

> 900 d. C. > 950 d. C. > 1000 d. C. > 1050 d. C. > 1100 d. C. > 1150 d. C.

Ibn Sina (980-1037)

Anselmo de Cantrbury (1033-1109 d.C.)

Pedro Abelardo (1079-1142 d.C.)

Edas (Mitologia Nórdica) (1056-1640 d.C.)

Averróes (1126-1198 d.C.)

Escolástica (sécs. XI-XIV)

> 1200 d. C. > 1250 d. C. > 1300 d. C. > 1350 d. C. > 1400 d. C. > 1450 d. C.

Tomás de Aquinc (1225-1274 d.C.)

Roger Bacon (1214-1294 d.C.)

Francisco de Assis (1182-1226 d.C.)

Alberto Magno (1193-1280 d.C.)

Dun Scott (1265-1308 d.C.)

Guilherme de Ockham (1285-1347 d.C.)

Petrarca (1304-1374 d.C.)

Niculau de Cusa (1401-1464 d.C.)

Humanismo (sécs. XI-XIV)
Revolução Copernicana (séc. XVI-XVII)
Reforma (séc. XV-XVI)

Empirismo (séc. XVII-XIV)
Racionalismo (séc. XVII)

> 1450 d. C. > 1500 d. C. > 1550 d. C. > 1600 d. C. > 1650 d. C. > 1700 d. C.

Maquiável (1469-1527)

Pompozani (1462-1525)

Leonardo da Vinci (1452-1519)

Copérnico (1473-1543)

Thomas More (1478-1535)

Martinho Lutero (1483-1546)

João Calvino (1509-1564)

Erasmo (1466-1536)

Jean Bodin (1530-1596)

Campanella (1568-1639)

Montaigne (1533-1592)

Descartes (1596-1650)

Thomas Hobbes (1588-1679)

Giordano Bruno (1548-1600)

Kleper (1571-1630)

Francis Bacon (1561-1626)

Galileu Galilei (1564-1642)

Spinoza (1632-1677)

Melebranche (1638-1715)

John Locke (1632-1704)

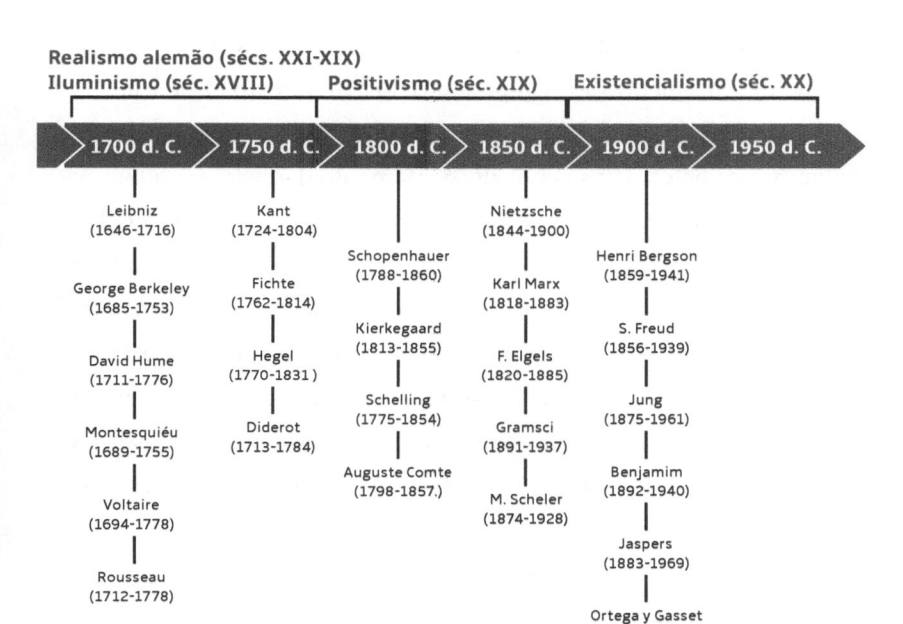

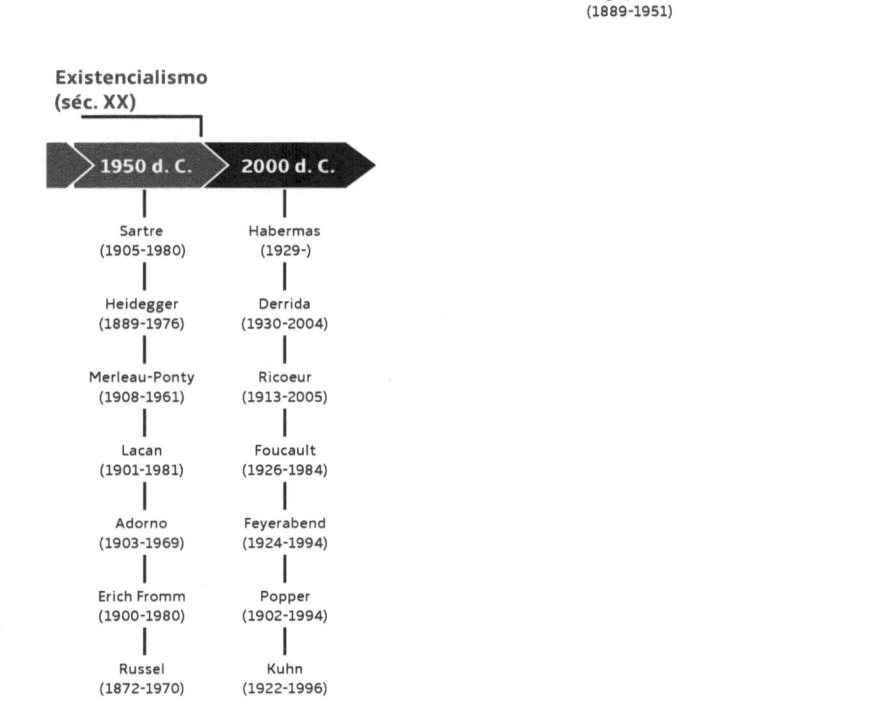

Realismo alemão (sécs. XXI-XIX)
Iluminismo (séc. XVIII)   **Positivismo (séc. XIX)**   **Existencialismo (séc. XX)**

> 1700 d. C. > 1750 d. C. > 1800 d. C. > 1850 d. C. > 1900 d. C. > 1950 d. C.

Leibniz (1646-1716)	Kant (1724-1804)		Nietzsche (1844-1900)	Henri Bergson (1859-1941)	
George Berkeley (1685-1753)	Fichte (1762-1814)	Schopenhauer (1788-1860)	Karl Marx (1818-1883)	S. Freud (1856-1939)	
David Hume (1711-1776)	Hegel (1770-1831)	Kierkegaard (1813-1855)	F. Elgels (1820-1885)	Jung (1875-1961)	
Montesquiéu (1689-1755)	Diderot (1713-1784)	Schelling (1775-1854)	Gramsci (1891-1937)	Benjamim (1892-1940)	
Voltaire (1694-1778)		Auguste Comte (1798-1857.)	M. Scheler (1874-1928)	Jaspers (1883-1969)	
Rousseau (1712-1778)				Ortega y Gasset (1889-1951)	

Existencialismo (séc. XX)

> 1950 d. C. > 2000 d. C.

Sartre (1905-1980)	Habermas (1929-)
Heidegger (1889-1976)	Derrida (1930-2004)
Merleau-Ponty (1908-1961)	Ricoeur (1913-2005)
Lacan (1901-1981)	Foucault (1926-1984)
Adorno (1903-1969)	Feyerabend (1924-1994)
Erich Fromm (1900-1980)	Popper (1902-1994)
Russel (1872-1970)	Kuhn (1922-1996)

Devemos fazer um alerta para alguns cuidados necessários à observação da filosofia dividida em períodos do pensamento filosófico.

Primeiro, se, por um lado, essa divisão auxilia na compreensão de algumas características gerais do pensamento daquele período; por outro, tais características podem generalizar todo o período e ocultar talvez, algumas características, conceitos e ideias diversos que também podem ter estado presentes naquele momento da história da filosofia.

Segundo, estudar o pensamento filosófico dividido em períodos pode levar a uma fragmentação desse pensamento, o que não é nossa intenção aqui. O objetivo é perceber a evolução das temáticas filosóficas, bem como o surgimento de novos temas, de acordo com a evolução da sociedade no decorrer da história.

Assim, nosso propósito neste capítulo é abordar a filosofia pré-socrática, a filosofia clássica, a filosofia medieval e a filosofia moderna. A filosofia contemporânea contará com um capítulo próprio.

5.1
Filosofia pré-socrática: filósofos da *physis*

Conforme apresentamos no Capítulo 1, os primeiros filósofos ocidentais foram, posteriormente, chamados de *pré-socráticos*, pois a filosofia grega tem Sócrates como um "divisor de águas". A filosofia se consolidou com o pensamento de Sócrates, razão pela qual há uma divisão entre a filosofia antes e depois do pensador grego.

Contudo, essa divisão é muito mais um marco na história da filosofia e da civilização grega antiga do que uma ruptura total no modo de pensar, de conhecer e de "organizar" o mundo.

No período pré-socrático, os filósofos ocuparam-se basicamente das questões relacionadas à *physis*, que, na tradução literal grega, significa "natureza". No entanto, para a filosofia, os questionamentos acerca da *physis* vão além da natureza física – eles buscam as relações, as transformações, a gênese e as manifestações dessa natureza (Abrão, 1999).

Assim, a pergunta que move os pré-socráticos é: O que é a *physis*? "Por esse motivo, Aristóteles, mais tarde, iria denominá-los physiologoi, 'fisiólogos', isto é, estudiosos das physis" (Abrão, 1999, p. 24).

Os primeiros filósofos, ou mesmo o início do pensamento filosófico na Grécia Antiga, não são propriamente originários da Grécia continental, mas de suas colônias, como a Jônia e Magna Grécia.

Mapa 5.1 – Mapa da Grécia Antiga

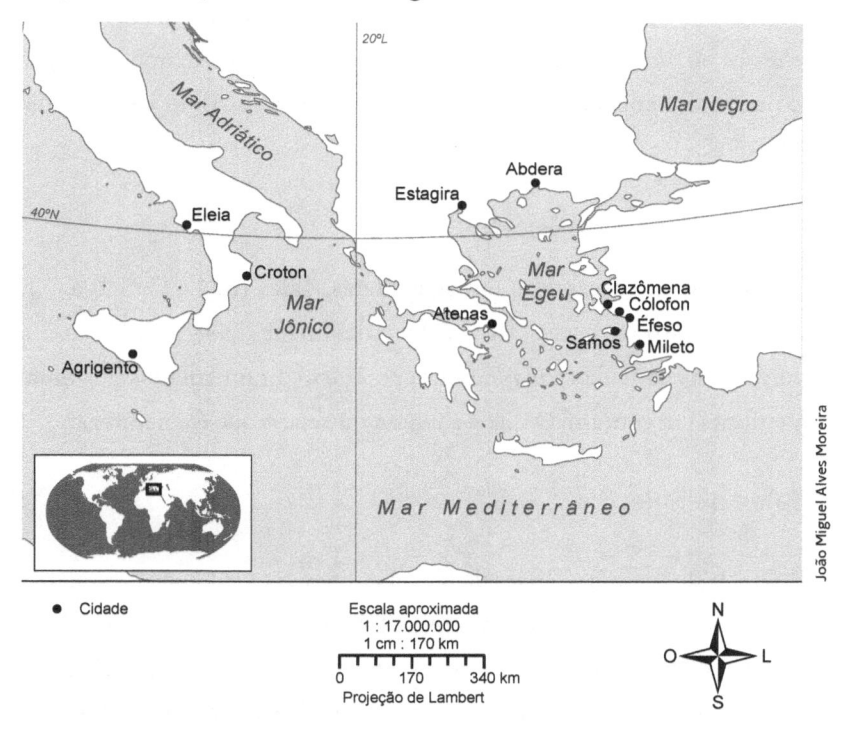

Do pensamento pré-socrático restaram alguns fragmentos e referências produzidos por filósofos posteriores. Pouco sabemos sobre a vida desses pensadores, todavia, pelos fragmentos de suas ideias percebemos que escreviam em prosa, abandonando a narração poética, característica dos relatos míticos da época.

Apresentaremos, a partir deste ponto, os principais filósofos pré-socráticos, iniciando por aqueles que representaram a **escola de Mileto**. Em seguida, abordaremos a corrente pitagórica. Na sequência, apresentaremos a **escola de Eleia** e finalizaremos, então, a filosofia pré-socrática com a **escola de Éfeso**.

Porém, encerrando este capítulo, que se dedica à filosofia pré-socrática, trataremos do movimento sofista, composto por pensadores que viveram no final da era dos pré-socráticos e início da chamada *filosofia clássica* ou *filosofia antiga* (sobre a qual versamos no próximo capítulo) e não foram considerados pelos filósofos clássicos como verdadeiros filósofos.

5.1.1 A escola de Mileto

Apesar de divergirem em suas ideias, Tales (624 a.C.-546 a.C.), Anaximandro (610 a.C.-546 a.C.) e Anaxímenes (588 a.C.-524 a.C.) formam a chamada *escola filosófica de Mileto*. Eram guiados por uma pergunta em comum: O que é a *physis*, ou seja, o que é a natureza?

Tales de Mileto

> Diante da tradição clássica da filosofia, Tales é considerado o primeiro filósofo. Ficou conhecido como Tales de Mileto por ter nascido nessa colônia grega e teria vivido entre o final do século VII a.C. e meados do século VI a.C. Temos a prudência de afirmar "teria vivido", pois são imprecisos os registros históricos dos filósofos pré-socráticos. É certo que existiram, que deixaram um legado, mas são poucos os dados sobre nascimento e morte, seus hábitos e costumes (Abrão, 1999).

> É seguro que Tales de Mileto foi um matemático e astrônomo. No que se refere a seu pensamento filosófico, restaram interpretações que foram formuladas e teorizadas por outros filósofos, que defendiam a ideia de que tudo se origina da água (Abrão, 1999).

Abrão (1999, p. 25-26) afirma:

> A physis, então, teria como único princípio esse elemento natural, presente em tudo. Segundo Tales, a água, ao se resfriar, torna-se densa e dá origem a terra; ao aquecer transforma-se em vapor ou ar, que retornam como chuva quando novamente esfriados. Desse ciclo (vapor, chuva, rio, mar, terra) nasceram as diversas formas de vida, vegetal e animal.

Tales inaugurou uma nova fase de pensamento na Grécia Antiga, diferente da perspectiva mitológica e sempre fundamentada nos desejos divinos. O pensamento de Tales, de acordo com Hegel (1999), é uma filosofia, pois, ao afirmar que a água é o princípio de todas as coisas, ele refere-se não somente à substância água, mas à sua essência e, consequentemente, à essência de todas as coisas.

Tales foi o primeiro pensador a tentar explicar a origem e as transformações na natureza por meio da razão, sem atribuir a um Deus quaisquer transformações ocorridas na *physis*. É evidente que essa ideia, esse confronto com o pensamento mitológico de que Tales lança mão, tem algumas dificuldades para se sustentar na época. Isso porque, a partir da ideia de que tudo se origina da água, outros questionamentos sobre a natureza surgiram, por exemplo, como acontece o movimento da água, se o calor e o frio seriam originários desse movimento etc. Logo, situações ainda não pensadas poderiam ser indagadas, fazendo surgir novos pensamentos, impulsionando, assim, a filosofia (Abrão, 1999).

De maneira geral, todos os pré-socráticos, ao questionarem a natureza, buscam um princípio único, *arkhé*, em grego. No caso de Tales, é a água; para Anaximandro, é o *ápeiron*, como veremos a seguir (Abrão, 1999).

Anaximandro

> Também ocupado com a origem da natureza, característica da filosofia pré-socrática, a filosofia de Anaximandro difere da filosofia de Tales justamente no que se refere ao princípio da *physis*. Anaximandro discorda que a água seja o princípio de todas as coisas, propondo um princípio único para a origem do mundo, porém, infinito, indeterminado e ilimitado, o *ápeiron*, em grego. "Eterno, o ápeiron está em constante movimento, e disso resulta uma série de pares opostos– água e fogo, frio e calor – que constituem o mundo. O ápeiron é, desse modo, algo abstrato, que não se fixa diretamente em nenhum elemento palpável da natureza" (Abrão, 1999, p. 26).

Assim, o movimento constante do eterno e indeterminado dá origem a todas as coisas. Nesse sentido, os elementos como a água, o fogo, o ar, a terra, entre outros, confrontam-se incessantemente, em um movimento que pode ser compreendido como uma luta entre os contrários: água *versus* fogo *versus* ar *versus* terra. Um movimento cíclico, ininterrupto, indeterminado que origina todas as coisas.

O avanço que temos em relação à filosofia de Tales é que este encerra a origem do mundo em uma substância simples, concreta e palpável. Com Anaximandro, observamos o indeterminado, ou seja, diversas substâncias em movimento e em confronto infinito.

Anaxímenes

Anaxímenes, pré-socrático que viveu em meados do século VI a.C., ao se deparar com as teorias de Tales e Anaximandro, presume que nem a água nem um elemento indeterminado seriam a origem de todas as coisas da natureza. O seu *arkhé* é o ar, e o elemento capaz de originar e controlar a natureza, pois não seria tão abstrato como o *ápeiron* nem tão concreto como a água. Diferentemente da água, o ar não tem forma, não é visível, podendo ser sentido apenas pelo movimento. Essas características elevam o ar à substância perfeita e central na origem do mundo.

5.1.2 Pitágoras

Como nem todos os registros sobre a vida e o pensamento dos filósofos pré-socráticos são verdadeiramente confiáveis, o que já afirmamos no início deste capítulo, é possível encontrar divergências sobre a vida desses pensadores. Ainda assim, muitos filósofos historiadores afirmam que Pitágoras era um homem bastante viajado e, por isso, acumulava ensinamentos de diversos povos e culturas, principalmente dos gregos. Para Corbisier (1984), ao chegar em Crotona, cidade célebre pela sua cultura religiosa e científica, onde a matemática e a medicina eram praticadas com afinco, Pitágoras foi recebido como filho e enviado de Apolo.

Esse dado nos fornece provas de como a sociedade na época dos pré-socráticos ainda estava organizada de acordo com os mitos. Mesmo com o surgimento de teorias racionais sobre a natureza e com o emprego da matemática e da medicina, ainda havia uma ordem mitológica na sociedade para reger o mundo.

Como dissemos no Capítulo 1 desta obra, Pitágoras talvez tenha sido o primeiro homem a chamar-se de *filósofo*, amigo da sabedoria, e não sábio, como a sociedade da época o intitulava. Para Corbisier (1984, p. 54), essa atitude de Pitágoras teria derivação do pensamento de que um sábio é mais que um filósofo, "é aquele que vive praticamente a sabedoria, dispensando-se inclusive de falar, ao passo que o filósofo, precisamente porque não a tem, discorre sobre a sabedoria e a procura". Esses eram os dizeres de Pitágoras para recusar o termo *sábio* e utilizar-se do rótulo de *filósofo*.

A filosofia pitagórica, ou pitagorismo, pode ser observada como uma transição entre a escola de Mileto (representada pelos filósofos Tales, Anaximandro e Anaxímenes, que acabamos de elencar) e a escola de Eleia (da qual trataremos mais adiante). Isso porque, para os jônicos, que formam a escola de Mileto, a filosofia é baseada em uma concepção materialista da natureza, ao passo que, para os eleatas, que formam a escola de Eleia, sua filosofia é pautada na metafísica (como explicaremos na sequência do capítulo).

As substâncias absolutas determinadas pela natureza, que dão origem a todas as coisas, conforme Tales, Anaximandro e Anaxímenes, para os pitagóricos são determinadas pelo pensamento.

De acordo com Aristóteles (1973, p. 221), "os chamados pitagóricos consagraram-se pela primeira vez às matemáticas, fazendo-as progredir, e, penetrados por estas disciplinas, julgaram que os princípios delas fossem os princípios de todos os seres". Foi esse pensamento que levou os pitagóricos ao encontro do número irracional. Recorremos a Abrão (1999, p. 30) para compreender esse pensamento:

> Num quadrado, por exemplo, a relação entre a extensão e a dos lados é sempre a raiz quadrada de 2, cujo valor exato, por mais que se acrescente os decimais, é impossível de se obter. O mesmo acontece

com a relação entre a circunferência e o diâmetro: a razão é sempre constante, o número é PI, mas qual o seu valor? O número é par ou ímpar? [...] Utilizando sempre recursos geométricos, os pitagóricos não podiam compreender um número cuja representação em uma figura apresentasse uma dimensão sem fim.

Apesar de ter nos números a origem de todas as coisas, a reflexão profunda das relações possíveis entre os números consistia em uma maneira de pensar única. O pensamento uno seria um pensamento elevado, alcançado somente pela transmigração da alma.

A filosofia pitagórica assume a existência da alma, bem como seu movimento, daí o conceito de transmigração da alma. Isso porque, de acordo com Corbisier (1984, p. 55), "Os pitagóricos também atribuíam aos números significação religiosa. Antecipando-se ao Cristianismo, que concebe Deus como trindade", logo um pensamento seguro advém desse movimento.

5.1.3 Os pré-socráticos e a escola de Eleia

Entre os eleatas Xenófanes (570 a.C.-478 a.C.), Parmênides (515 a.C.-460 a.C.), Zenão (490/485 a.C.-430 a.C.) e Melisso (470 a.C.-430 a.C.), as proposições de Parmênides e Zenão devem, segundo Aristóteles (1973), ser consideradas em razão do rigor com que trataram as questões acerca do universo. Essa é uma crítica que o filósofo macedônico faz a esses pré-socráticos, em sua obra *Metafísica*:

> Quanto a Xenófanes, o mais antigo adepto da unidade (pois se diz que Parmênides foi seu discípulo), não há nada claro, visto que não parece ter entendido a natureza de uma e de outra destas causas. Mas, observando o universo material em conjunto, asseverou que o Uno é Deus. Estes filósofos, como dissemos, deverão ser postos à margem da presente investigação, e completamente dois deles, cujas concepções são, em verdade, muito grosseiras, a saber, Xenófanes e Melisso. Pelo

contrário, Parmênides parece raciocinar aqui com mais penetração. (Aristóteles, 1973, p. 20-25)

Apadrinhado por nada mais nada menos que Aristóteles, sem dúvida o pensamento de Parmênides alcançou mais destaque que o dos demais pré-socráticos dessa escola. Seu pensamento se fundamenta no princípio de não contradição. "Se uma coisa existe, ela é esta coisa e não pode ser outra, muito menos o seu contrário" (Abrão, 1999). Assim, de acordo com Parmênides, para se ter um pensamento correto, lógico, ordenado sobre o mundo, é preciso ir além do que se vê, adiante das aparências, para se chegar à essência das coisas.

Para que fique claro que é Parmênides quem faz essas recomendações, precisamos ir direto aos seus fragmentos, que confirmam a metafísica presente em seu pensamento, motivo também pelo qual Aristóteles o elogiou. Nesse sentido, destacamos a seguir alguns dos fragmentos de Parmênides, fundamentados em Caballero (1985, p. 31-32):

2 – E agora vou falar; e tu, escuta minhas palavras e guarda-as bem, pois vou dizer-te dois únicos caminhos de investigação concebíveis. O primeiro (diz) que (o ser) é e o não ser não é; este é o caminho da convecção, pois conduz à verdade. O segundo, que não é, é, e que não ser é necessário; esta via, digo-te, é imperscrutável; pois não podes conhecer aquilo que não é – isto é impossível – nem expressá-lo em palavra. [...]

3 – Pois pensar e ser é o mesmo. [...]

7 – Jamais se conseguirá provar que o não ser é; afasta, portanto, o teu pensamento desta via de investigação, e nem te deixes arrastar a ela pela múltipla experiência do hábito, nem governar pelo olho sem visão, pelo ouvido ensurdecedor ou pela língua; mas com a razão decide da muito controvertida tese, que te revelou minha palavra.

8 – Resta-nos assim um único caminho: o ser é. Nesse caminho há um grande número de indícios: não sendo gerado e também imperecível;

possui, com efeito, uma estrutura interna, inabalável e sem meta; jamais foi nem será, pois é, no instante presente, todo inteiro, uno, contínuo. [...]

Zenão e seus "paradoxos"

O pensamento de Zenão (490/485 a.C.-430 a.C.) é expresso por meio de seus paradoxos. Pela origem epistemológica, "paradoxo significa contrário à opinião" (Abrão, 1999, p. 33), sua filosofia é marcada pela contrariedade.

Por meio desses paradoxos, Zenão tenta mostrar que não existem pluralismo e movimento nas coisas do mundo. Tanto o pluralismo (multiplicidade, variedade) quanto o movimento, tomados aqui como inexistentes, referem-se ao tempo (momento) e ao espaço (lugar) das coisas do mundo e no mundo. Com esse pensamento, Zenão de Eleia tocou no centro de um problema enigmático da ciência: Como definir o infinito?

Um dos paradoxos mais conhecidos de Zenão e também na história da filosofia é o Paradoxo de Aquiles e a tartaruga. O guerreiro Aquiles tenta alcançar uma tartaruga que saiu na sua frente com uma vantagem de dez metros, já que o guerreiro, evidentemente, é muito mais rápido do que a tartaruga. No entanto, Aquiles não consegue alcançá-la, pois ele avança, mas também a tartaruga avança. O paradoxo tenta mostrar que há infinitas posições intermediárias que não permitem ao guerreiro alcançar a tartaruga – ele alcança somente cada ponto de partida da tartaruga. Na época de Zenão, esse paradoxo facilmente era refutado, uma vez que não se conhecia a ideia de limites infinitos da matemática, consolidada somente na Idade Moderna. Hoje, analisando matematicamente, o paradoxo faz sentido, incluindo as ideias de limite e infinito, amplamente aplicadas no campo da física.

5.1.4 Os pré-socráticos e a escola de Éfeso

A seguir, apresentamos os filósofos pré-socráticos de mais destaque que constituíram a escola de Éfeso.

Heráclito

> O pensamento de Heráclito sempre foi questão de debate em séculos diferentes e por diversos filósofos. Graças a seus fragmentos, que não advêm de um texto único, mas de frases e aforismos ditos em diversas ocasiões de acordo com o que se era questionado, há muitas interpretações para o pensamento desse filósofo. Seus excertos, além de citados por filósofos como Sócrates, Nietzsche, Maquiavel, Hegel, foram também por eles alvo de reflexão, contribuindo, de certa forma, para o pensamento de cada um.

Assim, cada um de seus fragmentos ou um pequeno conjunto deles permite a reflexão acerca da origem, da unidade e da organização do mundo, bem como das manifestações desse mundo, sejam elas dos homens, do *lógos*, da natureza ou dos deuses.

Citamos aqui alguns desses trechos[1], dentre as centenas reunidas na obra *A filosofia através dos textos*, de Caballero (1985, p. 28-29):

---

1 É necessário ressaltarmos que, entre uma obra e outra, um historiador da filosofia e outro, um *site* e outro, pode haver pequenas divergências no número de fragmentos, bem como de sua ordem e sua escrita. Isso se deve ao fato, como já explicamos anteriormente, de os escritos e os pensamentos dos filósofos chamados de *pré-socráticos*, não terem sido registrados em obras propriamente ditas e em razão de a filosofia ter sido composta pela reflexão e interpretação dos filósofos posteriores.

8 – Tudo se faz por contraste; da luta dos contrários nasce a mais bela harmonia.

10 – Correlações, completo e incompleto, concorde e discorde, harmonia e desarmonia, em todas as coisas, um, e de um, todas as coisas. [...]

30 – Esse mundo igual para todos, nenhum dos deuses e nenhum dos homens o fez; sempre foi, é e será um fogo eternamente vivo acendendo-se e apagando-se conforme a mediada.

31 – As transformações do fogo: primeiro o mar; e a metade o mar é terra, a outra metade do vento quente. A terra diluiu-se em mar, e esta recebe sua medida segundo a mesma lei tal como era antes de se tornar terra.

32 – O Uno, o único sábio, recusa e aceita ser chamado pelo nome de Zeus. [...]

45 – Mesmo percorrendo todos os caminhos, jamais encontrará os limites da alma, tão profundo é o seu Lógos. [...]

54 – A harmonia invisível é mais forte que a visível. [...]

76 – O fogo vive a morte da terra e o ar vive a morte do fogo; a água vive a morte do ar e a terra da água. [...]

88 – Em nós, manifesta-se sem uma e a mesma coisa: vida e morte, vigília e sono, juventude e velhice. Pois a mudança de um dá o ouro e reciprocamente.

90 – Não se pode entrar duas vezes no mesmo rio. Dispersa-se e reúne-se; avança e se retira.

91 – Não se pode entrar duas vezes no mesmo rio. Dispersa-se e reúne-se, avança e se retira.

Empédocles

> Esse pré-socrático de Agrigento, na Magna Grécia, teria nascido em 483 a.C. e vivido até 430 a.C., e concilia o pensamento de seus antecessores ao afirmar, conforme Abrão (1999, p. 34), que "o mundo compõe-se de quatro princípios ou raízes: água, ar, fogo e terra. Assim, tudo que há no mundo é o resultado ou uma combinação, em proporções maiores ou menores dessas quatro raízes, todas elas imutáveis e indestrutíveis".

Mas como aconteceria essa combinação? Quais seriam as proporções para determinado arranjo? Empédocles nos responde dizendo que é necessária uma força que movimente os elementos, ou seja, os princípios *água, ar, fogo* e *terra*. Nas palavras de Abrão (1999, p. 34), "para que se combinem, é preciso algo que as faça mover-se, aproximando-as ou separando-as. Por isso Empédocles é levado a conceber forças opostas: O Amor e o Ódio, o primeiro agindo no sentido de aproximar e misturar as raízes, e o segundo no sentido contrário".

Como não há hierarquia entre os elementos, ou seja, não há um elemento mais importante que outro, todos estabelecem entre si uma relação democrática, no sentido de que todos têm o poder do movimento e da combinação, por meio das "forças opostas", do "amor e do ódio" (Abrão, 1999, p. 34).

É um movimento cíclico que dá origem a tudo que há no mundo: em dado momento, o amor opera e une os princípios, formando uma única coisa, um único objeto; em um segundo momento, o ódio causa a separação dos princípios. Com a separação temos uma coisa nova, um objeto novo, não mais aquele resultado da união dos princípios.

Leucipo e Demócrito

Leucipo (século V a.C.-VI a.C.) e Demócrito (460 a.C.-360 a.C.) fundaram o movimento que ficou conhecido como *atomismo*. Em razão da proximidade do pensamento, o que advém da amizade entre os dois filósofos, geralmente o legado de ambos é analisado e interpretado como igual.

Assim foram tratados por Aristóteles, primeiramente, e dessa forma entraram para a história da filosofia. Também sobre o pensamento dos pensadores citados, Aristóteles (1973, p. 220) esclarece:

> Leucipo [...] e seu amigo Demócrito reconhecem como elementos o pleno e o vazio, a que eles chamam o ser e o não ser; e ainda destes princípios, o pleno e o sólido são o ser, o vazio e o raro o não ser (por isso afirmam que o ser não existe mais do que o não ser, porque nem o vazio [existe mais] que o corpo), e estas são as causas dos seres enquanto matéria.

De maneira bastante rápida e concreta, ao conceber a existência do átomo como princípio de todas as coisas, Leucipo e Demócrito afirmam, segundo Abrão (1999, p. 36), que "o nascimento, assim, não passa de um agregado de átomos, enquanto a morte é apenas a destruição desse agrupamento". Por serem indivisíveis, infinitos e imutáveis, entre um átomo e outro existe algo – o vazio.

Anaxágoras

> Anaxágoras foi o primeiro filósofo a viver em Atenas. Nasceu na Jônia, atual Turquia, em 500 a.C. e viveu até por volta de 428 a.C. Ao compreender as ideias de Empédocles, os quatro princípios que dão origem ao mundo, o filósofo jônico defende a teoria de "um sem-número de elementos com qualidades distintas" (Abrão, 1999, p. 35).

> Em outras palavras, o mundo e tudo o que existe nele é composto e originário de todos os elementos que existem, "um pouco de tudo em tudo" – partículas de coisas, às vezes em quantidades tão pequenas que nem chegam a ser percebidas, mas estão ali, compondo um ser, um objeto, um elemento da natureza. A essa partícula Anaxágoras chamou de *homeomerias*. Segundo Abrão (1999, p.35), "a pluralidade das coisas explica-se assim por infinitas combinações de todos os elementos".

Ainda, para explicar o movimento das homeomerias, Anaxágoras acrescenta o *nous*, que, em grego, significa "espírito" ou "inteligência". O *nous* é a força motriz capaz de unir e separar os elementos, as homeomerias, fazendo surgir tudo o que existe no mundo (Abrão, 1999).

5.2
Os sofistas

Conforme adiantamos no início deste capítulo, os sofistas foram pensadores que viveram no final da era dos filósofos pré-socráticos e início da chamada *filosofia clássica* ou *filosofia antiga*, período dos maiores filósofos gregos – Sócrates, Platão e Aristóteles – sobre os quais trataremos de modo mais aprofundado no próximo capítulo deste livro.

Tendo em vista o ano do nascimento de Sócrates, 470 a.C., podemos afirmar, para uma compreensão da linha do tempo, que os sofistas estão entre o pensamento pré-socrático e a filosofia de Sócrates, grande marco da história da filosofia.

Há estudos que indicam os sofistas como os primeiros filósofos do período socrático. No entanto, Sócrates e Platão tratam os sofistas como adversários, não os considerando filósofos sob o argumento de que falavam de tudo, ensinavam de tudo, mas não se aprofundavam em nada. O que lhes interessava era apenas a arte do bem falar, não importando do que se estavam falando (Corbisier, 1984).

De fato, os sofistas detêm uma característica fundamental e peculiar na história da filosofia antiga: ao contrário dos chamados *pré-socráticos* (filósofos que vimos até aqui), os sofistas deixam de lado as questões relativas à *physis* (natureza) para pautar seus ensinamentos e suas práticas acerca da "arte" da argumentação, da persuasão.

Segundo Corbisier (1984, p. 98), os sofistas eram "portadores de um saber pretensamente enciclopédio, [...] eram professores ambulantes, que viajavam de cidade em cidade, fazendo-se pagar pelo ensino que ministravam. Substituíam as escolas, inexistentes, e atraíam, de modo especial, a juventude, ansiosa por participar da vida pública". Mas qual era o ensinamento que ministravam os sofistas? Corbisier (1984) indica uma resposta para essa pergunta vinda diretamente de um sofista, o maior deles, considerando a primeira geração: Protágoras.

> Declaro abertamente, nos diz, que sou um sofista e um educador e que o objeto de meu ensino é o de produzir a justeza do golpe de vista e da inteligência, permitindo deliberar da melhor maneira sobre os assuntos familiares; e, na vida pública, em adquirir a capacidade de exprimir-se no plano político e de fazer o que é melhor para o Estado. (Corbisier, 1984, p. 100)

Com a ideia de formar o cidadão para a Estado ou, melhor, para atuar como cidadão em uma democracia que estava nascendo, os sofistas ensinavam às pessoas as técnicas argumentativas necessárias para o discurso. Assim, a defesa de seu próprio pensamento levava o cidadão a adquirir e a ampliar seu espaço nessa sociedade.

5.3
Filosofia clássica: o apogeu filosófico

Abordar a filosofia clássica é pensar nos primeiros grandes filósofos da história: Sócrates, Platão e Aristóteles. Esses são os pensadores que podem dar a esse período o *status* de apogeu filosófico da Grécia Antiga. Já tratamos brevemente de cada um deles nos capítulos anteriores deste livro. Agora, analisaremos a filosofia de cada um como um todo, bem como suas vidas e suas obras, na tentativa de explicar por que o período em que viveram recebe o nome de *apogeu filosófico*.

5.3.1 Sócrates

O primeiro grande filósofo. Como já adiantamos, um marco na história da filosofia, um divisor de águas. Abrão (1999, p. 41) afirma que "há quem considere que a filosofia propriamente dita só começou – ou, ao menos, só chegou à maturidade – com Sócrates". De fato, não há dúvidas da importância do pensamento desse filósofo e ainda de como seu pensamento influenciou toda uma maneira de pensar séculos e séculos após sua morte.

Tido como uma figura intrigante para a sociedade de seu tempo, falava muito, conversava com todos, e principalmente, questionava tudo e a todos. Pouco concluía; deixava as conclusões para seus interlocutores, pois compreendia que o conhecimento está dentro de cada um. O que fazia, nesse sentido, era contribuir com seus questionamentos para a pessoa alcançar a resposta por si mesma. Por esse motivo, alguns o consideravam um sofista. Segundo Cobisier (1984, p. 106) "embora sua maneira de fazer filosofia se parecesse, exteriormente, com a deles" (dos sofistas), essa teoria não se sustenta em razão da intensidade e da profundidade da crítica de Sócrates à sociedade.

Como não deixou nada escrito, todo o seu pensamento foi relatado e transformado em obras pelos seus seguidores, como Platão, o mais famoso dentre eles (Abrão, 1999).

A filosofia para Sócrates é um incessante questionar. Sempre em busca da sabedoria, ele se posicionava como um homem comum em busca do conhecimento, daí a sua máxima "Só sei que nada sei" (Abrão, 1999, p. 42). Com base nessa ideia, de que nada sabia e, por isso, precisava buscar o saber, bem como em virtude da inscrição no oráculo de Delfos "conheça-te a ti mesmo" (Corbisier, 1984, p. 108), na qual se baseava, o pensador empregava o método da "maiêutica" com seus interlocutores, conforme vimos no Capítulo 2. Dessa forma de filosofar e de buscar o conhecimento originou-se também a ironia socrática, uma vez que seria irônico um homem como Sócrates, tido como o mais sábio de seu tempo, fazer as perguntas que fazia e esperar a resposta de cada um. Dito isso, mais uma vez insistimos que Sócrates pretendia deixar vir à luz o conhecimento que já estava dentro da pessoa, assemelhando essa atividade à atividade profissional de sua mãe, uma parteira. Assim como a parteira auxilia uma mulher a dar à luz, o filósofo deveria auxiliar uma pessoa a pôr para fora o conhecimento que está dentro de si.

Abrão (1999, p. 44) afirma que Sócrates é o fundador da ética, pois esse filósofo se interessava pelo "homem e suas ações, exatamente aquelas tidas como virtuosas". Afirma, ainda, que, no pensamento socrático, "pensar racionalmente as questões morais implica denunciar tudo aquilo que aparece como virtude, desmascarando-o na sua falsidade" (Abrão, 1999, p. 45).

É possível perceber, portanto, que, segundo Sócrates, toda ação orientada pela moral é, bem como o conhecimento, guiada pela razão. Aquilo que é moralmente justo pode ser identificado de modo racional. Qualquer outra forma terminaria, muito provavelmente, em erro.

Por desacreditar da veracidade das coisas externas, defendendo que apenas as ideias são verdadeiras, Sócrates não deixou legado escrito.

A partir deste ponto do texto, vamos nos aprofundar na relação entre moral e conhecimento. Para Sócrates, não apenas o uso da razão desvela o conhecimento e orienta as atitudes, mas é o próprio conhecer que permite elucidar as noções de valores. Conforme bem esclarecem Reale e Antiseri (1990, p. 89), os verdadeiros valores

> não são aqueles ligados às coisas exteriores, como a riqueza, o poder, a fama, e tampouco os ligados ao corpo, como a vida, o vigor, a saúde física e a beleza, mas somente os valores da alma, que se resumem, todos, no "conhecimento". Naturalmente isso não significa que todos os valores tracionais tornem-se desse modo "desvalores"; significa, simplesmente, que "em si mesmos, não têm valor".

Nesse sentido, para Sócrates, as referências externas não podem ser consideradas verdadeiras, mas apenas o que faz parte do próprio indivíduo, do próprio ser. Assim, se especularmos sobre feiura e beleza e se atribuirmos valores materiais (gordo ou magro, louro ou moreno, alto ou baixo), não estamos agindo de acordo com o que é verdadeiro. Seriam se os valores estivessem de acordo com os conhecimentos percebidos pela alma, a harmonia e as virtudes, por exemplo.

Tão grandioso foi esse filósofo que até sua morte tornou-se uma passagem da filosofia: Sócrates foi levado a julgamento em Atenas como resultado de seu trabalho filosófico. Seus jovens seguidores tornaram-se, para o poder da época, os transviados atenienses. Sua liberdade para discursar e até mesmo o desenvolvimento de sua capacidade crítica fez com que a aristocracia visse o filósofo com maus olhos.

Acusado de incitar a rebeldia entre os jovens, pregar contra a religião e os deuses, cobrado por não se posicionar contra ditaduras que se instalaram por alguns períodos em Atenas, o pensador foi condenado a se retratar e negar suas ideias em praça pública, no mesmo ambiente em que as disseminara.

Mas, como alguém que acredita que a verdade e o conhecimento são o próprio ser poderia negar o que afirmou? Em outras palavras, de que forma Sócrates poderia negar tudo o que disse como verdade se tudo aquilo era conhecimento sobre ele próprio?

A conclusão para ele foi óbvia e inquestionável. Alguns de seus alunos, entre eles Platão, estiveram na prisão e propuseram usar de sua influência para libertá-lo. Sócrates, contudo, contestou. Esse ato seria uma maneira de confirmar suas acusações. Por desapego material e do mundo, propôs, ao contrário, que lhe fornecessem um pouco de cicuta, um veneno com o qual deu cabo à própria vida.

Diversas foram as consequências do pensamento socrático. Seus contemporâneos beberam de suas ideias e as germinaram, criando uma grande gama de correntes filosóficas. Embora o mais famoso e distinto seja Platão, existem outros, e essas correntes filosóficas, dentro da história da filosofia, são chamadas de *escolas socráticas menores*, ainda que com pouca repercussão histórica no que se refere ao pensamento filosófico, mas de valor histórico-cultural significativo e simbólico (Corbisier, 1984).

Escola megárica ou de Mégara

A escola megárica, fundada por Euclides de Mégara (449-369 a.C.), além do pensamento de Sócrates, lançou mão do uso da filosofia dialética de Zenão. De acordo com Corbisier (1984, p. 125), "foi em Mégara que, após a condenação do mestre, os discípulos e amigos de Sócrates encontraram refúgio".

O princípio dessa escola, por se fundamentar também em Zenão, era a evidenciação das contradições do discurso (vimos que o pensamento de Zenão era baseado nos paradoxos), com a intenção "de embaraçar os adversários" (Corbisier, 1984, p. 126).

No princípio da contradição, por exemplo, todos concordam que dois é pouco; por conseguinte, três também o é, da mesma forma que quatro, e até chegar a dez. Desse modo, "não é possível determinar quando se alcança o muito" (Corbisier, 1984, p. 126).

Em continuidade a essas conclusões, os megáricos especulam acerca da **possibilidade**: se cada fato realizado é verdadeiro e do possível não pode provir o impossível, então, do possível só pode originar o que é ou será verdadeiro. Por conclusão, um ser somente é possível se já é ou será real (Corbisier, 1984).

Assim, mais fortemente se nega o movimento, pois o ser somente pode ser verdadeiro em uma unidade; não pode existir a diferença nem o movimento, que significaria a mudança e a possibilidade de não ser. Exemplificando: todos os homens são um, o ser homem, e os pequenos elementos que os diferem não são suficientes para determinar outro ser (Corbisier, 1984).

Escola cínica

> Para os cínicos, a felicidade está na própria pessoa; nada exterior pode trazer a felicidade – as coisas materiais, o reconhecimento de outras pessoas, o alcance do poder, seja em que nível for. Nem mesmo preocupar-se com a saúde para evitar o sofrimento nesta vida ou prolongar o momento da morte pode trazer a felicidade a um homem. Essa escola foi fundada por Antístenes (ano desconhecido-445 a.C.), mas teve como maior proponente o filósofo Diógenes (Corbisier, 1984).

O que impressiona nos cínicos é o fato de suas concepções não ficarem restritas ao discurso. Em coerência com seu pensamento, eles viviam de fato de acordo com suas ideias e chamavam atenção em sua época por seu comportamento.

Assim como Sócrates, os cínicos não deixaram nada escrito. O conhecimento de que dispomos desses pensadores foi narrado por outros, em geral críticos das ideias e do estilo de vida desses pensadores (Corbisier, 1984).

> Veja o caso de Diógenes (413 a.C.-323 a.C.), que, de acordo com relatos, vivia em um barril e tinha apenas sua túnica, um cajado e um embornal de pão. Um fato conhecido sobre ele refere-se à passagem de Alexandre, o Grande, que, ao marchar com seu exército em terras gregas, quis conhecer o filósofo, dada a fama dele. Diógenes estava deitado em uma praia e Alexandre parou à sua frente e lhe ofereceu um desejo, qualquer que fosse, como mostra de seu respeito. Diógenes pediu apenas que o guerreiro se afastasse de seu sol. Uma forma breve de sintetizar o pensamento cínico: vive-se feliz com aquilo que se tem à mão (Corbisier, 1984).

O Sol, na filosofia grega, é frequentemente associado à sabedoria ou tratado como fonte do conhecimento. A colocação de Diógenes pode, por consequência, significar que ele não necessita que nada se interponha entre ele e o conhecimento, nem mesmo a bajulação de um imperador.

O cinismo pressupõe uma negação ou a hostilização da vida em sociedade. Seu fundamento se baseia no desapego das preocupações, pois somente assim se pode ser feliz e agir de maneira coerente. Dessa forma, os cínicos lançavam mão da ironia e do sarcasmo e não demonstravam qualquer sinal de apego ou afeição pela vida coletiva.

Esse modo de vida, pautado nos princípios de autocontrole e na autossuficiência de modo radical, rendeu-lhes algumas críticas. Talvez, as de mais destaque tenham sido as proferidas por Hegel em seus cursos de História da Filosofia. Citado por Corbisier (1984, p. 134), Hegel teria dito que Diógenes "não é célebre senão pelo seu modo de vida; nele, como em seus sucessores, o Cinismo tem mais a significação de uma maneira de viver que de uma filosofia".

Escola cirenaica ou hedonista

Apesar de o grande representante dessa escola ter sido Epicuro (341-271 a.C.), a escola cirenaica ou hedonista tem como seu fundador Aristipo de Cirene (cerca de 435-335 a.C.). Conforme apontam Souza e Pereira Melo (2013, p. 2), "os cirenaicos sustentavam a tese de que o prazer (hedoné) era o fim supremo da vida humana e, portanto, o homem deveria buscar todo prazer e evitar toda dor".

Epicuro (341-270 a.C.) fez uma modificação na teoria hedonista ao afirmar ser a falta de sofrimento o verdadeiro prazer. Em outras palavras, alcançar a felicidade não significa necessariamente a busca por prazer, mas se libertar da dor e da agitação – ataraxia. A efetivação desse caminho não ocorre pela busca de bens materiais ou simples prazeres carnais, mas é uma procura por concentração naquilo que é realmente necessário, por serenidade e equilíbrio. E o que seria realmente necessário? Elementos considerados indispensáveis para nossa vida, como amizade e boa alimentação. Em *Carta sobre a felicidade (a Meneceu)*, por exemplo, Epicuro defende que não devemos nos preocupar em morrer, pois, uma vez que se está vivo, não se tem a morte (Souza; Pereira Melo, 2013).

Assim, é interessante notar duas correntes no hedonismo que oscilam entre os pensadores de Cirene (Teodoro e Hegesias) e Epicuro: aqueles que acreditam na pura busca por prazer, e Epicuro, que acredita no prazer como ausência de dor e preocupação (Souza; Pereira Melo, 2013).

Estoicismo, ceticismo e ecletismo

Ainda temos o estoicismo, o ceticismo e o ecletismo como correntes filosóficas que nasceram da influência do pensamento de Sócrates.

Os estoicos romperam com o padrão de filosofia vigente. Enquanto a tendência era aprofundar-se em temas metafísicos e usar a filosofia das causas primeiras para fundamentar os conhecimentos, os estoicos se baseavam nos fundamentos da natureza. Eles acabavam por criar parâmetros que seriam, futuramente, aperfeiçoados pelos empiristas (Souza; Pereira Melo, 2013).

Outra contribuição fundamental dos estoicos diz respeito à ética, compreendendo que não seria racional lamentar ou sofrer por fatos relacionados às leis naturais ou que estão fora da esfera de controle do indivíduo; de tal forma a felicidade seria fruto do controle das paixões. Esse princípio de racionalmente não se deixar perturbar era denominado *ataraxia* – preceito também partilhado pelos epicuristas.

Na concepção estoica, a prática da ataraxia levaria o espírito a alcançar o livramento das perturbações, o que denominavam *Apatheia* – que não significa apatia, mas sim equilíbrio e capacidade de não se deixar afetar racionalmente.

> Ahora bien, es importante puntualizar que existe un matiz diferenciador e importante entre la apatía y la ataraxia: su propia finalidad. Mientras que la apatía es la negación de cualquier tipo de padecimiento, la ataraxia supuso la superación de dichas pasiones corporales en virtud de la búsqueda de la creación de una fortaleza espiritual, aunque de carácter intelectual, capaz de controlar y ordenar los apetitos y deseos corporales. (Reyes Acosta, 2016, p. 6)

Um dos principais conceitos que se manteve historicamente foi a ideia de que o ser humano nasce uma "tábua rasa", ou seja, por natureza, todo ser humano nasce sem conhecimento inato. Todo saber é desenvolvido com base nas experiências e nas sensações que temos.

Podemos afirmar que o ceticismo é a filosofia da não aceitação. Não se trata de negação, mas da recusa dos argumentos. De maneira rigorosa e insistente, o cético questiona até as últimas consequências os argumentos que lhe forem apresentados. Embora questionados no sentido de que sua filosofia não contribui para o conhecimento, os céticos veem sua filosofia como um meio para encontrar outra forma de conhecimento que não esteja presente nem evidente (Souza; Pereira Melo, 2013).

O ecletismo é um movimento filosófico que representa uma colcha de retalhos. Os filósofos ecléticos eram ávidos por estudar filosofia e buscavam se informar sobre os principais pensadores de seu tempo. Alguns deles acabavam por constituir escolas, mas não desenvolvendo as próprias teorias, apenas selecionando e continuando estudos de certas teorias de diversos filósofos contemporâneos (Souza; Pereira Melo, 2013).

Todo esse pensamento filosófico nascido após a morte de Sócrates corresponde também ao *período helenista*: um tempo de fertilidade para diversas áreas do conhecimento. Com tantos conflitos e disputas entre os gregos e com outros povos, as mudanças eram constantes, e a vida, incerta. As disputas de interesses, a luta por poder e a diversidade de saberes desenvolvidos transformaram a Grécia em um centro cultural de germinação. Por isso, as escolas socráticas menores têm um valor cultural para a história, na medida em que esse pensamento grego foi levado a outras regiões.

5.3.2 Platão

> Platão nasceu em Atenas, em 428 a.C. ou 427 a.C., e morreu em 347 a.C. Segundo Reale e Antiseri (1990, p. 125): "Seu verdadeiro nome era Arístocles. Platão é um apelido que derivou, como afirmam alguns, de seu vigor físico ou, como contam outros, da amplitude de seu estilo ou ainda da extensão de sua testa (em grego, *platos* significa precisamente 'amplitude', 'largueza', 'extensão')".

Em sua juventude, desenvolveu sua aptidão artística pela poética, como era comum aos jovens atenienses bem-nascidos. Esses conhecimentos relativos à estética interferiram significativamente em sua filosofia posteriormente.

De acordo com Corbisier (1984, p. 140), "após a morte do mestre, do qual [...] foi amigo e discípulo durante vinte anos, Platão, cuja segurança poderia estar ameaçada, assim como a de outros amigos de Sócrates, refugiou-se em Mégara, onde foi acolhido por Euclides".

Depois de viagens ao Egito, à Itália e à Siracusa, na Sicília, retornou a Atenas e "fundou a Academia em um ginásio situado no parque ao herói Academos, de onde derivou o nome" (Reale; Antiseri, 1990, p. 126).

Ao contrário de seu mestre Sócrates, Platão interessou-se por política e desenvolveu uma teoria filosófica sobre a forma ideal de governar. Para colocar em prática seu ideal político, viajou mais duas vezes à Siracusa, mas não teve sucesso, inclusive em sua última viagem foi preso por Dionísio e solto por influência política (Reale; Antiseri, 1990).

De volta a Atenas, dedicou-se ao ensino de filosofia, à especulação metafísica e à escrita de suas obras, atividades que duraram até sua morte em 348 a.C. ou 347 a.C. (Reale; Antiseri, 1990).

Também ao contrário de Sócrates, Platão escreveu uma vasta obra, e seus escritos "chegaram até nós em sua totalidade" (Reale; Antiseri, 1990, p. 127). Convém destacarmos que "todas as obras de Platão têm a forma de diálogos", conforme afirma Corbisier (1984, p. 144), e que "a estrutura dos diálogos é muito variada e que, em muitos deles, não há apenas discussão, debate, mas longas dissertações e exposições didáticas, discursos e prosopopeias" (Corbisier, 1984, p. 146).

A gnosiologia de Platão, ou teoria do conhecimento

Diferentemente de Sócrates, Platão avança com seu pensamento no campo metafísico e cosmológico, abrangendo, assim, toda a realidade social, teorizando inclusive política e relações sociais.

A gnosiologia platônica considera o espírito humano um peregrino em busca da verdade, em busca do inteligível. Somente o que é inteligível, ou seja, somente aquilo que se pode conhecer pelo intelecto humano é capaz de nos revelar a verdade. Ao contrário, tudo o que é sensível nos priva da verdade, que não pode ser alcançada pelos sentidos (Corbisier, 1984).

Essa é uma semelhança do pensamento platônico com o pensamento socrático. Para ambos os filósofos, o conhecimento sensível deve ser superado pelo racional, conceitual, pois alguns elementos do conhecimento não são efetivamente explicados por meio dos sentidos.

Este é o ponto central do pensamento de Platão: a dualidade platônica. O pensador grego considera a existência de dois mundos: o mundo sensível, mundo que conhecemos pelos sentidos, e o mundo das ideias, o mundo inteligível.

Na obra *Timeu*, Platão explica a existência e a distinção entre esses dois planos de existência. O inteligível é o primeiro a existir, ou seja, em sua origem, tudo que existe está no mundo das ideias. A matéria que percebemos pelos sentidos foi uma criação do que Platão chama de *demiurgo*. Com características de um ser supremo, o *demiurgo* criou cópias daquilo que só existia no mundo das ideias. Essas reproduções são as coisas que vemos, sentimos, percebemos no mundo sensível. Essa também é a maneira platônica de se explicar a origem do mundo (Reale; Antiseri, 1990).

O problema que Platão considera na criação das coisas pelo demiurgo é justamente o fato de elas serem cópias – ainda que muito bem elaboradas, não passam de cópias, pois tudo o que é real e pode nos levar à verdade está no mundo das ideias. A cópias do mundo sensível podem não ser exatamente como parecem ser. Por isso, não podemos chegar à verdade alguma observando o mundo sensível (Reale; Antiseri, 1990).

Considerando esse aspecto da verdade, as análises de Corbisier (1984, p. 150) sobre a teoria platônica do conhecimento nos apresenta a distinção entre ciência e opinião (senso comum), quando afirma que

> às duas grandes divisões do ser, o sensível e o inteligível, correspondem, pois, a opinião e a ciência. O mundo sensível, da multiplicidade e da mudança, do vir a ser, das coisas que não são e vêm a ser, e que são e deixam de ser, esse mundo não é o mundo do verdadeiro ser, que sempre é e nunca deixa de ser, mas o mundo das aparências, das sombras e dos reflexos, ou cópias das coisas.

Na concepção de Platão, os conceitos são, *a priori*, inatos ao espírito humano, conforme o pensamento de Sócrates; além disso, aquele pensador acredita que o processo de conhecimento acontece por meio do resgate das ideias do interior do ser. Quando uma sensação se associa a um conceito, ela não o cria, mas permite que ele seja revivido, pois a origem está além do sensível (Corbisier, 1984).

Em síntese, existem duas formas de conhecimento, das quais apenas uma inspira a verdade por imutável, ou seja, não sofre alterações.

O conhecimento sensível apenas é capaz de auxiliar no encontro do saber verdadeiro, mas não pode originá-lo.

Todo o pensamento platônico tem relação com a teoria do mundo das ideias e do mundo sensível. Dessa relação derivam suas concepções de moral e ética, conhecimento, política, metafísica e outras. Daí a explicação para o uso de diálogos como técnica de escrita: dois interlocutores que constroem o conhecimento estabelecendo as diferenças entre a verdade e a verossimilhança, ou seja, enquanto um personagem apresenta as concepções que são suas crenças, o outro questiona e induz para o caminho da verdade.

O que você não pode perder de vista quando estuda o pensamento platônico é que a essência de todas as coisas está na ideia. Platão busca o conceito, ou a verdade, na essência das coisas, ou seja, na ideia primeira que, como já explicamos, só existe no mundo inteligível. A contemplação das ideias acontece pela alma ou espírito humano.

No diálogo *Fedro*, Platão utiliza uma metáfora, um mito para descrever como ocorre a contemplação ideias pela alma. Nesse texto, ele cita o **mito da parelha**, em que encontramos vários elementos a respeito da alma; alguns servem de fundamento para o conhecido **mito da caverna**, que veremos logo mais (Reale; Antiseri, 1990).

É possível observar no mito da parelha as três divisões da alma compreendidas por Platão, o que significa ser mortal (encarnação da alma) e ser imortal, como seria o mundo das ideias, quais os graus de contemplação da alma e de que forma acontece o processo de resgate das ideias após a encarnação.

A comparação feita por Platão nesse mito é da alma com uma parelha, uma carroça conduzida frequentemente por dois cavalos. No texto do *Fedro*, a condução é puxada por dois corcéis e conduzida por um cocheiro. Eles vão até a abóbada celeste, junto dos deuses, e lá podem contemplar as verdades eternas. No entanto, nem todas as almas têm o mesmo nível de contemplação, pois um dos corcéis é de má raça, enquanto outro é de boa procedência. Este sempre obedece às ordens do cocheiro, ao passo que o outro só obedece ao chicote (Reale; Antiseri, 1990).

Teríamos, assim, as três partes da alma na filosofia platônica: o desejo e a impulsividade, representados pelo cavalo mau; a ética e a moral, representadas pelo cavalo bom; a razão que guia a alma, representada pelo cocheiro.

Quando o cocheiro e o cavalo de boa raça se rendem ao cavalo mau (ao desejo), a alma percebe algumas verdades, mas não consegue ver muitas outras. Assim ocorrem diferentes graus de contemplação: um tirano ou um sofista, por exemplo, são os que menos contemplam, ao passo que um filósofo é o que mais contempla, pois este é guiado pelo cocheiro e pelo cavalo bom (Platão, 1995).

O que Platão deixa claro com esse mito é que todas as almas devem primeiramente contemplar as verdades para depois assumir o ser humano corpóreo, sensível. É dessa maneira que se fundamenta a teoria platônica da reminiscência, ou seja, da rememoração ou da lembrança das ideias/verdades que foram contempladas pela alma no mundo das ideias.

Platão faz questão de demonstrar na prática como isso acontece, ao permitir que seu personagem Sócrates afirme: "Perdoa-me ter sido tão longo... São saudades do passado, dos esplendores que não voltam mais" (Platão, 1995, p. 229).

Portanto, a alma, enquanto está no mundo das ideias (abóbada celeste), contempla as verdades, quantas possíveis; tudo depende de sua índole. Quanto mais o bem (ética e moral) prevalecer juntamente do cocheiro (razão), tanto mais coerente será a pessoa em vida. Agora, se o mau (desejo e impulsividade) dominar, mais corrupta e menos coerente a pessoa será em vida.

Quais considerações podemos extrair desse mito? Vejamos: toda ação humana deve ser guiada pela razão e voltar-se para o bem. Todos somos, em algum grau, capazes de realizar isso. As almas mais capazes tiveram maior contemplação da verdade e, por isso, devem estar à frente na sociedade.

O menor tempo de exposição à verdade criará um indivíduo egoísta e potencialmente capaz de realizar desvios de comportamento, tais como a corrupção. É aquele que vai contra a ética e que geralmente age de modo imoral.

Existem dois mundos conhecíveis, como já abordamos antes: o mundo das ideias e o mundo sensível. O primeiro é o local onde fica toda e qualquer verdade, onde permanecem as almas em sua eternidade. O mundo sensível é o ambiente do aprisionamento da alma, onde ela encarna e perde a memória das verdades que conhece. Todo o mundo sensível, porém, é reflexo do mundo das ideias, ou seja, os objetos terrenos são cópias das ideias que são puras e verdadeiras. Assim, um cavalo é um exemplar do "ser cavalo" que é uma ideia, o animal não é perfeito e verdadeiro por si, mas a ideia de seu "ser" sim.

Tudo que podemos aprender se encontra em nós, porque já está na ideia. O processo dialético permite o encontro das verdades. Um objeto pode não ser a verdade, mas nos permite recordar.

Essa maneira de se buscar o conhecimento ou, melhor, a teoria do conhecimento que estamos apresentando aqui por meio da filosofia de platônica, tentando também compreender o pensamento desse filósofo clássico, também foi descrita no Livro VII de *A República*, por meio de outra metáfora: a alegoria da caverna, mais conhecida como o mito da caverna (Corbisier, 1984).

Talvez essa seja a passagem mais conhecida e divulgada da história da filosofia. Para Corbisier (1984, p. 152), essa passagem "trata-se da nossa natureza, conforme é ou não iluminada pela educação filosófica". Talvez também por isso hoje encontramos diversas representações, filmes, charges, retratando o mito da caverna.

Tamanha é a importância desse trecho da obra de Platão para a história da filosofia e, por que não dizer, para o desenvolvimento do pensamento filosófico de toda a humanidade. Sobre esse tema, trazemos aqui o início do Livro VII de *A República*, em sua íntegra.

— Agora – continuei – representa da seguinte forma o estado de nossa natureza relativamente à instrução e à ignorância. Imagina homens, em morada subterrânea, em forma de caverna, que tenha em toda a largura uma entrada aberta para a luz; estes homens aí se encontram desde a infância, com as pernas e o pescoço acorrentados, de sorte que não podem mexer-se nem ver alhures exceto diante deles, pois a corrente os impede de virar a cabeça; a luz lhes vem de um fogo aceso sobre uma eminência, ao longe atrás deles; entre o fogo e os prisioneiros passa um caminho elevado; imagina que, ao longo deste caminho, ergue-se um pequeno muro, semelhante aos tabiques que os exibidores de fantoches erigem à frente deles e por cima dos quais exibem as suas maravilhas.

— Vejo isso – disse ele.

— Figura, agora, ao longo deste pequeno muro homens a transportar objetos de todo gênero, que ultrapassam o muro, bem como estatuetas de homens e animais de pedra, de madeira e de toda espécie de matéria; naturalmente, entre estes portadores, uns falam e outros se calam.

— Eis – exclamou – um estranho quadro e estranhos prisioneiros!

— Eles se nos assemelham – repliquei – mas, primeiro pensas que em tal situação jamais hajam visto algo de si próprios e de seus vizinhos, afora as sombras projetadas pelo fogo sobre a parede da caverna que está à sua frente?

— E como poderiam? – observou – se são forçados a quedar-se a vida toda com a cabeça imóvel?

— E com os objetos que desfilam, não acontece o mesmo?

— Incontestavelmente.

— Se, portanto, conseguissem conversar entre si não julgas que tomariam por objetos reais as sombras que avistassem?

— Necessariamente.

— E se a parede do fundo da prisão tivesse eco, cada vez que um dos portadores falasse, creriam ouvir algo além da sombra que passasse diante deles?

— Não, por Zeus – disse ele.

— Seguramente – prossegui – tais homens só atribuirão realidade às sombras dos objetos fabricados.

— É inteiramente necessário.

— Considera agora o que lhes sobrevirá naturalmente se forem libertos das cadeias e curados da ignorância. Que se separe um desses prisioneiros, que o forcem a levantar-se imediatamente, a volver o pescoço, a caminhar, a erguer os olhos à luz: ao efetuar todos esses movimentos sofrerá, e o ofuscamento o impedirá de distinguir os objetos cuja sombra enxergava há pouco. O que achas, pois, que ele responderá se alguém lhe vier dizer que tudo quanto vira até então eram apenas vãos fantasmas, mas que presentemente, mais perto da realidade e voltado para objetos mais reais, vê de maneira mais justa?

Se, enfim, mostrando-lhe cada uma das coisas passantes, o obrigar, à força de perguntas, a dizer o que é isso? Não crês que ficará embaraçado e que as sombras que via há pouco lhe parecerão mais verdadeiras do que os objetos que ora lhe são mostrados?

— Muito mais verdadeiras – reconheceu ele.

— E se o forçam a fitar a própria luz, não ficarão os seus olhos feridos? Não tirará dela a vista, para retornar às coisas que pode olhar, e não crerá que estas são realmente mais distintas do que as outras que lhe são mostradas?

— Seguramente.

— E se – prossegui – o arrancam à força de sua caverna compelem a escalar a rude e escarpada encosta e não o soltam antes de arrastá-lo até a luz do sol, não sofrerá ele vivamente e não se queixará destas violências? E quando houver chegado à luz, poderá, com os olhos completamente deslumbrados pelo fulgor, distinguir uma só das coisas que agora chamamos verdadeiras?

— Não poderá – respondeu; – ao menos desde logo.

— Necessitará, penso, de hábito para ver os objetos da região superior. Primeiro distinguirá mais facilmente as sombras, depois as imagens dos homens e dos outros objetos que se refletem nas águas, a seguir os próprios objetos. Após isso, poderá, enfrentando a claridade dos astros e da lua, contemplar mais facilmente durante a noite os corpos celestes e o céu mesmo, do que durante o dia o sol e sua luz.

— Sem dúvida.

— Por fim, imagino, há de ser o sol, não suas vãs imagens refletidas nas águas ou em qualquer outro local, mas o próprio sol em seu verdadeiro lugar, que ele poderá ver e contemplar tal como é.

— Necessariamente.

— Depois disso, há de concluir, a respeito do sol, que este que faz as estações e os anos, que governa tudo no mundo visível e que, de certa maneira, é causa de tudo quanto ele via, com os seus companheiros, na caverna.

— Evidentemente, chegará a esta conclusão.

— Ora, lembrando-se de sua primeira morada, da sabedoria que nela se professa e dos que aí foram os seus companheiros de cativeiro, não crês que se rejubilará com a mudança e lastimará estes últimos?

— Sim, decerto.

— E se eles então se concedessem entre si honras e louvores, se outorgassem recompensas àquele que captasse com olhar mais vivo a passagem das sombras, que se recordasse melhor das que costumavam vir em primeiro lugar ou em último, ou caminhar juntas, e que, por isso, fosse o mais hábil em adivinhar o aparecimento delas, pensas que o nosso homem sentiria ciúmes destas distinções e alimentaria inveja dos que, entre os prisioneiros, fossem honrados e poderosos? Ou então, como o herói de Homero, não preferirá mil vezes ser apenas um servente de charrua, a serviço de um pobre lavrador, e sofrer tudo no mundo, a voltar às suas antigas ilusões e viver como vivia?

— Sou de tua opinião – assegurou; – ele preferirá sofrer tudo a viver desta maneira.

— Imagina ainda que Este homem torne a descer à caverna e vá sentar-se em seu antigo lugar: não terá Ele os olhos cegados pelas trevas, ao vir subitamente do pleno sol?

— Seguramente sim – disse Ele.

— E se, para julgar estas sombras, tiver de entrar de novo em competição, com os cativos que não abandonaram as correntes, no momento em que ainda está com a vista confusa e antes que seus olhos se tenham reacostumado (e o hábito à obscuridade exigirá ainda bastante tempo), não provocará riso à própria custa e não dirão eles que, tendo ido para cima, voltou com a vista arruinada, de sorte que não vale mesmo a pena tentar subir até lá? E se alguém tentar soltá-los e conduzi-los ao alto, e conseguissem êles pegá-lo e matálo, não o matarão?

— Sem dúvida alguma – respondeu.

Fonte: Platão, 1965.

Outro tema com que Platão se preocupa em seus estudos é a questão da educação. Na filosofia platônica, o homem deve ser formado como um todo, por meio de uma educação que contemple e desenvolva todas as suas potencialidades, em um processo que, em grego, chama-se *paideia*.

Em termos de moral, não se é bom ou belo por atitudes que possam ser nomeadas desse ou daquele modo. Esses conceitos são universais e dependem da justeza com que cada um desempenha seu papel na sociedade, o que só se aprende por meio da educação. Conforme Platão, agir de acordo com a razão sempre nos conduz ao bem, ao contrário do desejo, que pode nos desviar desse caminho. É a ação para o bem que nos faz bons e belos. Mas o que é o bem? É aquilo que o ser humano busca até o fim, ou seja, que objetiva alcançar a cada dia de sua existência. Podemos considerar ainda que é o fim último, tanto para Platão quanto para Sócrates: a sabedoria.

> "Quem não é geômetra não entre!"[2]

A importância da matemática era tão grande para Platão que, na porta da Academia, sua escola, essa frase estava escrita para recepcionar os visitantes. A geometria seria a conexão entre o sensível e o inteligível, permitindo a ascensão, uma vez que permite à humanidade superar o empirismo ingênuo rumo à razão – que transcende a experiência e suas limitações sensíveis.

Desse modo, tendo em vista presença da geometria de modo marcante no platonismo, Platão acabou impulsionando o interesse por ela junto aos seus admirados (Proclus, 1873).

5.3.3 Aristóteles

> Já apresentamos o filósofo Aristóteles (384 a.C.-322 a.C.) no Capítulo 2 deste livro. Em seguida, no Capítulo 3, retomamos o pensamento aristotélico para compreendermos a metafísica e a lógica como grandes áreas da filosofia. Para que você não fique com a impressão de estarmos repetindo um tema filosófico, destacamos que, neste momento, interessa-nos apresentar Aristóteles como um dos expoentes da filosofia clássica. Já que estamos desenvolvendo, neste Capítulo 5, a compreensão da filosofia a partir dos períodos históricos, não poderíamos deixar de trazer, novamente, Aristóteles para nossa conversa.

---

2   Ageometrètos mèdeis eisito. A referência é datada posteriormente, nos escritos de João Filopono e de Olympiodoro, neoplatônicos, que viveram no século VI d.C.; e por João Tzetzes, autor bizantino do século XII (Chiliades, 8, 972) (Saffrey, 1968).

Além do convívio com Platão e de ter compreendido as teorias de diversos filósofos de seu período e até mesmo antecessores, Aristóteles também teve grande participação na atividade política. Ambicioso em relação às ciências, tomou como meta de vida sistematizar os conhecimentos formulados em sua época. Conforme demonstraremos a seguir, seu objetivo foi alcançado e serviu de base para diversos pensadores posteriores.

Já sabemos que Aristóteles construiu o primeiro sistema de saberes, organizando os conhecimentos por áreas distintas. O pensador macedônico fez isso compreendendo que os conhecimentos – da natureza, da sociedade ou do metafísico – merecem atenção conforme suas exigências e sua constituição, pois cada um constitui problemas particulares que requerem formas diferentes de serem estudados. Como resultado dessa organização, temos as seguintes áreas, de acordo com Corbisier (1984):

> **Lógica** – um instrumento para o pensamento correto que tem como objetivo garantir que os conhecimentos de todas as ciências sejam fundamentados sobre a verdade inquestionável. Em Aristóteles, sua principal forma é o silogismo.
>
> **Física** – é ciência do movimento que estuda "as coisas que têm uma existência separada mas não são imutáveis, corpos que têm em si mesmos a fonte do movimento e do repouso" (Corbisier, 1984, p. 189).
>
> **Psicologia** – teoria da alma que se fundamenta nos conceitos de alma *psykhé* e intelecto *noûs*. A alma tem vida em potência no corpo e o intelecto estende suas possibilidades para além do corpo.
>
> **Biologia** – ciência da vida inserida nos estudos da física aristotélica.
>
> **Metafísica** – os conhecimentos dessa área eram chamados por ele de *filosofia primeira*. É o conceito mais complexo desse filósofo e abrange todos os fatos que estão além do físico, mas que estão ao alcance imediato dos sentidos e cujas causas primeiras e últimas podem ser compreendida.

Ética – a ciência das condutas, ciência da moral. Em Aristóteles, são estudadas as ações do ponto de vista das virtudes e dos vícios. Segundo o estagirita, toda ação humana está voltada para a busca da felicidade individual.

Política – área do conhecimento que se debruça sobre as formas de governo, observando até que ponto as instituições garantem a felicidade coletiva.

Retórica – técnica de estruturação e exposição de argumentos capazes de aperfeiçoar as formas de se relacionar na vida pública. Seu fundamento é o entimema, um silogismo onde pelo menos há uma premissa implícita.

Poética – tem origem na "imitação, natural do homem desde a infância". (Corbisier, 1984, p. 262)

Se tivéssemos, neste momento, de citar uma única palavra para conceituar a filosofia de Aristóteles ou, ainda, se quiséssemos resumir rapidamente a filosofia do último dos filósofos clássicos, essa palavra seria *metafísica*. Com base no conceito de metafísica, todos os demais conceitos podem ser fundamentados, pois todo o conhecimento depende de uma investigação das causas daquilo que se deseja conhecer. Assim é a química, a biologia, a ética, a história e qualquer outra ciência, antiga ou moderna. Compreender o porquê de um objeto ser da forma como é ou o processo que o conduziu a tal estágio é a base da busca pela sabedoria.

Por razões que já esclarecemos aqui, não vamos nos demorar com o tema da metafísica de Aristóteles a essa altura dos nossos estudos. Basta lembrarmos que o tema pode ser retomado nos Capítulos 2 e 3 desta obra.

Uma ideia que também é fundamental em todo o pensamento de Aristóteles e que permeia toda a sua metafísica é a teoria de "ato e potência". Quando um ser é de determinada forma, chama-se *ato*. Enquanto há possibilidade de ser, tem-se a potência. Assim, toda criança é um adulto em potência e um dia o será em ato. Da mesma forma, a partir dessa compreensão, um ser humano masculino não é feminino em potência, e jamais será, portanto, em ato (Corbisier, 1984).

Como já afirmamos, a obra de Aristóteles é muito vasta, pois ele se debruçou no estudo e na fundamentação de diversas áreas do conhecimento. Por isso também, no que se refere a questões éticas, relembramos sua teoria básica neste momento, já que esse tema também já foi abordado no Capítulo 4.

Quando abordamos a ética como área da filosofia no Capítulo 4, afirmamos que Aristóteles é o pai dessa disciplina filosófica. Assim, também explicamos que, apesar de ele compreendê-la como ciência, a ética não pode ser tomada por exata, pois apresenta muitos elementos a serem compreendidos e dependentes da vontade e escolhas humanas. Todavia, a ética é fundamental para a orientação das ações como forma de se alcançar o bem individual. Não é possível que o bem coletivo aconteça em uma sociedade em que esse mesmo bem não ocorra a cada indivíduo. Quando Aristóteles demonstra que a ética é uma ciência da alma voltada para a prática, refere-se, entre outras coisas, à consciência humana. Ela é a orientadora das ações e dela depende a felicidade ou infelicidade de cada indivíduo.

A ética aristotélica pode ser compreendida como um padrão de conduta que se orienta para o bem máximo. Em sua obra *Ética a Nicômaco* (1991), Aristóteles cria esse postulado e defende que o bem maior para o qual todos vivemos e orientamos nossas ações é a felicidade. Assim, quando um profissional tem de tomar uma atitude, por trás de sua escolha está sua consciência, e é ela quem vai determinar sua felicidade de acordo com o resultado de suas escolhas.

Mas o que é a felicidade? Como alcançá-la? Será possível uma vida feliz? Muitas questões podem ser levantadas, mas cada pessoa terá suas próprias conclusões. O fato é que muito se faz necessário para alcançar a felicidade. Levamos uma vida animal, com carências físicas, somos seres sociais, com necessidades relacionais, somos indivíduos, somos políticos, enfim, somos diversos seres em ato, e cada um precisa viver o bem para que ser feliz.

E sobre a lógica aristotélica? O que podemos resgatar do que foi abordado no Capítulo 4?

Um sistema à prova de falhas para o pensamento, uma forma de garantir que conclusões e conhecimentos sejam apenas calcados na verdade. Aristóteles buscava a certeza de que a sabedoria não era um mero engano, ignorância disfarçada. Como nas coisas naturais existe a relação de causas, também existe no pensamento. Todo conhecimento é a conclusão de pelo menos duas premissas que se relacionam (D'Ottaviano; Feitosa, 2003).

Alguns alertas podem ser percebidos muito facilmente com a lógica. Por exemplo: toda generalização é um risco, afirmar que tudo é ou que nada é aumenta a possibilidade de erro. Um caso bastante conhecido é o da teoria da relatividade, de Einstein. Ao afirmar que "tudo é relativo", o físico formulou uma expressão não relativa. Assim, notamos que nem tudo pode ser relativizado.

Aprender a coordenar as proposições é o meio para um pensamento correto e infalível, a única certeza da verdade. Nesse sentido, podemos afirmar que o silogismo é um artifício lógico utilizado para regular o pensamento. Sua estrutura básica se compõe de três partes: duas premissas, sendo uma universal e outra particular, e uma conclusão. Veja um exemplo clássico de silogismo válido, de acordo com D'Ottaviano e Feitosa (2003, p. 4):

> "Todos os homens são mortais. – premissa universal (todos)
>
> Sócrates é homem. – premissa particular (Sócrates é apenas um homem)
>
> Sócrates é mortal. – Conclusão"

Com um exemplo tão curto, à primeira vista, pode parecer um instrumento muito simples, mas o que dizer de uma tese construída dessa maneira? Isso não só é possível como é também muito praticado por cientistas e filósofos até os dias de hoje. O maior expoente desse método na Idade Média, por exemplo, foi o filósofo Tomás de Aquino, que construiu toda sua obra obedecendo às regras do silogismo. Trataremos desse filósofo, bem como da filosofia na Idade Média, na próxima seção deste capítulo.

Ao revés de todo rigor lógico, temos a poética, a busca pelo belo por meio da escrita. É possível traduzir a realidade da forma como ela é verdadeiramente por meio da escrita? Essa, definitivamente, não é uma questão para a poética. Seu interesse está em imitar a vida de modo não real. No campo da poética, a fantasia e a imaginação são possíveis. Quando desenvolveu suas concepções acerca de sua ética, Aristóteles afirmou que, para a felicidade, é preciso estar realizado em diversos aspectos da vida social. É preciso ser politicamente respeitado, socialmente aceito, fisicamente saudável, mentalmente são e espiritualmente alegre (Corbisier, 1984).

Desse último fator se incumbe a poética, que estava limitada, mais especificamente, à escrita na época de Aristóteles. Evidentemente, a poética hoje pode ser expandida e aplicada a diversas artes. Assim, faz parte da vida vivê-la de maneira imaginária, seja para modificar a realidade, seja para exagerar ou contrapor.

Aristóteles também observou a retórica. Em seus estudos sobre esse tema, o filósofo partiu do princípio de que os discursos são elaborados, desenvolvidos e aplicados para defender pontos de vista, teorias, teses ou para comprovar descobertas científicas ou filosóficas. Na Grécia Antiga, de um modo especial, havia todo um interesse político por trás da retórica. Assim, tendo estudado também o pensamento sofista, Aristóteles percebeu nele uma forma de desenvolver o conhecimento, diferentemente de Sócrates, que criticava os seguidores dessa perspectiva (Corbisier 1984).

A retórica não é mero falatório ou o lançamento de um monte de ideias sem interesse ou organização, mas sim a técnica do discurso. Sistematizá-la pode conferir o poder da persuasão ou expor ao ridículo.

Como o discurso envolve interesses que podem tanto ser individuais quanto coletivos, a retórica precisa estar pautada na ética e na lógica, bem como na atitude individual. Cada discursador pode defender um ideal a ponto de manipular as informações.

Sobre as questões políticas, explicamos, no Capítulo 4, que a política nasceu na Grécia, praticamente junto com a filosofia, sendo os filósofos clássicos os primeiros a tecerem especulações a respeito da política. Na atualidade, há áreas como o direito, a ciência política, as ciências sociais e outras que têm como problema de investigação questões referentes à política e ao Estado.

Na Grécia da Antiguidade, porém, embora fosse muito presente na vida dos cidadãos, na *polis*, a política não era alvo de estudos. Aristóteles, ainda que inspirado e até mesmo influenciado por seu mestre, sistematizou os conhecimentos da época e desenvolveu alguns conceitos como o de Estado e de formas de governo (Reale; Antiseri, 1990).

Concomitantemente com esses conceitos, surgiu a noção de **papel do indivíduo perante a sociedade.** Aristóteles demonstra que, embora a responsabilidade de gerir as necessidades seja do Estado, a vida social não acontece se os diferentes indivíduos não cumprirem suas funções. Assim, legisladores são necessários, pois nem só de espírito vive o ser humano. Por outro lado, existem necessidades materiais que são realizadas com trabalhos braçais (Reale; Antiseri, 1990).

Não se pode desconsiderar o fato de que a sociedade está acima do indivíduo, pois o coletivo é mais importante. Sem a coletividade, não há ambiente para a vida social. O Estado, por ser o regulador, deve articular as relações com a participação dos cidadãos ou não, conforme a maneira de governar.

Em termos de consenso para a época, Aristóteles contrapôs o conceito vigente de democracia, pois aquela vivida em Atenas foi concebida pelo filósofo como a oligarquia, ou seja, o governo em favor dos ricos. O conceito contemporâneo de democracia se aproxima muito mais da ideia aristotélica de governo para os pobres. Diferentemente da monarquia, que não deixa dúvidas: trata-se do governo em favor do monarca, único expoente do poder, que rege todos os aspectos do Estado podendo também acumular todas as funções. Nessa forma, os homens não são livres e a relação entre governante e governados se aproxima da relação entre senhores e escravos.

Na democracia, porém, a relação de governo é a de homens livres que participam da construção do Estado. Essa forma é arriscada, segundo Aristóteles, pois a diversidade de interpretações e de interesses pode conduzir o governo à fragmentação e deterioração.

5.4
Filosofia medieval: diálogos entre fé e razão

A Idade Média foi o período que se estendeu de 476 d.C. até 1453 e foi caracterizada pela economia rural, que era formada pelos feudos. A sociedade era dividida de maneira hierárquica, de acordo com muitos autores, em três níveis: (i) clero; (ii) nobreza; (iii) servos (Williams, 2007).

Figura 5.2 – Pirâmide social da Idade Média

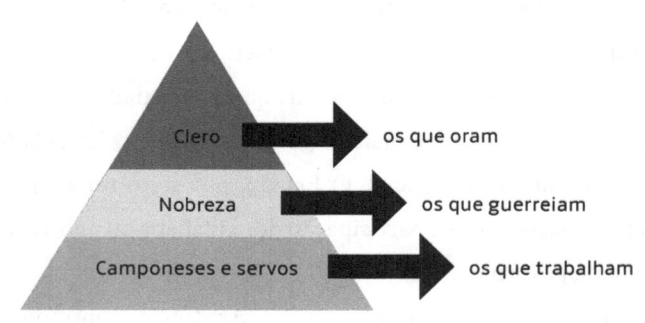

[Pirâmide: Clero → os que oram; Nobreza → os que guerreiam; Camponeses e servos → os que trabalham]

Os servos, grupo composto pela maioria na época, tinham uma vida árdua, curta (cerca de 30 anos) e condenada à ignorância. A ideologia pregada pela Igreja Católica, de um paraíso e vida eterna após a morte, era um conforto para a realidade sofrida dos camponeses. Mesmo na nobreza, eram poucos que sabiam ler; por isso, em meio à ignorância e uma proposta de esperança, o clero dominava plenamente a Europa, sendo detentor do poder espiritual (Williams, 2007).

A Igreja influenciava o modo de pensar da sociedade; assim, se alguém apresentasse uma ideologia diferente da do catolicismo, essa pessoa era condenada pela instituição religiosa. Estudiosos da época eram caçados e condenados, pois querer explicar os fenômenos da natureza, por exemplo, era um sacrilégio na visão católica, porque tudo era obra de Deus, todo conhecimento necessário vinha da Bíblia. Por isso, esse período entrou para a história da humanidade como *Idade das Trevas* (Williams, 2007).

As obras que questionavam o ideal religioso, as palavras de Deus ou que divulgassem qualquer ideia com que a Igreja não concordasse eram tratadas como proibidas. Conforme Mattar e Antunes (2014, p. 44), a

"Igreja tornou-se a instituição detentora do saber, e a fé estabeleceu-se como padrão de conhecimento". Assim, toda a reflexão filosófica era sempre voltada à teologia, e o conhecimento era voltado à compreensão das escrituras de Deus, e com a interferência da Igreja Católica em todas as áreas de conhecimento. A principal característica da filosofia medieval é a relação entre a razão e a fé – a primeira sempre a serviço da segunda.

Ghiraldelli Junior (2010, p. 82) destaca que o "notável no filosofar medieval é o entrelaçado da teologia com a filosofia de uma maneira bem mais harmônica – e certamente inteligente – do que aquela que, não raro, se acredita ser a verdade da filosofia medieval, ou seja, uma filosofia abafada pela teologia e castrada pela religião". Assim, mesmo a filosofia estando subordinada à fé, as ideias propostas eram oriundas de argumentos filosóficos.

A prova da existência de Deus, bem como sua natureza, foi o tema que assegurou a presença da filosofia entre dos teólogos. Entre os pensadores que se debruçaram sobre o assunto dois ganharam grande destaque pelas suas obras: Agostinho e Tomás de Aquino, conhecidos e reconhecidos pela Igreja até hoje como Santo Agostinho de Hipona e São Tomás de Aquino.

5.4.1 Agostinho

Aurélio Agostinho nasceu em 354, em Tagasta, cidade situada no interior da Numídia, uma província romana; era filho de Mônica e Patrício, burgueses da época. Seu pai era pagão e vivia embriagado; ainda assim, recebeu o batismo cerca de um ano antes de morrer. Sua mãe, cansada da vida em decorrência de seu marido, voltou-se à vida religiosa, tornando-se uma cristã fervorosa que exerceu sobre seu filho uma notória influência religiosa (Santo Agostinho, 1999).

O jovem Agostinho teve uma vida desregrada, com forte impulso sexual. Mais tarde, ele mesmo afirmou que isso foi uma das maiores consequências do pecado original. Pequenas delinquências eram praticadas pelo futuro estudioso, como roubar peras de uma árvore de um vizinho junto de seus colegas (Strathern, 2011). Não era bom aluno e não se interessava pelas coisas sérias da vida, e essa conduta contaminada por muitos vícios, com hábitos muito parecidos com o de seu pai, fez com que a mãe o expulsasse de casa. A situação não durou muito tempo, pois a própria mãe não conseguia ficar longe dele (Strathern, 2011).

O futuro doutor da Igreja teve um relacionamento amoroso com uma mulher de outra classe social não aceito pela sociedade e por sua mãe. Agostinho não se casou com essa mulher, mas teve um filho com ela, Adeodato, que faleceu ainda na adolescência (Agostinho, 1999).

Agostinho passou a se interessar por filosofia. De acordo com José Américo Motta Pessanha, autor da introdução da obra *Confissões* (Agostinho, 1999, p. 6): "foi a leitura do clássico Cícero (106-43 a.C.), que lhe abriria as portas do saber. Chamava-se *Hortensius* e era um elogio da filosofia".

Mas isso ainda não era o suficiente para Agostinho. Segundo Strathern (2011, p. 10),

> Agostinho encontrou o que buscava no maniqueísmo, uma seita próxima do cristianismo, fundada um século antes por um persa chamado Maniqueu, que declarara ser o Espírito Santo e terminara crucificado por adoradores do fogo. O maniqueísmo era essencialmente dualista em sua essência, e seus adeptos acreditavam que o mundo era produto do conflito entre o Bem e o Mal (ou Luz e Trevas). A alma do homem consistia em luz enredada em trevas das quais devia procurar se libertar. Era uma crença feita sob medida para Agostinho em seu atual estado, ainda que tivesse sido proscrita como heresia pela Igreja cristã. Agostinho adotou o maniqueísmo de braços abertos.

Mônica podia não ter gostado da ideia de seu filho ter uma mulher de outra classe social e uma criança, mas, com toda a sua fé e conduta cristã da época, o fato de ele ter se tornado um maniqueísta era inaceitável (Strathern, 2011).

Após terminar os estudos, Agostinho trabalhou como professor em Cartago; chegou a dar aulas em Roma e mais tarde foi para Milão, onde haviam lhe oferecido o cargo de professor de Retórica (Strathern, 2011).

O fato de não ter podido continuar seu relacionamento com a mulher amada, mãe de seu filho, era causa de uma angústia existencial. Até que o bispo de Milão "indicaria a Agostinho o caminho da fé" (Abrão, 1999, p. 98), ao sugerir a Agostinho a leitura de Santo Ambrósio (ca. 340-397).

Em seguida, um acontecimento foi definitivo para sua conversão. Esse momento decisivo na vida de Agostinho é narrado por Pessanha na obra *Confissões* (Agostinho, 1999, p. 5):

> Em Milão, num dia qualquer de agosto de 386 da era cristã, um homem de 32 anos de idade chorava nos jardins de sua residência. Deprimido e angustiado, estava à procura de uma resposta definitiva que lhe desse sentido para a vida. Nesse momento ouviu uma voz de criança a cantar como se fosse um refrão: "Toma e lê, toma e lê." Levantou-se bruscamente, contente e torrente de lágrimas, olhou em torno para descobrir de onde vinha o canto, mas não viu mais que um livro sobre a pequena mesa. Abriu e leu a página caída por acaso sob seus olhos: "Não caminheis em glutonarias e embriaguez, não nos prazeres impuros do leito e em leviandades, não em contendas e emulações, mas revesti-vos de Nosso Senhor Jesus Cristo, e não cuideis da carne com demasiados desejos".
>
> Não quis ler mais. Uma espécie de luz inundou-lhe o coração, dissipando todas as trevas da incerteza, e ele correu à procura da mãe para lhe contar o sucedido. Ela exultou e bendisse ao Senhor, pois o filho estava convertido pelas palavras de Paulo de Tarso, e as portas da bem-aventurança eterna abriam-se finalmente para recebê-lo.

Com a vida desregrada que Agostinho teve, ninguém diria que um dia ele se converteria ao cristianismo. Apenas uma pessoa acreditava nisso: sua mãe, que morreu alguns meses depois do batismo do filho. Com a morte da mãe, o religioso então voltou para sua casa em Tagasta, acompanhado de devotos e amigos, e fundou uma comunidade com o intuito de viver uma vida monástica (Strathern, 2011).

De acordo com Strathern (2011), Agostinho foi nomeado bispo de Hipona, cidade situada no litoral nordeste da Argélia, no ano de 391. Desde então até 426, Agostinho manteve suas obrigações como bispo e continuou a escrever vários livros e sermões, além de continuar com sua vigorosa perseguição aos hereges. Ele morreu aos 75 anos de idade, em 28 de agosto de 430, após os vândalos invadirem as províncias do norte da África, em seguimento ao declínio do Império Romano. Agostinho foi reconhecido como santo logo após seu falecimento e seu dia é celebrado na mesma data de sua morte (Strathern, 2011).

Suas obras tiveram grande influência no desenvolvimento da filosofia e do cristianismo ocidental. Agostinho escreveu uma vasta obra, somando um total de 113 textos, sem contar as cartas, em que se conservam mais de 200 sermões. Suas obras refletiam os anseios, as concepções e as angústias da Igreja naquele momento. Por isso também foi considerado um escritor exímio da instituição. No livro *Confissões*, além de ser considerado uma autobiografia, a Igreja percebe toda a manifestação da fraqueza do homem. Na obra *A cidade de Deus*, segundo Corbisier (1988, p. 89), Agostinho "inaugura, ou funda, a filosofia da história, pois é o primeiro no qual se procura fazer a história, não deste ou daquele povo, desta ou daquela nação, como até então acontecia, mas de toda a humanidade". Desse modo, foi além do relato histórico ao compreender e interpretar a humanidade "à luz da revelação cristã" (Corbisier, 1988, p. 89).

O pensamento que Agostinho desenvolveu vai ao encontro da filosofia patrística, a filosofia dos padres. Esta surgiu a partir do século II d.C., com a decadência do Império Romano e a expansão do cristianismo. Como o poder do conhecimento estava nas mãos da Igreja, somente os padres se dedicavam à reflexão filosófica, que estava direcionada à reflexão da religião. Assim, o fundamento da patrística era justificar racionalmente a fé, ou seja, argumentar e provar como a fé pode ser explicada por meio da razão, e os patrísticos eram os responsáveis, de certa maneira, pela manutenção do poder e ordem eclesiástica daquela época. Suas reflexões eram apologias ao cristianismo. É possível então dizer que a patrística desenvolvia uma **apologética** – textos que defendiam o cristianismo (Corbisier, 1988).

Foi inaugurado, dessa forma, na história da filosofia, um período de aliança entre fé e razão. Essa condição perdurou durante toda a Idade Média. Como já afirmamos anteriormente, o pensamento dos filósofos patrísticos, para manter essa aliança, considerava a razão a serviço da fé.

Agostinho tornou-se, nesse contexto, o principal representante da patrística. Porém, para justificar a fé por meio da razão, ele bebeu nos clássicos gregos, em especial Platão (Corbisier, 1988).

Da filosofia platônica, Agostinho retomou sua teoria do conhecimento, a teoria das ideias, a compreensão da existência do mundo sensível e o mundo inteligível, o mundo das ideias, conforme explicamos anteriormente. Porém, na concepção agostiniana, o mundo das ideias é constituído pelas ideias divinas (Corbisier, 1988).

Esse pensamento é descrito em sua *Teoria da iluminação*. Agostinho demonstra que somente de Deus o homem pode receber o conhecimento, como em um evento de iluminação. O mundo das ideias divinas contém essa iluminação, nesse sentido, o conhecimento por essa iluminação divina, logo, tal teoria afirma que o conhecimento verdadeiro é fruto da iluminação divina.

Agostinho afirma, nessa teoria, que ao homem é dada a capacidade de pensar por si próprio, mas a veracidade desse pensamento somente é alcançada ou firmada pela iluminação divina sobre o intelecto humano. É o mesmo que dizer que Deus ilumina a razão para que o pensamento seja coerente, correto e, portanto, verdadeiro.

Assim, fundamentado na filosofia platônica, Agostinho encontrou uma forma de racionalizar a fé em Deus.

5.4.2 Tomás de Aquino

Tomás de Aquino, filho do Conde Landolfo d'Aquino, nasceu no castelo da família ao norte de Aquino, no sul da Itália. Também era sobrinho do imperador romano Frederico II. Seu intelecto privilegiado e sua religiosidade manifestaram-se logo cedo, quando iniciou seus primeiros estudos na escola monástica de Monte Cassino, entre os 5 e 9 anos de idade. Contudo, teve de interromper seus estudos, pois seu tio Frederico e o papa tornam-se inimigos, chegando ao ponto de o regente fundar uma nova igreja, autoproclamando-se o messias e expulsando os monges da escola monástica, mandando Tomás para a Universidade de Nápoles (Strathern, 1999).

A referida instituição, que tinha a proteção de Frederico II, tornou-se referência e atraía pessoas cultas de todas as partes da Europa. Nesse período, Tomás aprendeu lógica e filosofia natural, mas a lógica que ele conheceu no século XIII era praticamente a mesma que Aristóteles inventou mil anos antes, tendo o silogismo como a principal ferramenta. Com seu intelecto superior, Tomás tornou-se perito nesse modo de argumentação (Strathern, 1999).

Entretanto, a infância em uma escola monástica não foi esquecida, e Tomás de Aquino ingressou na ordem dominicana, cujo propósito era reprimir heresias. Como, inicialmente, os membros andavam pelas ruas pedindo esmolas para sobreviver, a decisão de entrar para essa ordem causou grande consternação na família dele. Seus parentes tinham consciência de sua religiosidade, mas com seu intelecto excepcional e a forte influência que a família tinha, esperava-se que ele pudesse chegar a uma posição de prestígio na Igreja, como, por exemplo, arcebispo de Nápoles, e não perambular pelas ruas da Itália pedindo esmolas, inspirado pelo exemplo de Francisco de Assis, que, duas décadas antes, havia abandonado tudo para levar uma vida extremamente humilde, cuidando dos doentes e desamparados (Strathern, 1999).

Assim que Tomás ingressou na ordem dominicana, partiu em direção a Paris, o maior centro de estudos da cristandade, almejando uma vida sagrada, de penúria e dedicada aos estudos (Strathern, 1999). Antes que pudesse chegar lá, foi alcançado por seus irmãos, que estavam a cavalo, e dominando-o trouxeram de volta ao castelo da família, onde ficou confinado. Sua família tentou de várias formas dissuadi-lo: seu pai propôs o cargo de abade de Monte Cassino, sua antiga escola. Então, em uma famosa passagem da vida de Tomás de Aquino, sua mãe tentou outra abordagem: fez com que uma camponesa bela e jovem entrasse no quarto do filho, em uma noite de muito frio, com o intuito de que os dois pudessem se esquentar, mas a forte religiosidade de Tomás o fez enxergar a situação por outro prisma. Prega a história que Tomás havia feito uma fogueira no chão de sua cela quando a moça surgiu, e, vendo-a através das chamas, acreditou tratar-se de um demônio da luxúria, vindo com o objetivo de tirá-lo do caminho de Deus. Então, pegou um feixe de gravetos em fogo e partiu para cima da moça, que, assustada, fugiu (Strathern, 1999).

No período de um ano em que Tomás ficou trancado na torre, pôde ler e estudar a Bíblia e também a *Metafísica*, de Aristóteles (Strathern, 1999). Sobre o fim do exílio de Tomás, existem várias versões, mas a mais aceita é de que ele conseguiu converter seus irmãos e que estes o auxiliaram a fugir. Assim, o religioso retomou a jornada até Paris com o objetivo de estudar com Alberto Magno, famoso por seus comentários sobre Aristóteles e um dos melhores acadêmicos da época. Chegando lá, descobriu que o estudioso havia ido lecionar na Alemanha; então, Tomás o seguiu até lá (Strathern, 1999).

Segundo Corbisier (1988), aos 21 anos, Tomás de Aquino tornou-se um gigante desajeitado, olhos grandes, semblante pedinte, extremamente calado, introspectivo e incapaz de expressar seus sentimentos. Essas características fizeram com que fosse motivo de chacotas por parte de seus colegas, que o apelidaram de "boi mudo". No entanto, Alberto Magno, que havia ficado impressionado pelo intelecto excepcional e pela clareza didática do jovem em expor suas ideias religiosas e filosóficas, inclusive de maior complexidade, saiu em sua defesa, bradando o que veio a ser uma profecia: "chamam-no um boi mudo; mas tempo virá em que, por sua doutrina, dará mais mugidos que serão ouvidos em todo o universo" (Corbisier, 1988, p. 170).

Em seguida, Alberto Magno e Tomás de Aquino seguiram a Paris, pois a universidade daquela cidade, além de ser um grande centro estudantil, gozava de liberdade única naquele período. Aos 30 anos, Tomás se formou e recebeu licença para lecionar. À sua figura "bovina" acrescentou-se a barba espessa e a calvície (Corbisier, 1988).

Apesar de sua personalidade pouco sociável, tornou-se, entre os professores, o favorito dos alunos, atraindo grandes audiências às suas conferências, pois tinha o talento de tornar clara e compreensível a ideia mais complexa (Corbisier, 1988).

Tomás de Aquino dedicou-se a lecionar e a escrever sua maior obra, *Summa contra gentiles* (*Suma contra os gentios*). Nessa enciclopédia, incorpora o pensamento de Aristóteles à teologia da Igreja Católica. Nessa obra, é difícil diferenciar o reino da razão e o da fé; por outro lado, as verdades que podem ser demonstradas pela razão jamais contradizem as verdades da fé. É possível comprovar pela razão a existência de Deus e a imortalidade da alma, mas o juízo final e o Espírito Santo só podem ser explicados e aceitos pela fé.

Em outras palavras, criou-se uma ilusão de que haveria uma parceria harmoniosa entre a razão e a fé, porém, na verdade, o que houve foi a utilização das conclusões tiradas da investigação científica para concordar com os dogmas da fé.

Antes de concluir a *Suma contra os gentios*, Tomás de Aquino foi nomeado conselheiro da Cúria, voltando para a Itália para assumir o posto nas montanhas cerca de 50 quilômetros ao sul de Roma (Corbisier, 1988). Quando assumiu o posto de professor na Universidade de Nápoles, dedicou-se à sua segunda grande obra, *Suma teológica*. Sobre a composição dessa obra, o filósofo esclarece que:

> sendo a principal função da ciência sagrada ministrar o conhecimento de Deus, não apenas como é em si mesmo mas também como princípio e fim das escrituras, trataremos: 1º, de Deus; 2º, do movimento da criatura racional para Deus; 3º, Do Cristo que, enquanto homem, é o caminho pelo qual devemos tender para Deus. (Corbisier, 1988, p. 174)

Apesar do pensamento pagão de Aristóteles, a *Suma teológica* embasa-se nos preceitos desse filósofo grego. As adaptações da filosofia aristotélica fundamentam a aliança entre fé e razão, iniciada séculos antes com Agostinho. Segundo Aranha e Martins (1993, p. 143), Tomás de Aquino "escreveu uma obra monumental, a *Suma Teológica*, onde, uma vez mais, as questões de fé são abordadas pela luz da razão e a filosofia é o instrumento que auxilia o trabalho da teologia".

Ainda sobre a aliança entre fé e razão, Tomás de Aquino não deseja apenas mantê-la, mas ensinar o pensamento cristão de modo racional. Para isso, fundamenta-se em Aristóteles, afirmando que a razão vem dos sentidos: eles captam o movimento do mundo para interpretá-lo; esse movimento tem uma causa – na filosofia tomista, essa causa é Deus (Aranha; Martins, 1993).

Embora questionado sobre o conteúdo filosófico de suas obras, Tomás de Aquino sempre foi muito respeitado pela Igreja e seus representantes, pelo seu intelecto excepcional, pela habilidade com que pôs a razão a serviço da fé e pela extraordinária capacidade de ensinar com extrema clareza até mesmo os conceitos mais difíceis sobre as verdades da fé.

Tinha 50 anos quando ficou doente. Foi chamado pelo Papa Leão X para participar do Segundo Concílio de Lyon, na tentativa de superar o racha entre a Igreja Romana e a Bizantina. Sendo negligente com a sua doença, pôs-se a caminho, mas jamais chegou no referido encontro (Strathern, 1999).

5.5
Filosofia moderna: racionalidade *versus* empirismo

Os primeiros movimentos da filosofia moderna ainda se fizeram no caminho da filosofia medieval, com o surgimento de questões relativas à prova da existência de Deus. Ora, isso não poderia ser diferente, pois uma vez que a modernidade sucedeu o período anterior, seria um absurdo pensar em uma ruptura brusca e imediata daquela maneira de pensar. No entanto, é possível perceber que alguns filósofos desse período, além de buscar provas da existência de Deus, também abriram caminhos para embasar uma nova concepção de pensamento.

Entre eles podemos citar pensadores como Descartes, que buscava um fundamento para a explicação de uma concepção científica e racional para o entendimento do indivíduo, e John Locke, que buscava provar que todas as ideias têm origem no que percebemos pelos sentidos e que todo o conhecimento provém da experiência.

A discussão entre racionalistas e empiristas ocorre até hoje, porém, sua ebulição é uma das características da filosofia moderna.

5.5.1 O desenvolvimento da filosofia moderna

O início da filosofia moderna tem como base o movimento cultural surgido na Itália do século XIV, conhecido como *Renascimento*, em que os valores e os pensamentos medievais foram substituídos por pensamentos inspirados nos antigos valores greco-romanos retomados pelos artistas.

Talvez o melhor exemplo da arte da época seja a *Escola de Atenas*, de Rafael, na qual os filósofos gregos Aristóteles e Platão estão rodeados por diferentes filósofos de diferentes épocas de maneira cronológica, ilustrando uma continuidade filosófica.

Figura 5.3 – *Escola de Atenas*, de Rafael Sanzio

SANZIO, R. Escola de Atenas. 1509-1510. Afresco: 500 × 700 cm. Palácio Apostólico, Vaticano.

A partir do Renascentismo, o ser humano passou a ser valorizado como principal peça do cosmos, visão que deu origem ao conceito de **antropocentrismo**, marcando a separação de filosofia e religião. A partir do citado período, surgiram dúvidas sobre o método e os critérios de como o homem obtém o conhecimento da realidade. Essas indagações deram origem a duas novas perspectivas do saber, conhecidas como *racionalismo* e *empirismo* (Aranha; Martins, 1993).

Nesse sentido, é possível afirmar que o Renascimento é um período marcado por grandes mudanças em todos os setores da sociedade. Lembramos que é o período que sucede à Idade Média; assim, a sociedade saiu da Idade das Trevas para o renascimento cultural, político e urbano. A intensificação das artes e da ciência entre os séculos XV e XVI contribuiu para a consolidação desse momento (Abrão, 1999).

As principais características do Renascimento são as seguintes:

- humanismo (valorização das ações humanas);
- antropocentrismo (o homem no centro do mundo, como tema central de todas as discussões);
- racionalismo (corrente filosófica que prioriza a razão);
- hedonismo (valorização dos prazeres em geral, *carpe diem*);
- naturalismo (como corrente filosófica, expressa o pensamento de que as forças que incidem sobre os homens são as forças da natureza, não havendo forças espirituais);
- cientificismo (início das ciências experimentais);
- empirismo (doutrina filosófica que afirma que o conhecimento é empírico, ou seja, é oriundo das experiências do homem no mundo);
- panteísmo (doutrina que acredita que tudo e todos compõem um Deus).

Entre essas características, analisaremos em detalhes o racionalismo e o empirismo, pois essas duas correntes filosóficas deram contribuições importantíssimas para o pensamento filosófico posterior, a própria filosofia moderna. Esta é baseada no desapego de uma visão teológica para a assimilação da autonomia de pensamento das pessoas por meio da razão para justificar seus atos, e não mais a fé, como ocorria no medievo.

O empirismo é uma corrente filosófica que afirma que homem somente é capaz de conhecer alguma coisa pelas experiências vividas. Conhecimento empírico é todo e qualquer conhecimento construído a partir das experiências. Para os empiristas, somente a experiência é capaz de nos fazer compreender o que é um objeto.

Para John Locke (1632-1704), filósofo inglês e principal pensador empirista, o homem é como uma "tábula rasa": a mente humana é um papel em branco e, somente por meio da experiência, pode gerar ideias. Nesse sentido, o homem nasce sem qualquer conhecimento e, à medida que entra em contato com o mundo, adquire experiência, construindo seu conhecimento a partir delas (Abrão, 1999).

Essas experiências podem ser classificadas como **internas e externas**. A experiência interna se desenvolve por meio da reflexão. Assim, ela representa o estado subjetivo do homem: prazer, felicidade, amor, dor, tristeza, entre outras disposições. A experiência externa corresponde aos sentidos do corpo. Seu desenvolvimento ocorre pela sensação: frio, calor, som, sabores, cores, tamanhos, espessuras, entre outras dimensões (Aranha; Martins, 1993).

Já os racionalistas consideram que o ser humano traz certos conceitos e conhecimentos antes mesmo da experiência pessoal. O cristianismo "atrasou" o processo de crescimento do pensamento racionalista, já que um dos pioneiros racionalistas foi Sócrates. Também com Aristóteles é possível observar essa racionalidade, porém não tão enfático como aquele desenvolvido na Idade Moderna com os filósofos que foram reconhecidos como racionalistas, entre eles Descartes.

5.5.2 O racionalismo de René Descartes

René Descartes nasceu em 1596, no seio de uma família da pequena nobreza francesa. Seu nome significa "renascido", pois o futuro estudioso correu risco de morrer logo que "estreou" no mundo; só conseguiu sobreviver graças à parteira.

Com 9 anos, foi para uma escola jesuítica de La Flèche, estudando gramática por quatro anos, e filosofia, por três. Havia sempre algo que Descartes não concordava e sobre o que sempre queria discutir enquanto estudava na escola jesuítica. Mais tarde, formou-se em Direito em Poitiers e se mudou para a Holanda (Crescenzo, 2012).

Descartes morreu em fevereiro de 1650, em decorrência de uma pneumonia, pois não estava acostumado com os rigores do clima nórdico enquanto trabalhava como professor para a Rainha Cristina da Suécia (Crescenzo, 2012).

Descartes teve uma produção muito abundante. Entre algumas obras que deixou, podemos citar *Discurso do método* (1637), *As paixões da alma* (1649) e *Princípios da filosofia* (1644). O ensaio que criou mais problemas para ele foi *O mundo*, de 1633, sobre física e antropologia, pois aceitava a tese de Copérnico que colocava o Sol no centro do universo. Então, Descartes não o publicou na íntegra, mas somente as partes que nada tinham a ver com o heliocentrismo (Crescenzo, 2012).

Segundo Crescenzo (2012, p. 6), o "Discurso está dividido em seis partes: a primeira trata da Ciência; a segunda das regras indispensáveis para raciocinar; a terceira da Moral; a quarta de Deus; a quinta da Física; e a sexta da Natureza".

Podemos afirmar que *Discurso do método* é a obra que inaugura a filosofia moderna. Descartes publicou esse livro em francês, que, para a época, era uma linguagem vulgar, no sentido de não ser considerada a dos estudiosos doutores. Fez isso de propósito, para que sua obra tivesse maior alcance na sociedade (Crescenzo, 2012).

Já sabemos que o pensamento cartesiano é ancorado na racionalidade. Mas como Descartes estabeleceu seu pensamento racional?

Na obra *Meditações metafísicas*, Descartes põe à prova tudo aquilo que apreendemos pelos sentidos, pois, para ele, os sentidos nos enganam. Não podendo confiar nos sentidos, só nos resta a razão (Descartes, 2004).

O método cartesiano é o da dúvida hiperbólica, uma vez que propõe que se duvide do que se vê, ouve, degusta, toca e cheira. Apesar de ser um exagero de dúvidas, convém lembrar que todos os sentidos podem nos enganar, porque o que vemos pode não ser exatamente o que é; da mesma maneira, o que escutamos pode não ser exatamente aquilo que foi dito e assim por diante (Descartes, 2004).

Porém, uma coisa é certa, de acordo com Descartes: enquanto analisamos se o que vemos é verdadeiro ou não, enquanto refletimos sobre se o que tocamos é verdadeiro ou não, estamos pensando. Então, pensar é um ato verdadeiro e disso não podemos duvidar. Ora, se pensamos é porque existimos. Essa conclusão leva Descartes à sua máxima: "penso, logo, existo" (*"cogito, ergo, sum"*). Se não podemos duvidar que pensamos, então nosso pensamento, nossa razão, nossa racionalidade é o que devemos seguir, seguramente. Esse é o *cogito*, o pensamento cartesiano (Descartes, 2004).

A experiência sensível poderia nos conduzir a referendar conceitos terraplanistas e geocêntricos, por exemplo, tendo em vista que nossos sentidos captam o movimento do sol, a superfície plana e imóvel da terra, todavia, ao referendarmos o heliocentrismo e a Terra como tendo uma forma geoide e estando em movimento, só o fazemos diante da subalternação de nossa própria experiência à razão.

Embora nossa percepção não capte e ateste o heliocentrismo, a razão nos evidencia a consistência dos conceitos de Galilei, as leis físicas apontadas por Isaac Newton e todo arcabouço teórico envolvendo o assunto, a tal ponto que negamos nossa experiência como verdadeira.

Ainda que hoje tenhamos evidências visuais, como fotos de satélites, o fundamento está no plano racional. Por muito tempo foi somente por meio desse fundamento que a humanidade fez a transição entre a perspectiva simplista pautada no empirismo ingênuo – que suportava a tese geocêntrica e terraplanista – rumo à concepção racionalista que por meio da lógica desvelava o heliocentrismo – a verdade acerca do nosso sistema.

De maneira bastante resumida, o pensamento de Descartes apresenta a razão como única responsável pelo conhecimento, único instrumento para se atingir a verdade das coisas. Assim, em sua concepção, a razão deveria estar sempre à frente em todos os domínios da vida humana. Logo, a apreciação racional deve ser o parâmetro para todas as coisas.

5.5.3 O empirismo de John Locke

John Locke (1632-1704) foi um dos grandes representantes do empirismo inglês. Estudou na Universidade de Oxford, tornando-se mais tarde professor nessa renomada instituição (Abrão, 1999). Logo após a Revolução Gloriosa na Inglaterra, em meados de 1683, ele se mudou para a Holanda, à qual voltaria somente em 1688, quando o protestantismo se restabeleceu. Nessa época, o Rei William III de Orange nomeou Locke ministro do Comércio, em 1696; por motivo de doença, o estudioso exerceu o cargo até 1700.

Locke era contra a doutrina do inatismo, pois, pelo empirismo, acreditava que o homem é como uma folha de papel em branco, com suas experiências, adquire conhecimento, personalidade, hábitos, crenças, valores, de conduta. Refutando qualquer possibilidade para a evolução, com esse pensamento contrário ao inatismo, Locke cria o conceito de "tábula rasa" (Abrão, 1999).

Para o pensador inglês, o homem obtém uma propriedade apenas se dedicando ao trabalho e, desde que isso não prejudique alguém, fica assegurado o direito ao fruto do trabalho. Assim, apregoava uma sociedade sem intervenção governamental no que se refere à economia, o que viria a ser um dos princípios básicos do capitalismo liberal (Abrão, 1999).

Em consequência desse pensamento político fundamentado na liberdade dos cidadãos, Locke questiona a legitimidade do direito divino dos reis, enfatizando que as práticas políticas não podem ir contra as leis naturais do mundo. Para ele, "os homens, por natureza, são livres, iguais e independentes" (Abrão, 1999, p. 242).

Locke teve a oportunidade de ver suas teorias serem discutidas e praticadas no interior de seu país, observando vários acontecimentos importantes durante a Revolução Inglesa. O pensador sempre dizia que, se o governo não defendesse a propriedade da vida e a liberdade, devia ser deposto de seu cargo.

5.5.4 O empirismo de David Hume

A obra *Investigação acerca do entendimento humano* foi publicada em 1748 e nasceu como uma síntese do trabalho de David Hume (1711-1776), a saber, a partir das obras *Tratado da natureza humana* (1739-1740); *Investigação sobre os princípios da moralidade* (1741-1742); e *Ensaios morais e políticos* (1751). Hume, como empirista, baseia toda a fonte de conhecimento na experiência; além disso, sustenta-se no ceticismo, não acreditando nem mesmo na existência do mundo externo (Abrão, 1999).

Na obra *Investigação acerca do entendimento humano* está sua doutrina empirista por excelência, que se caracteriza como uma rigorosa distinção entre impressões e ideias. Com tal diferenciação, Hume (2004) chega à tese de que todas as ideias surgem de uma impressão, que, por sua vez, advém da experiência.

Com o objetivo de compreender como se forma o entendimento humano, Hume divide sua investigação em dez seções na primeira parte dessa obra. Em cada uma delas, o estudioso discute, ponto a ponto, as questões relativas ao entendimento humano.

Sobre a origem das ideias, Hume (2004), considerando que existem diferentes percepções da mente, divide todas as percepções em duas classes, que diferem de acordo com o grau de força que apresentam: as menos fortes, que são os "pensamentos e ideias"; as mais fortes, que carecem de nome, razão pela qual Hume usa o conceito de "impressões". Sobre isso, trata o filósofo:

> Cada um admitirá prontamente que há uma diferença considerável entre as percepções do espírito, quando uma pessoa sente a dor do calor excessivo ou o prazer do calor moderado, e quando depois recorda em sua memória esta sensação ou a antecipa por meio de sua imaginação. Estas faculdades podem imitar ou copiar as percepções dos sentidos, porém nunca podem alcançar integralmente a força e a vivacidade da sensação original. (Hume, 2004, p. 33)

O que Hume (2004) afirma é que, por exemplo, um homem furioso (impressão) é movido de modo muito diferente daquele que só pensa nessa emoção (ideia). Nesse caso, a ideia de "furioso" está na imaginação.

> Nada, à primeira vista, pode parecer mais ilimitado que o pensamento humano, que não apenas escapa a todo poder e autoridade dos homens, mas está livre até mesmo dos limites da natureza e da realidade. Formar monstros e juntar as mais incongruentes formas e aparências não custa à imaginação mais esforço do que conceber os objetos mais naturais e familiares. E enquanto o corpo está confinado a um único planeta, sobre o qual rasteja com dor e dificuldade, o pensamento pode instantaneamente transportar-nos às mais distantes regiões do universo, ou mesmo para além do universo, até o caos desmedido onde. se supõe que a natureza jaz em total confusão. Aquilo que nunca foi visto, ou de que nunca se ouviu falar, pode ainda assim ser concebido; e nada há que esteja fora do alcance do pensamento, exceto aquilo que implica uma absoluta contradição. (Hume, 2004, p. 35)

Nossa imaginação pode, em um primeiro momento, parecer-nos ilimitada, na medida em que pode nos levar a qualquer lugar, remeter a qualquer situação, momento etc. No entanto, em seguida, esse empirista inglês adverte:

> Mas, embora nos.so pensamento pareça possuir essa liberdade ilimitada, um exame mais cuidadoso nos mostrará que ele está, na verdade, confinado a limites bastante estreitos, e que todo esse poder criador da mente consiste meramente na capacidade de compor, transpor, aumentar ou diminuir os materiais que os sentidos e a experiência nos fornecem. Quando pensamos em uma montanha de ouro, l'Stamos

apenas juntando duas idéias consistentes, ouro e ltlontanba, com as quais estávamos anteriormente familiarizados. Podemos conceber um cavalo virtuoso, pois podemos conceber a virtude a partir de nossos próprios sentimentos, e podemos uni-la à forma e figura de um cavalo, animall]UC nos é familiar. Em suma, todos os materiais do pensamento são derivados da sensação externa ou interna, c à mente c ;\ vontade compete apenas misturar e compor esses materiais. Ou, para expressar-me em linguagem filosófica, todas as nossas idéias, ou percepções mais tênues, são cópias de nossas impressões, ou percepções mais vívidas. (Hume, 2004, p. 35-36)

Existe, desse modo, um princípio de conexão das ideias da mente que funcionam com certa ordem e regularidade. As ideias complexas são geradas a partir das ideias simples por um princípio universal. Assim, a ideia de "montanha de ouro" não passa de duas ideias já conhecidas por nós; em outras palavras, nossa imaginação que seria o conjunto de nossas "impressões ou percepções mais fracas", têm o trabalho tão somente de relacionar conceitos que já internalizamos com outras ideias e conceitos que também já conhecemos. É nesse sentido que nossa imaginação é limitada, pois depende de ideias, percepções e conceitos que previamente já temos no pensamento.

De acordo com Hume (2004, p. 41): "É evidente que há um princípio de conexão entre os diversos pensamentos ou ideias da mente, e que, ao surgirem à memória ou à imaginação, eles se introduzem uns aos outros com um certo grau de método e regularidade".

Para Hume (2004), apenas há três princípios de conexão entre as ideias, a saber: de semelhança, de contiguidade – no tempo e no espaço – e de causa ou efeito. Esses três princípios de conexão movimentam-se constantemente e, por vezes, simultaneamente, para que as ideias sejam formadas.

Por mais experiência que tenhamos, não somos capazes de adquirir um conhecimento sem realizar inferências da existência de um objeto a outro. Assim, somos obrigados a realizar tais inferências, o que se deve ao princípio do costume ou hábito, universalmente admitido. Hume (2004) afirma que, finalmente, temos de nos contentar com esse princípio para explicar que todas nossas conclusões são baseadas na experiência. Em suma, ele diz claramente: "toda as inferências realizadas a partir da experiência, portanto, são fatos de costume e não de raciocínio" (Hume, 2004, p. 59).

A prática é definida por Hume (2004) como o grande modo de vida, que torna nossa experiência útil e nos obriga a esperar que os acontecimentos futuros sejam semelhantes aos do passado. Esse pensador afirma que, sem a experiência, nos encontraríamos na total ignorância de toda verdade. Em outras palavras, se não partíssemos da memória e dos sentidos, nosso raciocínio seria totalmente hipotético, pois toda crença no fato deriva da memória.

Então, Hume (2004) destaca que não há nada mais livre que a imaginação humana – esta contém um poder ilimitado de mesclar, mudar, separar e dividir as ideias de nossa mente.

Para o pensador inglês, o maior obstáculo para alcançarmos o entendimento sobre alguma coisa é a obscuridade das ideias e a ambiguidade dos termos. As únicas vias de acesso ao conhecimento seriam, então, a memória e os sentidos. Para Hume, da mesma forma acontece no mundo animal. Isso mesmo: para o filósofo inglês, assim como os homens, os animais aprendem pela experiência a inferir que de causas iguais se seguem fatos iguais. Progressivamente, acumulam conhecimento sobre a natureza dos objetos desde seu nascimento. A chave está na experiência e na observação. Com o método educativo disciplinado de animais, com castigo e recompensa, vemos como os animais são capazes de aprender as consequências de uma ação, ou seja, aprendem a inferir fatos mais além do que imediatamente impressiona seus sentidos (Hume, 2004).

Tais inferências não podem ser causadas por processos racionais ou argumentativos. Como os animais, crianças tampouco se guiam pelo raciocínio. O costume é o responsável pelos animais serem capazes de inferir um objeto apresentado com seu acompanhamento habitual. Encontram-se neles uma aprendizagem pela observação da presença de instintos, que são forças mecânicas que atuam sobre os seres. Embora se trate de instintos de diferentes classes, tanto o animal quanto o homem apresentam a base de aprendizagem (Hume, 2004).

Síntese

Neste capítulo, apresentamos um longo período da história da filosofia. Tratamos da filosofia pré-socrática, marcada pelas questões que envolvem a *physis*, ou seja, a natureza, bem como dos sofistas, pensadores que representam uma transição entre os pré-socráticos e o pensamento filosófico clássico, representado especialmente por Sócrates, Platão e Aristóteles.

Adentramos na filosofia medieval para demonstrar o pensamento de Agostinho e Tomás de Aquino. Em seguida, com a filosofia moderna, apresentamos duas correntes filosóficas importantes: o racionalismo e o empirismo, por meio do pensamento de Descartes, Locke e Hume.

Indicações culturais

Filmes

MATRIX. Direção: Lana Wachowski; Andy Wachowski. EUA/Austrália: Warner Bros./Roadshow, 1999. 136 min.

O enredo do filme parte da questão filosófica: O que é real? Neo, um jovem programador, começa a duvidar da realidade a partir de sonhos estranhos. Depois do encontro com Morpheus e Trinity, ele descobre que, assim como as demais pessoas, está sendo manipulado por um sistema inteligente, a Matrix, que cria a ilusão de um mundo real.

O NOME da rosa: Direção: Jean-Jacques Annaud. Itália/França/Alemanha, 1986. 118 min.

O filme se passa no século XIII, em um mosteiro dominicano onde ocorre uma série de mortes misteriosas, as quais um frade franciscano e seu jovem acompanhante começam a investigar. Durante todo o filme, são apresentados temas centrais da Idade Média, por exemplo, a doutrina cristã, a filosofia e a ciência, as divergências dentro da própria Igreja, a questão das heresias, o processo de Inquisição, entre outros. Trata-se de uma adaptação para o cinema com base na obra homônima do pensador italiano Umberto Eco.

DESCARTES. Direção: Roberto Russellini. Itália: Luce, 1974.

O filme retrata a vida e obra de René Descartes. Apresenta com riqueza de detalhes várias décadas de sua vida e de sua produção filosófica em busca do conhecimento.

O AMANTE da rainha. Direção: Nicolaj Arcel. Dinamarca/República Tcheca/Suécia: Europa Filmes/Mares Filmes, 2012. 137 min.

Narra a história real de um médico iluminista e seu romance com a rainha da Dinamarca. Em meio ao romance, o médico auxilia o "rei louco" a realizar reformas de cunho racionalista.

Livro

PLATÃO. **Apologia de Sócrates**. São Paulo: Nova Cultural, 1987. (Coleção Os Pensadores).

A principal expressão do pensamento platônico se encontra no mito da caverna, leitura indispensável para conhecer esse filósofo (Platão, 1965). Nesse texto, o pensador grego apresenta o processo de conhecimento desde contemplação das ideias pela alma até a descoberta do filósofo como ser que busca a sabedoria e procura, como cidadão, conduzir outros homens para esse caminho.

Atividades de autoavaliação

1. Analise as afirmações a seguir e indique se são verdadeiras (V) ou falsas (F):
   - ( ) Os pré-socráticos também são reconhecidos como filósofos da *physis*, pois suas investigações partiam da observação da *physis*, ou natureza.
   - ( ) Assim como nas demais escolas pré-socráticas, a escola de Éfeso apresenta pensadores que divergem entre si sobre a formação do mundo e dos elementos que compõem as coisas existentes no mundo.

( ) Os pré-socráticos, ao observarem a *physis*, investigam a natureza humana.

( ) A filosofia pré-socrática é fundamentada no pensamento de Sócrates.

Agora, assinale a alternativa que corresponde corretamente à sequência obtida:

a) V, F, V, V.
b) V, V, V, V.
c) V, V, F, F.
d) V, F, F, F.

2. Analise as afirmações a seguir e indique se são verdadeiras (V) ou falsas (F):

( ) Os sofistas estão entre o pensamento pré-socrático e a filosofia de Sócrates.

( ) Sócrates foi um dos maiores incentivadores das atividades realizadas pelos sofistas.

( ) Os sofistas foram mestres da retórica.

( ) Sócrates e Platão não consideravam os sofistas como filósofos, sob o argumento de que falavam de tudo, ensinavam de tudo, mas não se aprofundavam em nada.

( ) Os sofistas foram de fato os primeiros filósofos, inclusive Sócrates e Platão os consideravam assim.

( ) Os sofistas deixaram de lado as questões relativas à *physis* (natureza) para pautarem seus ensinamentos e suas práticas acerca da "arte" da argumentação, da persuasão.

Agora, assinale a alternativa que corresponde corretamente à sequência obtida:
a) V, F, V, V, F, V.
b) F, V, V, V, F, F.
c) V, F, F, F, V, V.
d) V, V, F, V, F, V.

3. Analise as afirmações a seguir e indique se são verdadeiras (V) ou falsas (F):
( ) Uma vez que Sócrates nunca escreveu e tudo que sabemos sobre suas ideias veio por meio de Platão, na verdade ambos são a mesma pessoa.
( ) Existem duas formas de conhecimento válidas e verdadeiras na filosofia platônica: o sensível e o intelectual.
( ) De acordo com Platão, o conhecimento sensível é particular e mutável, ao passo que o racional é imutável e universal.
( ) A paideia de Platão compreende todos os aspectos necessários para que o ser humano viva em sociedade de maneira plena.

Agora, assinale a alternativa que corresponde corretamente à sequência obtida:
a) V, V, V, V.
b) F, F, F, F.
c) F, F, V, V.
d) V, F, V, F.

4. Analise as afirmações a seguir e indique se são verdadeiras (V) ou falsas (F):
( ) Áreas como a psicologia, a biologia e a física foram objetos de investigação de Aristóteles antes mesmo de se tornarem ciências.

( ) Um dos fundamentos da filosofia aristotélica é a aceitação da realidade sensível como forma de conhecimento.

( ) Entre as ciências organizadas por Aristóteles, pelos menos três fazem parte da chamada *filosofia prática*: a ética, a política e o direito.

( ) Assim como Platão, Aristóteles desenvolveu teorias que refutam o conhecimento criado a partir da realidade sensível.

Agora, assinale a alternativa que corresponde corretamente à sequência obtida:

a) V, V, V, V.
b) V, F, V, F.
c) F, F, V, F.
d) V, V, V, F.

5. Quando falamos em pensamento filosófico clássico ou filosofia clássica, estamos nos referindo aos filósofos:

a) Pitágoras, Sócrates e Descartes.
b) Sócrates, Platão e Aristóteles.
c) Platão, Nietzsche e Marx.
d) Aristóteles, Descartes e Marx.

Atividades de aprendizagem

Questões para reflexão

1. Estando você de frente com Sócrates, que assunto debateria com esse filósofo? Que perguntas faria? Quais suas respostas e como elas seriam rebatidas? Construa esse diálogo textualmente de maneira hipotética.

2. Assista ao filme Matrix, de 1999, dirigido pelas irmãs Wachowski, e compare-o ao mito da caverna, de Platão, descrito no Livro VII de *A República*. Escreva um texto registrando suas comparações.

3. Destaque as ideias concebidas na filosofia medieval que deixaram de existir com a filosofia moderna.

Atividades aplicadas: prática

1. Escolha um dos períodos filosóficos apresentados neste capítulo e elabore um texto apontando como os conceitos e teorias dos filósofos do período escolhido estão presentes em nossa vida.

2. Releia parágrafo final da Seção 5.3.3:

> "Na democracia, porém, a relação de governo é a de homens livres que participam da construção do Estado. Essa forma é arriscada, segundo Aristóteles, pois a diversidade de interpretações e interesses pode conduzir o governo à fragmentação e deterioração".

Elabore um texto dissertativo analisando o contexto de crise representativa dos sistemas democráticos relacionando às observações contidas no trecho citado. Reflita sobre como é possível tal crise na democracia mesmo com o fortalecimento de grupos com temáticas ligadas a direitos civis LGBTQIA+, questões climáticas e do meio ambiente, direitos dos animais, movimentos armamentistas, políticas de segurança pública, entre outros temas.

6

A pluralidade do pensamento filosófico contemporâneo

Já adiantamos, no início do capítulo anterior, que a filosofia contemporânea vai de meados do século XIX até os dias atuais.

Neste capítulo, demonstraremos como o marxismo, o existencialismo e a fenomenologia surgiram e marcaram a Contemporaneidade. Além disso, trataremos da crítica feita pela escola de Frankfurt, que também fornece uma linha de pensamento que fundamenta esse período. Elencaremos ainda uma série de filósofos que acabam por não se encaixar em determinada corrente, mas que se destacam com notória expressividade, como é o caso de Michel Foucault.

Idade Contemporânea

Os pensadores não são ilhas. Durante nosso estudo, estamos fornecendo elementos geopolíticos e históricos para subsidiar a compreensão com relação ao contexto no qual foram formuladas as teorias e os conceitos. A sociedade, a história, a mobilidade urbana, as dimensões sociológicas e ambientais são tanto causas quanto efeitos das obras filosóficas. O marxismo, por exemplo, nosso próximo tema, é fruto do processo de intensificação do capitalismo, bem como posteriormente passa a ser a causa de ações políticas e mudanças radicais nos campos sociológico, político e geográfico da Europa do mundo.

Assim sendo, cabe a nós, antes de seguir com a análise das ideias, revisar os fatos históricos e as características principais que marcam a Idade Contemporânea, para que possamos ter uma visão mais complexa acerca do desenvolvimento da filosofia.

Alguns fatos importantes da Idade Contemporânea[1]

- Início do século XVII: surge o Movimento Iluminista, rechaçando o misticismo em detrimento da razão. O iluminismo teve o

---

1   Os fatos e características aqui elencados são oriundos de várias fontes, entre as quais Almeida (1944), Rubim (2000), Reis Filho (2000), Rémond (1994), Renouvin (1990) e Matos (1992).

século XVIII como seu esplendor, influenciando profundamente o mundo ocidental.

- 1789: Revolução Francesa – marco inicial da Idade Contemporânea – Declaração dos Direitos do Homem e do Cidadão sob inspiração da Declaração de Independência dos Estados Unidos da América.
- 1822: Independência do Brasil – nosso país deixou de pertencer ao império lusitano e fundou a própria monarquia, diferentemente de todas as colônias que aderiam aos movimentos de ruptura com os dominadores europeus, as quais estabeleceram repúblicas.
- 1834: Charles Babbage cria a primeira máquina capaz de armazenar dados e informações, sendo considerado o primeiro computador.
- 1889: Proclamação da República – tardiamente em relação aos seus vizinhos, o Brasil se torna uma república constitucional, com regime presidencialista, em um movimento inspirado por ideais iluministas e positivistas.
- 1895: primeira sessão de cinema projetada pelos irmãos Lumière feita no sudoeste francês.
- Processo de industrialização acelerada: desenvolvimento da indústria de massa e da indústria cultural.
- 1906: nos Estados Unidos da América ocorria a primeira transmissão de rádio da história, feita por Lee Forest.
- 1914-1918: Primeira Guerra Mundial – de 20 a 30 milhões de mortos.
- 1917: Revolução Russa – a Rússia derruba sua monarquia absolutista e tira do trono Nicolau II, estatizando os meios de produção e se tornando o primeiro país a pôr em prática o regime socialista.

- 1919: Tratado de Versalhes – acordo de paz que impôs multas, perdas de territórios e outras duras penas principalmente à Alemanha, considerada culpada pelo conflito.
- 1939-1945: Segunda Guerra Mundial – de 60 a 85 milhões de mortos.
- 1940: primeiro paciente a usar um antibiótico – a invenção de Alexander Fleming, por si só, é responsável pela elevação vertiginosa na estimativa de vida da população mundial.
- 1945: 6 e 9 de agosto – Estados Unidos lançam bombas nucleares contra japoneses das cidades de Hiroshima e Nagasaki, respectivamente, matando de uma só vez centenas de milhares de pessoas e devastando as cidades japonesas, forçando a rendição dos orientais e o final da Segunda Guerra Mundial.
- 1945: criação da Organização das Nações Unidas (ONU) em São Francisco, Estados Unidos, inicialmente como uma ferramenta política que pudesse impedir novos conflitos catastróficos como as guerras mundiais. No decorrer do século XX, a ONU incorporou discussões acerca de terrorismo, direitos fundamentais e sustentabilidade climática e ambiental.
- 1947: Harry Truman faz um discurso no Congresso estadunidense que é tido como o marco da Guerra Fria – uma guerra que nunca aconteceu diretamente, mas que marcou a segunda metade do século XX com conflitos indiretos patrocinados pelos Estados Unidos e pela União Soviética ao redor do mundo.
- 1949: Estados Unidos criam a Organização Tratado do Atlântico Norte (Otan) com a missão de associar aliados americanos que teriam a garantia da defesa militar dos Estados Unidos frente a

um ataque inimigo – por *inimigo* podemos entender os socialistas soviéticos.

- 1948: Declaração Universal dos Direitos Humanos proclamada pela ONU, em Paris.
- Além das Guerras Mundiais, outras guerras, movimentos migratórios e sistemas totalitários promoveram genocídios durante todo o período, por todos os continentes do planeta.
- 1949: Revolução Chinesa – o Partido Comunista Chinês chega ao poder na China, sendo a segunda potência geopolítica a aderir ao regime socialista.
- 1969: Internet – embora haja dissonâncias sobre a origem da rede, a tese mais consistente aponta que o sistema foi criado na Universidade de Stanford para conectar laboratórios de pesquisa, e, tão logo se vislumbraram suas potencialidades, o sistema foi incorporado e aperfeiçoado pela Secretaria de Defesa dos Estados Unidos.
- 1989: queda do Muro de Berlin, o que simbolicamente representou o início do processo de reunificação da Alemanha e fim do regime socialista soviético.
- 1993: criação da União Europeia, em Maastricht, Holanda, quando foi lançado o tratado que efetivou a aproximação dos países que vinha desde o pós-Segunda Guerra.
- 2020: início da pandemia de covid-19.

Algumas características importantes da Idade Contemporânea

- Liberdade, igualdade e fraternidade são tomadas como ideais universais à humanidade;
- desenvolvimento do sistema capitalista;
- movimentos políticos nacionalistas, fascistas, nazistas, comunistas, socialistas, liberais, sociais-democratas, anarquistas, monarquistas, e suas variações, travaram disputas políticas internamente nos países e geraram guerras, quase levando ao fim da humanidade;
- possibilidade de mobilidade social atrelada ao capital;
- substituição das monarquias absolutista por monarquias constitucionais ou repúblicas;
- desenvolvimento científico e tecnológico;
- grandes movimentos migratórios para as américas;
- ganhos exponenciais em produtividade agrícola e industrial;
- fortalecimento do comércio global;
- avanço científico e tecnológico da indústria farmacêutica – fundamentais para o aumento na estimativa de vida dos europeus que era de 33 anos no início do século XIX para perto de 80 anos hoje;[2]
- ascensão econômica da China, ameaçando a hegemonia americana.

---

[2] Em 2019, o Brasil chegou a estimativa de 76,6 anos, segundo o IBGE, tendo caído para 72,7 anos em decorrência da pandemia de covid-19.

Desdobramentos geopolíticos

Mapa 6.1 – Mapa da Europa antes e depois da Primeira Guerra Mundial

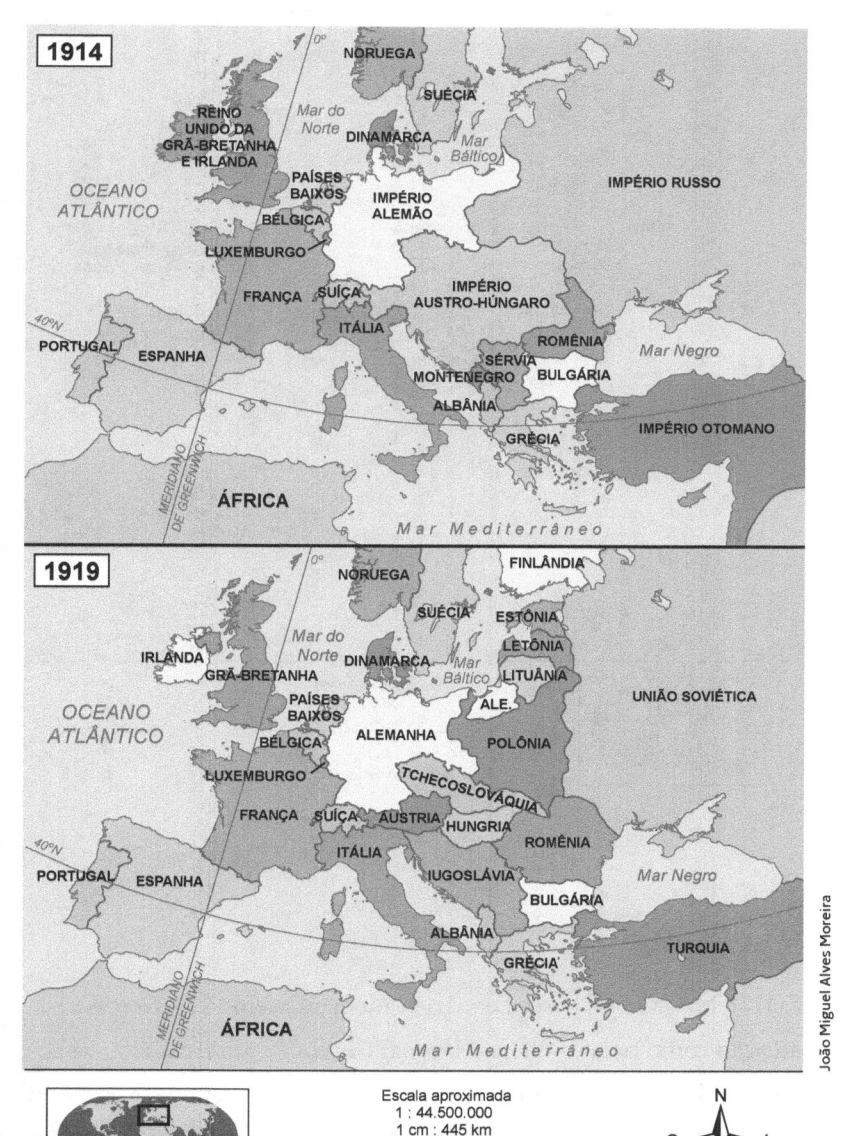

1914

NORUEGA, SUÉCIA, REINO UNIDO DA GRÃ-BRETANHA E IRLANDA, Mar do Norte, DINAMARCA, Mar Báltico, PAÍSES BAIXOS, IMPÉRIO ALEMÃO, BÉLGICA, IMPÉRIO RUSSO, OCEANO ATLÂNTICO, LUXEMBURGO, FRANÇA, SUÍÇA, IMPÉRIO AUSTRO-HÚNGARO, ITÁLIA, PORTUGAL, ESPANHA, SÉRVIA, ROMÊNIA, MONTENEGRO, BULGÁRIA, Mar Negro, ALBÂNIA, GRÉCIA, IMPÉRIO OTOMANO, ÁFRICA, Mar Mediterrâneo

1919

NORUEGA, FINLÂNDIA, SUÉCIA, ESTÔNIA, IRLANDA, Mar do Norte, LETÔNIA, GRÃ-BRETANHA, DINAMARCA, Mar Báltico, LITUÂNIA, PAÍSES BAIXOS, ALE., UNIÃO SOVIÉTICA, OCEANO ATLÂNTICO, ALEMANHA, POLÔNIA, BÉLGICA, LUXEMBURGO, TCHECOSLOVÁQUIA, FRANÇA, SUÍÇA, ÁUSTRIA, HUNGRIA, ITÁLIA, ROMÊNIA, PORTUGAL, ESPANHA, IUGOSLÁVIA, Mar Negro, BULGÁRIA, ALBÂNIA, GRÉCIA, TURQUIA, ÁFRICA, Mar Mediterrâneo

Escala aproximada
1 : 44.500.000
1 cm : 445 km
0 — 445 — 890 km
Projeção de Lambert

João Miguel Alves Moreira

Mapa 6.2 – Mapa da Europa pós-Segunda Guerra Mundial

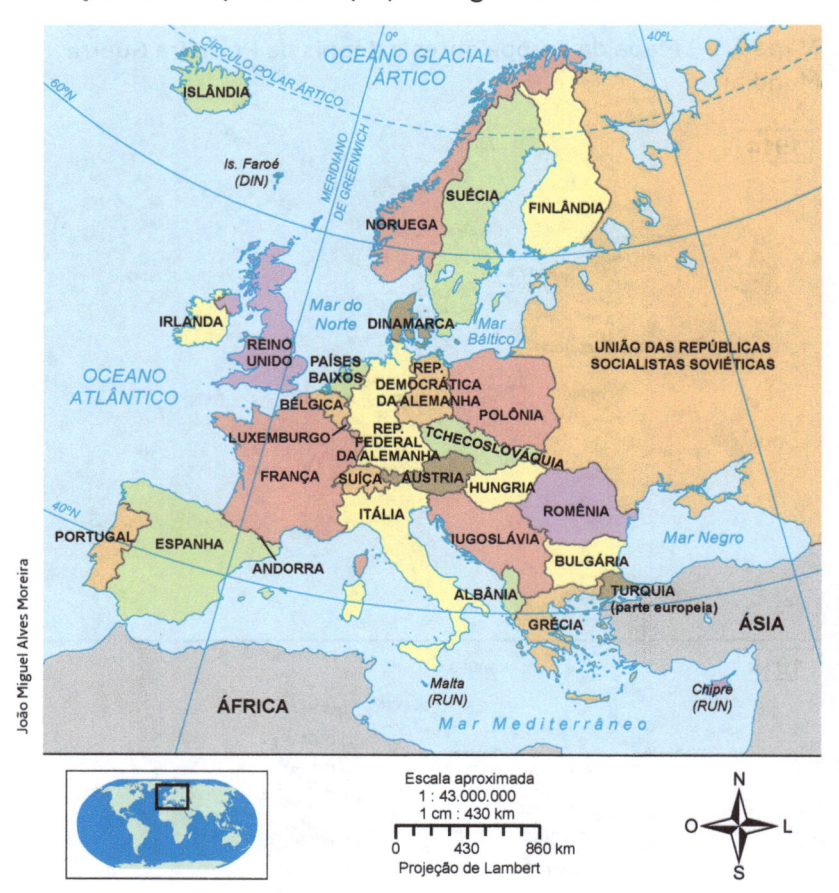

6.1
Marxismo

Karl Heinrich Marx nasceu em Trier, Alemanha, em 1818. Graças à sua atuação como redator-chefe do jornal *Gazeta Renana*, dedicou-se aos estudos de economia. Em virtude da censura, abandonou o cargo e foi para Paris em 1843, onde conheceu grupos comunistas e organizações operárias. Foi também nessa época que se tornou amigo e parceiro intelectual de Friedrich Engels. Juntos, escreveram diversas obras, participaram da formação do Comitê de Correspondência Comunista, onde nasceu o *Manifesto do Partido Comunista*, publicado em 1848 (Abrão, 1999). Marx morreu na capital londrina em 1883.

O pensamento de Karl Marx está fundamentado no conceito de *práxis*, palavra com origem no latim, que, na linha marxista, significa "teoria aliada à prática" (Aranha, 1996).

Ao conceituar a práxis, Marx também faz uma crítica à filosofia ao afirmar que ela, até então, teria apenas interpretado o mundo. Para o pensador alemão, a filosofia, além de interpretar, precisa transformar o mundo; por isso, teria faltado a esse campo do conhecimento uma objetividade prática, ficando restrita apenas à teoria. Marx afirma: "A questão de saber se cabe ao pensamento humano uma verdade objetiva não é uma questão teórica, mas prática. É na práxis que o homem deve demonstrar a verdade, isto é, a realidade e o poder, o caráter terreno de seu pensamento" (Marx; Engels, 1996, p. 125-126).

Segundo Marx, a prática sem a teoria não passa de ativismo, algo que ele repudiava, e teoria sem prática seria apenas idealismo. Tanto o primeiro quanto o segundo seriam insuficientes para mudar a estrutura de trabalho da época (Marx; Engels, 1996).

Para Abrão (1999, p. 373), "Marx, de fato, preocupou-se muito mais em transformar o mundo do que em interpretá-lo". Essa postura também se insere no conceito de materialismo histórico do filósofo alemão. Marx acreditava que as condições materiais da sociedade eram determinantes para o curso da história. Em outras palavras, a condição material de vida do trabalhador é que conduz a uma concepção histórica do que é o trabalho e do que é ser trabalhador. Assim, as forças materiais de uma sociedade, que são as forças econômicas, sociais e políticas, são as únicas capazes de provocar quaisquer mudanças nessa sociedade e, consequentemente, mudanças na história.

Marx chamou de *bases da sociedade* a essas forças materiais. A economia, a organização social e a política sustentam, portanto, toda a condição de vida da sociedade, sua forma de pensar, sua religião, sua arte, entre outros elementos. A esses fatores Marx chamou de *superestruturas*.

Há uma relação entre a base e a superestrutura, que precisam se comunicar para alcançar seus objetivos. Há também uma tensão, pois é necessário que a base continue permitindo a sustentação da superestrutura em uma relação dialética. Nesse sentido, Marx percebe as mudanças na história como procedentes de um **materialismo dialético**. "O modo de produção da vida material condiciona o desenvolvimento da vida social, política e intelectual em geral. Não é a consciência dos homens que determina o seu ser; é o seu ser social que, inversamente, determina a sua consciência" (Marx, 1983, p. 24).

Essas concepções do pensamento de Marx que vimos até aqui – a saber, a *práxis*, a base materialista, o materialismo, as superestruturas e o materialismo dialético – estão presentes em toda a crítica que esse filósofo faz ao capitalismo.

O sistema capitalista encoraja os indivíduos que dele participam a perseguir a riqueza e a prosperidade, permitindo-lhes guardar o lucro depois de pagar seus impostos. Isso é visto como uma motivação para o sucesso econômico. Como resultado, o capitalismo dá valor à individualidade, à competitividade, ao consumo conspícuo e ao materialismo, sendo a ganância não necessariamente um vício, pois ela promove o desejo de produzir riqueza (Marx, 1983).

Marx vê a sociedade capitalista como uma sociedade dividida. Aqueles que controlam ou têm poder são chamados de *burgueses*. Aqueles que vendem seu trabalho por um pagamento mínimo e não têm participação de lucro são chamados de *proletários* (Marx, 1983).

A mais-valia é a maneira como está organizado o sistema capitalista no que se refere ao lucro. Os modos de produção do capitalismo e a apropriação do trabalho do operariado fornecem um valor ao produto (mercadoria) fabricado. Marx chama de *mais-valia* a relação de diferença que existe entre o valor do produto (seu custo de produção) e o valor que o dono do negócio efetivamente recebe por esse produto (Marx, 1985).

Com isso, Marx define a base de lucro no sistema do capitalismo. Apesar da simplicidade aparente do conceito descrito em seu livro mais famoso, *O capital* (1867), o estudioso expressa seu pensamento sobre esse sistema ao afirmar que "o capital vive à maneira dos vampiros, sugando trabalho vivo e que vive tanto mais quanto mais trabalho vivo suga" (Marx, 1985, p. 189), expondo, desse modo, seu pensamento extremista opositor ao sistema capitalista.

Ao analisar todo o processo produtivo e verificar o resultado dessa dinâmica, Marx não conseguia entender o porquê de não haver oposição. A essa postura diante do sistema ele chamou de *alienação* (Marx, 1985).

A palavra *alienado* tem sua origem no latim *alienare*, que transmite o significado de não pertença, não pertencer a si. Marx observou que o trabalhador tanto não é dono de seu trabalho quanto não toma consciência da própria exploração (Aranha; Martins, 1993). Na prática, a alienação marxista tem origem econômica e funciona do seguinte modo: o proletariado (trabalhador) vende sua força de trabalho para o burguês (dono do negócio); o produto não pertence ao trabalhador, ainda que ele efetivamente tenha fabricado o bem; o resultado do trabalho do proletário é do dono do negócio.

Segundo Marx, o homem que não tem consciência de sua situação é alienado, assim como o trabalhador, quando não toma consciência do valor e a significância de seu trabalho. O teórico alemão observa a força produtiva nas mãos dos trabalhadores, porém via todo o benefício gerado indo para os bolsos dos donos do capital. Na visão do teórico, o trabalho, que deveria ser um instrumento para a realização do homem, é uma ferramenta de escravização, sendo o homem, sua vida e seu próprio valor medidos pelo poder de acumular e possuir (Marx, 1985).

A nova forma de produção imposta pelo capitalismo seria responsável, de certa forma, por afetar a visão do trabalhador em relação ao valor do produto de seu esforço. Desse modo, o trabalhador acaba tornando-se incapaz de reconhecer esse valor e, por isso, mantém-se estagnado e sem perspectiva real de mudança. Essa nova forma de produção é vista por ele como uma substituição do "homem humano" pelo "homem máquina". Na função de máquina, o homem repete seu esforço diariamente, sem pensar sobre seu trabalho, sem refletir sobre sua condição; há apenas um esforço contínuo e repetitivo (Marx, 1985).

É necessário evidenciarmos que Marx estava olhando para sua sociedade industrial, a Europa, mais especificamente a Alemanha, por volta de 1850, quase dois séculos atrás. Nesse período, as condições de trabalho eram precárias, incluindo jornadas de trabalho de 14 horas em fábricas geladas. Como o salário recebido não bastava sequer para a alimentação, crianças e mulheres, até mesmo as grávidas, submetiam-se às mesmas condições dentro das fábricas. Não existia legislação trabalhista ou qualquer outra forma de defesa dos trabalhadores. Era a lei do burguês, dono do negócio, que imperava (Abrão, 1999).

Marx e Engels pensavam que essa situação somente teria um fim se os próprios trabalhadores se rebelassem contra ela. E foi isso que começou a acontecer depois da publicação do famoso *Manifesto comunista*, em 1848. Nesse texto, Marx e Engels (1998) descrevem como o sistema capitalista vinha explorando o trabalhador da época, minimizando suas forças e privando-os de quaisquer perspectivas de vida. Esse cenário demonstra a barbárie e a quase escravidão humana a que os trabalhadores da época estavam submetidos. Os autores indicam o caminho para se reverter essa situação: a revolução proletária, que, para ter sucesso, deveria ocorrer em todos os países que viviam a mesma situação. Os pensadores concluem o manifesto dizendo o seguinte:

> Os comunistas não se rebaixam a dissimular suas opiniões e seus fins. Proclamam abertamente que seus objetivos só podem ser alcançados pela derrubada violenta de toda a ordem social existente. Que as classes dominantes tremam à ideia de uma revolução comunista! Os proletários nada têm a perder nela a não ser suas cadeias. Têm um mundo a ganhar. Proletários de todos os países, uni-vos! (Marx; Engels, 1998, p. 21)

Diversas foram as manifestações que se iniciaram a partir desse momento. Mesmo após a morte de Marx, em 1883, e a morte do amigo, em 1895, as teorias marxistas continuaram a fundamentar revoluções contra a ordem econômica, política e social do capital. Sem dúvida, a maior delas foi a Revolução Russa em 1917 (Chaui, 2000).

A Rússia demonstrava um atraso econômico e tecnológico em relação aos demais países. Em uma economia baseada na agricultura, os senhores feudais do país comandavam os servos que trabalhavam sem nenhum tipo de modernização ou apoio (Reale; Antiseri, 2006). O governo era comandado por um czar, o imperador, que tinha o poder absoluto; todos estavam sujeitos a ele, inclusive a Igreja Católica Ortodoxa. Após algumas guerras e, principalmente, depois da Primeira Guerra Mundial, em 1914, o governo ficou todo desorganizado e a revolta dos comunistas tomou mais força, tornando-se também mais estruturada. Alguns grupos, como os bolcheviques e os mencheviques, forçaram a derrubada do imperador, que acabou não resistindo (Reale; Antiseri, 2006).

O termo *bolchevismo* vem da palavra russa *bolshe*, que significa "maior" ou "a maioria". Esse termo caracteriza a corrente política e organizacional fundamentada e imposta por Vladimir Lênin ao Partido Operário Social Democrático da Rússia, do qual ele e Julius Martov eram líderes. Tendo nascido dentro do Partido Operário Social Democrático da Rússia, o movimento bolchevique tinha como base teórica o filósofo Karl Marx (Reale; Antiseri, 2006).

Diante dos ideais um tanto quanto agressivos de Lênin (1870-1924), alguns membros do movimento, incluindo o amigo e aliado Julius Martov, voltaram-se contra as propostas impostas pelo líder do partido, causando assim a divisão entre bolcheviques, capitaneados por Lênin, e mencheviques, liderados por Martov. O termo *menchevique* significa "minoria", já que a maioria optou por seguir os ideais de Lênin quando houve a cisão do partido (Reale; Antiseri, 2006).

Aplicando as teorias de Marx, os bolcheviques pregavam a liberdade do povo, a nacionalização geral de toda a indústria e produção do país, bem como a erradicação das propriedades particulares; defendiam a evolução do capitalismo para o comunismo, de acordo com a ditadura do proletariado, no caso, a ditadura dos trabalhadores, na qual a classe camponesa deveria também ser representada. Esse movimento afirmava que o governo deveria ser diretamente administrado pelos trabalhadores e que uma reforma política era necessária, mesmo que fosse preciso uma revolução socialista armada para tornar os objetivos possíveis (Reale; Antiseri, 2006).

Os mencheviques, liderados por Martov, tinham uma política menos agressiva. Não descartavam a possibilidade de um combate armado, porém não tinham essa estratégia como uma das opções mais fervorosas no partido, pois apoiavam, antes de tudo, a democracia. Acreditavam que conseguiriam alcançar a revolução apenas exercendo seus papéis políticos rotineiros. Porém, caso a forma pacífica de se lidar com a situação não alcançasse o resultado planejado, então partiriam para uma revolução socialista armada (Reale; Antiseri, 2006).

Marx, por meio de sua filosofia, buscou desmascarar a ideologia capitalista, mostrando os reais mecanismos de dominação da sociedade para além das aparências e se opôs ao sistema capitalista com suas ideias, buscando, sob seu ponto de vista, uma sociedade mais justa e igualitária.

6.2
O existencialismo e a fenomenologia

Nascido em Copenhague, Dinamarca, em 1813, Søren Kierkegaard (1813-1855) é considerado o precursor do existencialismo. Tudo em sua vida aconteceu rápido demais, inclusive sua morte, aos 42 anos de idade. De acordo com Caballero (1985, p. 207), vários "dos seus artigos e trabalhos são polêmicos. Só não publicou nada em 1853, pois nos dez anos anteriores foi fecundo em publicações, e nos dois anos seguintes continuou até no mês da sua morte".

Como um filósofo existencialista, a questão central do pensamento de Kierkegaard é o indivíduo, a pessoa, sua existência e concretude humana. Porém, como um filósofo cristão, em suas análises sobre a existência humana percebe e compreende o homem como um ser "atormentado pela culpa (ou pecado)" (Caballero, 1985, p. 208).

Ainda de acordo com Caballero (1985, p. 208), Kierkegaard "considera a existência sob três aspectos: estético, moral e religioso".

Esses aspectos são, na verdade, momentos da vida do homem, já que tais aspectos se excluem entre si, ou seja, o homem está com sua existência fixada em uma dessas dimensões. Na dimensão estética, prevalece o gosto pelas coisas mundanas; na dimensão moral, as questões éticas e políticas afloram e, por fim, chega-se à mais elevada das dimensões, a religiosa, na qual obviamente prevalece o relacionamento com Deus. Entretanto, esse é apenas o existencialismo de Kierkegaard. De maneira geral, o existencialismo como corrente filosófica surgiu no final do século XIX, como uma crítica à racionalidade moderna que imperava até então. As raízes dessa crítica se encontram em Hume e Kant, filósofos que já apresentamos aqui. Pensadores que, como explicamos, também combatiam a racionalidade como fonte única e exclusiva para a compreensão do homem.

Schopenhauer (1788-1861) e Nietzsche (1844-1900) já apresentavam concepções existencialistas em seu pensamento e, por isso mesmo, são considerados pré-existencialistas. Talvez essa "classificação" tenha se dado pelo existencialismo ter conquistado o mundo com o pensamento de Sartre (1905-1980), já na segunda metade do século XX, tendo também em Heidegger (1889-1976) um notório representante (Ewald, 2008).

Os existencialistas, ao questionarem a supremacia da razão, analisam a existência humana não como uma vida destinada ao progresso (visão positivista), mas como uma vida cercada pelo sofrimento, pelas angústias; uma vida na qual as pessoas envelhecem e morrem. Tais pensamentos têm um tom eminentemente pessimista em uma primeira análise. Porém, se pararmos para analisar, o que é a vida como existência humana, o que acontece nesta existência? Qual o caminho dessa existência? Para onde ela vai? É na vida que ocorrem as perdas, que as doenças acometem os homens, que o sofrimento surge; é vivendo que se envelhece e que se morre. Eis o existencialismo.

A fenomenologia, cujo precursor é Edmund Husserl (1859-1938), percebe a vida e o homem como formas descritivas, ou seja, como meros fenômenos que devem ser percebidos tal qual se apresentam à nossa experiência. O fenômeno é qualquer evento, coisa, objeto que pode ser observado por um conhecimento (Ewald, 2008).

Segundo Ewald (2008), o nascimento da fenomenologia está relacionado historicamente ao movimento filosófico da década de 1910. Na compreensão do autor, "o *Movimento Fenomenológico* toma dimensão a partir dos círculos de alunos e pesquisadores que foram compostos ao longo da carreira de Husserl como professor universitário" (Ewald, 2008, p. 158, grifo do original). Nesse momento da fenomenologia, vários pesquisadores de diversas áreas do conhecimento procuraram adotar uma atitude fenomenológica, ou seja, seguir a fenomenologia como ciência, contribuindo para seu desenvolvimento.

Husserl (1989) compreendia que os filósofos estavam elaborando de maneira complicada a teoria do conhecimento ao deixar de lado o fenômeno, o modo como o fenômeno se mostra à consciência e como é experimentado ou conhecido pelo homem.

Para Husserl (1989, p. 35, grifo do original), "a palavra 'fenômeno' tem dois sentidos em virtude da correlação essencial entre **aparecer** e o que **aparece**". Nesse sentido, é preciso destacar que, para a fenomenologia, a palavra *fenômeno* significa tanto o "aparecer" quanto o que "aparece". Segundo Galeffi (2000, p. 25), há uma "relação interdependente entre o aparecer e o que aparece, entre o sujeito do conhecimento e o mundo conhecido, entre a consciência que conhece e o mundo ou objeto que aparece ou se mostra cognoscível". Então, o fenômeno é compreendido como algo que aparece, imediatamente à consciência e também o modo como ocorre essa aparição, a ação de aparecer.

Ainda de acordo com Galeffi (2000, p. 25, grifo do original), "apesar da palavra 'fenômeno' designar *o que aparece*, ela é usada preferencialmente para designar o próprio *aparecer*, isto é, o *fenômeno da consciência*". O fenômeno é o que aparece ou surge no campo da consciência como algo puro e absoluto, não havendo diferença quanto ao aparecimento e à sua própria aparência.

No entanto, a palavra *fenomenologia* já havia sido usada por autores antes de Husserl, como é notificado por Zilles (1996, citado por Goto, 2007, p. 55):

> É importante observarmos que o termo "Fenomenologia" não foi um termo inédito na filosofia de Husserl, porém o sentido do termo sim. Conforme exemplifica Zilles (1996), o termo fenomenologia esteve presente em muitas tendências filosóficas – como de Lambert, Hertz, Kant, Hegel, Teilhard de Chardin, entre outros – com muitos sentidos e definições.

Destarte, a definição do que é fenomenologia está diretamente ligada ao método fenomenológico: ele pode ser compreendido como um caminho que tem como finalidade adotar regulamentos da ciência da essência (Ewald, 2008).

O método fenomenológico desenvolvido por Husserl (1989) resulta da suspensão dos juízos que já concebemos, ou seja, dos conceitos que já conhecemos, incluindo os pressupostos que carregamos por meio dos nossos costumes, nossas crenças e nossos valores. Somente deixando de lado, portanto, suspendendo os valores, os costumes, as crenças, os preconceitos e mesmo os conceitos que temos como verdadeiros é que conseguiremos chegar às coisas mesmas, às coisas em si. E é exatamente por isso que, para Husserl (1989, p. 22), "o método da crítica ao conhecimento é o fenomenológico; a fenomenologia é a doutrina universal das essências, em que se integra a ciência da essência do conhecimento".

Todo esse movimento de suspenção de nossos juízos no pensamento husserliano é chamado de *redução fenomenológica*. A redução fenomenológica, conforme Galeffi (2000), é um termo considerado para Husserl como retorno à consciência. De acordo com Caballero (1985, p. 227):

esta "redução fenomenológica" tem diversos graus: o 1º) é a "redução histórica", que deixa fora as doutrinas filosóficas; o 2º) é a "redução eidética", que põe entre parênteses o sujeito, o "eu", a existência individual; o 3º) é a "redução transcendental", que abstrai de tudo o que não é pura consciência. No "resíduo fenomenológico" fica só "o eu é dado ao sujeito", sem o sujeito e sem a existência.

O termo *transcendental* é a forma de compreender a estrutura subjetiva do sujeito como é compreendido por Goto (2007, p. 31): "No pensamento husserliano, o termo transcendental refere-se ao modo mais próprio de compreender a estrutura humana como estrutura subjetiva. Isso significa compreender a própria constituição da subjetividade enquanto tal, desconsiderando qualquer origem no exterior".

Por meio da redução fenomenológica, Husserl elaborou um método de retorno à consciência. Sobre esse "retorno", Galeffi (2000, p. 20) explica que se trata, portanto, "de um por-se no caminho das próprias coisas, isto é, de 'retornar' a elas". Assim, o retorno pode ser entendido, e até de certa forma confundido, com o próprio método fenomenológico. Contudo, para afastar essa possível confusão, citamos uma advertência do próprio Husserl (1989, p. 46, grifo do original): a fenomenologia "designa uma ciência, uma conexão de disciplinas científicas; mas, ao mesmo tempo e acima de tudo, 'fenomenologia' designa um método e uma atitude intelectual: **a atitude intelectual especificamente filosófica, o método especificamente filosófico**".

Ainda segundo Husserl (1989, p. 49), "a mais rigorosa matemática e a mais estrita ciência natural matemática não tem aqui a menor superioridade sobre qualquer conhecimento, real ou pretenso, da experiência comum". A atitude fenomenológica é mais abrangente, retira as crenças do mundo e se concentra de modo reflexivo, suspendendo o que está sendo observado.

De acordo com Goto (2007, p. 20), "a fenomenologia husserliana buscou se constituir como uma filosofia primeira, ou seja, uma autêntica filosofia, genuína e fundamental, em uma época em que a razão perdeu crédito em relação à ciência". Essa afirmação pode ser mais bem compreendida se destacarmos o momento histórico e o pensamento filosófico emergente na segunda metade do século XIX, quando Husserl iniciou seus estudos. "Era uma época em que a filosofia estava sem credibilidade científica e as ciências enfrentavam um progresso desorientado; assim, ambas mostravam-se incapazes de colocar e responder, com devida segurança e rigor, às perguntas sobre o sentido da vida humana" (Goto, 2007, p. 63).

Nesse sentido, a fenomenologia é assumida por seus adeptos como uma filosofia inovadora capaz de superar o pensamento apresentado até então e responder com mais segurança e rigor sobre a vida humana.

Goto (2007, p. 69-70) destaca, ainda, que "a fenomenologia lança-se como ciência das essências, diferentemente das ciências dos fatos, pois tem a intenção de ultrapassar os fatos (positivismo) e os aspectos naturais (naturalismo), com o intuito de chegar 'às coisas mesmas', aos significados mesmos constituídos na subjetividade". Essa limitação epistemológica esteve presente até o século XIX, uma vez que o método científico não conseguia alcançar a subjetividade das coisas. A fenomenologia e o método fenomenológico de compreender o mundo e, acima de tudo, de fazer ciência, superou esse problema.

6.3
Escola de Frankfurt

A escola de Frankfurt é reconhecida como escola, antes de tudo, por se estruturar em quadros institucionais. Teve sua origem no Institus für Sozialforachung (Instituto de Pesquisa Social), fundado em 1924, na cidade de Frankfurt, Alemanha. No entanto, adquiriu maior *status* como escola de pensamento após a elaboração de um novo programa que entrou para a história das ideias com o nome de **teoria crítica da sociedade**.

A revista da instituição (*Revista de Pesquisa Social*) contribuiu para a divulgação do "novo paradigma", por meio de ensaios críticos produzidos por diferentes membros e colaboradores. Entre os primeiros membros da escola de Frankfurt estão os economistas Friedrich Pollock e Henryk Grossmann; o sociólogo Karl August Wittfogel; o historiador Franz Borkenau; o filósofo Max Horkheimer (1895-1973); a estes se uniria, tempos depois, o filósofo e sociólogo Theodor Wiesengrund Adorno (1903-1969). Mais tarde, entrariam para o grupo o filósofo Hebert Marcuse (1898-1979), o sociólogo psicanalista Erich Fromm (1900-1980) e também o filósofo e pensador Walter Benjamin (1892-1940), tendo este último deixado uma rica e complexa herança teórica, cuja produção singular tornou-se difícil de enquadrar em um esquema teórico (Abrão, 1999).

A pesquisa social produzida pela Escola de Frankfurt em sua teoria crítica pensou a sociedade como um todo, visto que a pesquisa da sociedade não se resume ou não se dissolve em investigações especializadas e setoriais. Em outras palavras, a pesquisa social não se limitava a analisar a economia ou, isoladamente, a cultura social, mas toda a teia social, em seus constructos culturais, econômicos, históricos, políticos, entre outros. Todavia, segundo Abrão (1999, p. 460), "os autores, com origem intelectual e influências teóricas distintas, se reuniam ao redor de uma interrogação comum, aquela acerca das condições de possibilidade da exploração econômica e da dominação política".

Na verdade, o ecletismo adotado pela Escola de Frankfurt escolheu quadros expressivos do moderno pensamento alemão em suas proposições. Esse quadro pode ser delineado pelo **idealismo clássico** dos séculos XVIII e XIX, que teve Kant, Fichste, Schelling, Hegel e Schopenhauer entre seus expoentes, levando em conta as divergências teóricas provocadas pelos autores. A partir da segunda metade do século XIX, essa escola utilizaria o conhecimento do **materialismo histórico-dialético,** elaborado pelos filósofos Karl Marx e Friedrich Engels (1820-1895), sobre as teorias marxistas. A escola de Frankfurt levantou balizas fundamentais da teoria crítica da sociedade que, segundo Horkheimer, seria capaz de fazer emergir as contradições fundamentais da sociedade capitalista (Abrão, 1999).

Friedrich Nietzsche foi outro pensador que contribuiu para as teorias dessa escola aflorarem no século XX, sobretudo pela crítica à razão empreendida pelo filósofo prussiano.

O "problema" da razão para Horkheimer estaria no fato de que ela nasceu na necessidade humana de dominar a natureza, na manifestação do desejo de compreender suas leis para, enfim, dominá-la, vontade que contagiou a racionalidade que está na base da civilização industrial. A produção científica e o progresso dos recursos técnicos acabaram impondo uma tendência no pensamento contemporâneo de reduzir todo o conhecimento à ciência; o ideal científico se transformou gradativamente em uma forma de "escravidão que proíbe o pensamento de pensar". Ao contrário desse propósito, a filosofia não poderia ser reduzida à ciência quando poderia ser pensada como denúncia da razão instrumental.

Conforme Reale e Antiseri (2006), Adorno, em seu trabalho *Atualidade da filosofia,* publicado em 1931, aponta uma **dialética da negação,** isto é, a dialética que nega a identidade entre pensamento e realidade, para desbaratar as pretensões da filosofia de capturar a realidade por completo. Isso representaria uma ilusão instruída em relação a outros projetos filosóficos que anteriormente defendiam que, por força do pensamento, seria possível capturar a totalidade do real. Como, de acordo com Adorno, isso é impossível, sua crítica aponta também para a falência da metafísica tradicional, da fenomenologia, do idealismo, do positivismo, do Iluminismo e do marxismo oficial (este último como ideologia de Estado). Quando essas teorias se apresentaram como positivas, elas acabaram se transformando, voluntariamente ou não, em ideologias (Reale; Antiseri, 2006).

Para compreender essencialmente as teorias da escola de Frankfurt, é preciso primeiramente inserirmos o período histórico em que elas foram elaboradas. Trata-se do período do pós-guerra experimentado pela ascensão e pela tomada do poder de regimes totalitários do fascismo e do nazismo na Europa central e do stalinismo na Rússia – um continente que ainda seria arrasado pela Segunda Guerra Mundial (1939-1945) em um início de século XX marcado pelo desenvolvimento maciço, onipresente e irrefutável da sociedade tecnológica avançada. Nesse aspecto, a escola de Frankfurt lançou luz na difícil tarefa de analisar o comportamento social, edificando a expressão *sociedade de massa*. Nessa sociedade, o capitalismo, por meio do avanço tecnológico, em especial dos meios de comunicação de massa, como a TV e o rádio, conduz a população ao consumo e a um tipo de entretenimento fútil, com o objetivo de mascarar os problemas sociais (Reale; Antiseri, 2006).

Podemos argumentar que, entre os autores frankfurtianos, existem diferenças, mas eles podem ser lidos sob uma perspectiva de análise conjunta: bastaria afirmar que Horkheimer, ao se referir à teoria crítica, pensa-a como um projeto alternativo a ser desenvolvido pelo Instituto de Pesquisa Social de Frankfurt. Com a tomada do poder por parte de Hitler na Alemanha, o grupo de intelectuais ligados à Escola de Frankfurt emigrou, primeiramente para Genebra, depois Paris e, por fim, para cidades estadunidenses como Nova York e Los Angeles. Logo no pós-guerra, enquanto alguns integrantes permaneceram na América, Adorno e Horkheimer retornaram para Frankfurt, quando em 1950 renasceu o Instituto de Pesquisa Social (Reale; Antiseri, 2006).

A repercussão e o conhecimento dos trabalhos frankfurtianos pelo público brasileiro foram notados com maior destaque somente no final da década de 1960, por meio das primeiras traduções de artigos de Adorno, Benjamin e Horkheimer. Em seguida, em meados da década de 1970, novos textos traduzidos chamaram atenção do público, especialmente da obra *Comunicação e indústria cultural*, de Gabriel Cohn, escrita em 1975. O que se observa nessa e outras obras traduzidas é a crítica da arte nas sociedades industrializadas e da indústria cultural (Reale; Antiseri, 2006).

A influência da escola de Frankfurt no Brasil coincide com a emergência de uma indústria cultural no país, portanto, uma maior leitura da teoria crítica acompanhou a nova realidade social ajustada com o desenvolvimento de um mercado de bens culturais que se expandiu em âmbito nacional. Em síntese, este texto não corresponde a qualquer tentativa de definir a Escola de Frankfurt em suas diferentes fases, tampouco o alistamento completo de seus membros integrantes, ainda que seja possível apresentar, mesmo que brevemente, aspectos essenciais de teorias como da **dialética do esclarecimento** e da **indústria cultural** (Camargo, 2012).

É importante destacarmos que os frakfurtianos, quando discutem o termo *cultura*, utilizam-no de modo diferente daquele conferido pelos antropólogos, ou seja, *cultura* não significa práticas, hábitos ou modos de vida de maneira geral. Os frakfutianos adotam os sentidos do vocábulo seguindo a tradição alemã de *Kultur*, identificando-a com as artes, a filosofia, a literatura e a música. Nesse sentido, ao tratar da indústria cultural, os estudiosos da escola de Frankfurt estendem a relação entre cultura e civilização: a cultura associa-se à dimensão espiritual, e a civilização remete ao mundo material. Esse tipo de análise, elaborada pela escola, ficaria marcada por outro texto escrito por Adorno, *Fetichismo na música como regressão da audição*, publicado em 1938, no qual o autor desenvolve de maneira sistematizada a relação entre cultura e mercadoria (Duarte, 2002).

Conforme Duarte (2002, p. 9), na obra *Indústria cultural*, Adorno e Horkheimer "denunciam que, a despeito de sua postura aparentemente democrática e liberal, a cultura massificada realiza, impiedosamente os ditames de um sistema de dominação econômica que necessita, entretanto, de uma concordância – pelo menos tácita – das pessoas para a legitimação de sua existência".

De acordo com Duarte (2002), para alcançar sua funcionalidade, o "sistema", que pode hoje ser concebido também como a sociedade tecnológica contemporânea, utiliza o seguinte instrumento para o funcionamento dessa indústria cultural: a mídia (cinema, televisão, rádio, discos, publicidades etc.). Todos esses recursos tecnológicos acessíveis a toda a população trazem consigo valores, ritos, imposição de costumes e modos de vida, criando uma linguagem e uma cultura antes inexistentes.

> O fato de que [sic] milhões de pessoas participarem dessa indústria imporia métodos de reprodução que, por sua vez, tornam inevitável a disseminação de bens padronizados para a satisfação de necessidades iguais. O contraste técnico entre poucos centros de produção e uma recepção dispersa condicionaria a organização e o planejamento pela direção. Os padrões teriam resultado originariamente das necessidades dos consumidores: eis por que são aceitos sem resistência. De fato, o que o explica é o círculo da manipulação e da necessidade retroativa, no qual a unidade do sistema se torna cada vez mais coesa. O que não se diz é que o terreno no qual a técnica conquista seu poder sobre a sociedade é o poder que os economicamente mais fortes exercem

sobre a sociedade. A racionalidade técnica hoje é a racionalidade da própria dominação. Ela é o caráter compulsivo da sociedade alienada de si mesma. Os automóveis, as bombas e o cinema mantêm coeso o todo e chega o momento em que seu elemento nivelador mostra sua força na própria injustiça à qual servia. Por enquanto, a técnica da indústria cultural levou apenas à padronização e à produção em série, sacrificando o que fazia a diferença entre a lógica da obra e a do sistema social. (Adorno; Horkheimer, 1985, p. 55)

A indústria cultural faz/fez do homem um ser genérico, que pode ser substituído por outro, ser consumível, apenas um exemplar; como indivíduo, é o "puro nada". Os produtos da indústria cultural alcançam a todos, não havendo restrição a ninguém nem a qualquer tempo.

A violência da sociedade industrial instalou-se nos homens de uma vez por todas. Os produtos da indústria cultural podem ter a certeza de que até mesmo os distraídos vão consumi-los alertamente. Cada qual é um modelo da gigantesca maquinaria econômica que, desde o início, não dá folga a ninguém, tanto no trabalho quanto no descanso, que tanto se assemelha ao trabalho. (Adorno; Horkheimer, 1985, p. 60)

Adorno e Horkheimer (1985) acrescentam que até o divertimento do indivíduo foi tomado pela indústria cultural, visto que esta determina como se divertir e o horário para fazê-lo, ou seja, não há o lugar da recreação, da liberdade, da genialidade, da alegria; tudo foi tomado pela ideologia da aceitação que é a própria ideologia da indústria cultural, os "outros", ou o "sistema", é quem toma as decisões.

6.4
Michel Foucault

A obra de Foucault se estende por vários campos do conhecimento, fornecendo contribuições não somente à filosofia, mas também à história, à psicologia, ao direito, à educação, à comunicação, entre outras áreas do saber (Muchail, 1992). No Brasil, as obras do estudioso francês são amplamente divulgadas em virtude de suas diversas vindas ao país. Em um desses momentos, o filósofo proferiu em ciclo de conferências na Pontifícia Universidade Católica do Rio de Janeiro (PUC-Rio). As cinco conferências por ele conferidas deram origem ao livro *A verdade e as formas jurídicas* (Muchail, 1992).

Suas investigações tiveram como primeira preocupação a compreensão de como se formavam os saberes, assim, suas primeiras obras são definidas por estudiosos como uma arqueologia do saber. Com o amadurecimento de suas investigações, Foucault insere a analítica do poder como um mecanismo de construção dos saberes. Estabelece-se, assim, uma genealogia do poder (Muchail, 1992).

Para a foucaultiana brasileira Salma Muchail (1992), é possível demarcar a sucessão de três momentos na produção intelectual de Foucault: o primeiro é a arqueologia, como já explicamos, marcada pelas investigações sobre a constituição dos saberes; em seguida, a genealogia, marcada pelas investigações sobre os mecanismos de poder; por fim, o estudioso concentrou-se nas questões relativas à constituição do sujeito ético.

Tese central no pensamento foucaultiano, a questão do poder está presente em todas as obras do filósofo. Sua crítica aponta para o uso do poder por meio da ciência, do conhecimento e da razão. Essa crítica já começa por desconstruir o pensamento que temos sobre o poder como algo que pertence a alguém, que ocupa um lugar. Foucault esclarece que o poder não é um ente que tem um lugar próprio ou que é exercido por algumas pessoas. Sobre isso, afirma Machado, na introdução do livro *A microfísica do poder*, de Foucault (2000a, p. X):

> suas análises não consideram o poder como uma realidade que possua uma natureza, uma essência que ele procuraria definir por suas

características universais. Não existe algo unitário e global chamado poder, mas unicamente formas díspares, heterogêneas, em constante transformação. O poder não é um objeto natural, uma coisa: é uma prática social e, como tal, constituída historicamente.

Na obra *Vigiar e punir*, Foucault apresenta o surgimento da sociedade disciplinar, fundamentada nesse poder construído historicamente, como explica Machado (Foucault, 2000a), capaz de realizar uma "ortopedia social", que é a característica básica dessa sociedade disciplinar, pois o indivíduo dessa sociedade passa a ser moldado. O corpo é, por sua vez, o objeto e o alvo desse poder disciplinar: fabrica-se o corpo, corrige-se suas posturas, prevenindo maus comportamentos futuros e tornando-o disponível perpetuamente (Foucault, 2000a).

O poder disciplinar incide sobre um corpo inapto, transformando-o em um corpo apto, modelado para executar uma ação segura, exata e rentável. Foi isso que Foucault chamou de *corpo-dócil*: "é dócil um corpo que pode ser submetido, que pode ser utilizado, que pode ser transformado e aperfeiçoado" (Foucault, 2000a, p. 118). O corpo passa a ser alvo de um poder muito sutil e detalhista, que não objetiva apenas submeter os corpos a um controle, mas também retirar desses corpos uma utilidade.

Tratando do aparecimento das disciplinas, o autor de *Vigiar e punir* afirma que "O momento histórico das disciplinas é o momento em que nasce uma arte do corpo humano, que visa não unicamente o aumento de suas habilidades, nem tampouco aprofundar sua sujeição, mas a formação de uma relação que no mesmo mecanismo o torna tanto mais obediente quanto é mais útil, e inversamente" (Foucault, 2000b, p. 119).

Das disciplinas derivam uma política das coerções, que é um trabalho minucioso sobre o corpo possibilitando um controle sobre ele. Essas disciplinas, com toda sua sutileza, na verdade produzem um poder sobre os corpos, o qual é, sobretudo, um poder produtivo, isto é, produtor de uma realidade e de um sujeito.

A consequência mais forte desse conceito de poder, observado por Foucault (2000b), é que um poder não se limita em dizer "não", não se limita à coação – ele age produzindo, de maneira sutil, certos resultados. Segundo Foucault (2000b, p. 161):

> Temos que deixar de descrever sempre os efeitos de poder em termos negativos: ele "exclui", "reprime", "recalca", "censura", "abstrai", "mascara", "esconde". Na verdade o poder produz; ele produz realidade; produz campos de objetos e rituais da verdade. O indivíduo e o conhecimento que dele se pode ter se originam nessa produção.

Desse modo, o poder disciplinar não se localiza em lugares e indivíduos; ele não existe por si só – esse poder se materializa nas relações cotidianas de indivíduo para indivíduo. Segue-se daí que toda relação é uma relação de poder, pois um indivíduo sempre estará exposto a um poder que, em determinado momento e em dada situação, pertence a outro indivíduo (Foucault, 2000a).

Por exemplo: um supervisor mostra como um operário deve trabalhar em sua máquina; o professor ensina o aluno; o médico aconselha o melhor tratamento para o doente. Todos sabem que as "ordens" desses profissionais devem ser seguidas por toda a sociedade. Evidentemente, o supervisor tem mais autoridade que o operário, o professor, mais conhecimento que o aluno, e o médico, mais razão que o paciente.

A autoridade do supervisor, o conhecimento do professor e a razão do médico são sustentados pelas instituições disciplinares, que detalham, classificam, normalizam e transformam os corpos para fabricar os sujeitos necessários e ideais para a própria manutenção e ascensão. As disciplinas tiveram êxito em seu trabalho porque, junto delas, surgiram instituições capazes de exercer o controle disciplinar, de exercer um poder sobre os indivíduos sem violência e sem sequer chamar atenção.

A sociedade moderna, capitalista, é um exemplo visível da sutileza do poder disciplinar: ela jamais teria evoluído e se expandido da forma como evoluiu se utilizasse a violência sobre os indivíduos. O capitalismo não coage as atividades do indivíduo; pelo contrário, ele insere esse indivíduo em sua teia de produção para melhor controlar suas ações, aproveitando suas potencialidades.

Pense na seguinte situação: um grupo de indivíduos utiliza um tipo de roupa para chamar a atenção, mostrar rebeldia ou opor-se ao sistema (a sociedade já passou por essa situação com o movimento *punk* e o movimento *hippie*, por exemplo). Se esse mesmo grupo começa a expandir suas ideias aumentando o número de adeptos, esse tipo de roupa que representa um ideal, um movimento, passa a ser confeccionada em larga escala para que todos da sociedade possam usá-la (como nos casos atuais das calças *jeans* rasgadas, das diversas colorações para os cabelos, das longas e largas saias e vestidos). Em vez de reprimir a revolta com violência, a sociedade moderna normaliza os indivíduos, tornando-os iguais na sociedade.

Ainda em *Vigiar e punir*, Foucault, ao se debruçar sobre as instituições disciplinares, apresenta as prisões, os hospitais, as fábricas e as escolas como instituições que surgem na Idade Moderna para normalizar os corpos, porém, cada qual tem na disciplina seu objetivo específico. A especificidade está no tipo de instituição e nos dispositivos de poder de cada uma delas (Foucault, 2000b).

Vejamos, primeiramente, o objetivo dos hospitais. Nesses estabelecimentos, as disciplinas transformam os respectivos espaços em espaços úteis, satisfazendo as necessidades de vigiar e controlar os pacientes de modo a impedir as comunicações. Para isso, há uma decomposição dos espaços, dos doentes, do tratamento etc. Cada leito recebe o nome do paciente, o qual, por sua vez, recebe um prontuário, por meio do qual o médico faz o acompanhamento e relata o tratamento que está sendo aplicado. Os quartos são divididos em alas, cada ala para um tipo específico de doença de modo a se evitar os contágios. Todos esses processos tendem a individualização dos doentes e das doenças.

Já nas fábricas, com o objetivo de aumentar a produção e obter maior lucro, normaliza-se o operário para um trabalho mais econômico em termos disciplinares. Faz-se necessária a distribuição dos trabalhadores para que se obtenham dois importantes resultados: (i) o isolamento e (ii) a fácil localização. O operário isolado se concentra mais em seu trabalho, produzindo mais em menos tempo, e, ainda, sendo observado a todo momento por um ou mais supervisores.

Enfim, as escolas, com objetivo de transmitir conhecimentos, normalizam os alunos para que aprendam a obedecer às regras, às leis e aos padrões de conduta. Os alunos devem saber o momento certo de falar, com quem falar e sobre o que falar. A disciplina que se aprende na escola será aplicada na sociedade por toda a vida do indivíduo (Veiga-Neto, 2000).

Precisamos ter em mente que o hospital, a fábrica e a escola que Foucault apresenta como instituições disciplinares estabelecem-se no modelo da sociedade europeia do século XVIII. Talvez hoje, olhando para essas instituições com o pensamento foucaultiano, essa descrição não faça sentido. Ou será que faz? Sim, deixemos esse questionamento guiar nossa reflexão sobre os objetivos das diversas instituições que compõem nossa sociedade.

Toda essa análise de Foucault indica o exercício de um poder periférico. Estamos acostumados a observar um poder central, grandioso, exercido por pessoas de destaque na sociedade. Olhamos para o poder judicial, na figura do juiz. Observamos o Poder Executivo na figura de um prefeito, um governador ou de um presidente. Mas não observamos aquilo que Foucault chama de *micropoderes*, poderes que não estão no Estado, mas por toda a sociedade, formando uma malha, um tecido que envolve toda a sociedade, a "microfísica do poder". Isso porque, segundo Machado (Foucault, 2000a, p. XII), "os poderes se exercem em níveis variados e em pontos diferentes da rede social e neste complexo os micro-poderes existem integrados ou não ao Estado".

É preciso destacar que Foucault não afirma com isso que o poder não está no Estado ou que dele deva sair ou deixar de existir. O filósofo chama a atenção para o fato de que não é somente nos aparatos do Estado que o poder se exerce e se configura. De fato, "os poderes não estão localizados em um ponto específico da estrutura social" (Foucault, 2000a, p. XIV). Ora, se não existe em um ponto específico, o poder também não é algo que se pode adquirir, como um objeto. De modo que também é possível pensar que não existe os que detêm o poder e aqueles que não o detêm. "Rigorosamente falando, o poder não existe; existem sim práticas ou relações de poder" (Foucault, 2000a, p. XIV).

Portanto, no pensamento foucaultiano, as instituições (e como *instituições* devemos pensar em empresas, escolas, faculdades e universidades, órgãos públicos, hospitais, comércio, organizações não governamentais, partidos políticos, igrejas, entre outros espaços) sustentam o poder ao permitir seu exercício e suas relações entre os participantes daquela instituição. Nesse sentido, esses locais institucionalizam o poder, processo que se efetiva pelo saber, pelo conhecimento.

É pelo saber médico que o profissional da área de saúde tem o poder de permitir ou não a alta de um paciente, é o saber de um professor universitário que permite a ele realizar uma palestra e divulgar uma teoria, é o saber do líder religioso (independentemente da religião) que permite a ele dar conselhos. Assim, não há o exercício de poder sem um saber instituído. Segundo Machado (Foucault, 2000a, p. XXI), "todo ponto de exercício de poder é, ao mesmo tempo, um lugar de formação de saber". Assim, poder e saber se relacionam em uma interdependência; para que haja o exercício de poder, deve haver um saber constituído, da mesma forma, um saber constituído leva ao exercício do poder.

Síntese

Com os estudos deste capítulo, apresentamos a pluralidade do pensamento contemporâneo.

As correntes filosóficas e os pensamentos dos filósofos apresentados aqui representam, sem dúvida alguma, a multiplicidade de maneiras de conceber o mundo, de olhar para o outro e, principalmente, de tomar decisões neste mundo.

Indicações culturais
Filmes

> O SHOW de Truman. Direção: Peter Weir. EUA: Paramount Pictures, 1998. 102 min.
>
> O filme faz uma crítica e uma sátira do poder de persuasão e manipulação da mídia. A história se passa em uma pequena comunidade cinematográfica que transmite ao vivo, a milhões de telespectadores, tudo que ocorre na vida de Truman, desde o seu nascimento. Aos 30 anos, ele desconfia que há algo estranho e percebe que está preso em um mundo que cerceia sua liberdade. O filme recebeu três indicações ao Oscar e foi vencedor de três Globos de Ouro, incluindo o de Melhor Ator para Jim Carrey.
>
> O FANTASMA da liberdade. Direção: Luis Buñuel. França/Itália: Greenwich Film Productions, 1974. 104 min.
>
> Esse filme apresenta uma crítica à sociedade burguesa baseada na irracionalidade dos sujeitos, nos bons costumes e na sexualidade culpada. É fácil perceber a crítica à religião, à família e ao Estado. O título remete às palavras iniciais do *Manifesto comunista*, de Karl Marx (1998, p. 5): "Um espectro ronda a Europa – o espectro do comunismo".

TEMPOS modernos. Direção: Charles Chaplin. EUA: Charles Chaplin Productions/United Artists, 1936. 87 min.

Filme satírico e poético que mostra a submissão do homem à máquina e a substituição do trabalho humano pelo trabalho mecânico, o que leva o trabalhador ao desemprego e à miséria com a chegada da indústria moderna. É possível perceber que, em meio a opressão do trabalho, resiste a solidariedade e a capacidade de gentileza e alegria.

Livro

ADORNO, T. W.; HORKHEIMER, M. **Dialética do esclarecimento**: fragmentos filosóficos. Rio de Janeiro: J. Zahar, 1985.

A obra *Dialética do esclarecimento*, escrita pelos filósofos Theodor W. Adorno e Max Horkheimer, foi editada originalmente em 1947 pela Querido Verlag, editora de Amsterdã, e é tida como um dos principais clássicos da filosofia. O livro trata não só de assuntos filosóficos com centralidade em termos da história da filosofia, mas soma à discussão temas atuais, o que o torna ímpar no cenário da filosofia contemporânea e também em todo pensamento ocidental.

Atividades de autoavaliação

1. Marx realiza uma crítica à filosofia ao afirmar que, até então, esse campo do saber teria apenas interpretado o mundo. Para o pensador alemão, a filosofia além de interpretar precisa transformar o mundo. Esse pensamento está na base de seu conceito de:
   a) mais-valia.
   b) superestrutura.
   c) materialismo histórico.
   d) práxis.

2. Marx observou que o trabalhador tanto não era dono do resultado de seus esforços como não tomava consciência da própria exploração. A essa situação, Marx chamou isso de:
   a) mais valia.
   b) alienação.
   c) materialismo dialético.
   d) revolução proletária.

3. Método que consiste, basicamente, na observação e na descrição rigorosa do fenômeno, isto, é daquilo que se manifesta, aparece ou se oferece aos sentidos ou à consciência. Trata-se do(a):
   a) fenomenologia.
   b) existencialismo.
   c) marxismo.
   d) escola de Frankfurt.

4. Assinale a alternativa que contenha somente filósofos representantes da Escola de Frankfurt:
   a) Marx, Adorno, Horkheimer.
   b) Benjamim, Adorno, Foucault.
   c) Foucault, Marx, Adorno.
   d) Benjamim, Adorno, Horkheimer.

5. Todo o pensamento de Foucault está centrado na questão do poder. Sobre o poder para esse filósofo, assinale a alternativa correta:
   a) O poder é relacional; portanto, é exercido apenas nas relações políticas.
   b) O poder não está em um lugar, não é próprio de uma pessoa, ele é relacional, assim, o que existe são relações de poder.
   c) O poder não apresenta qualquer relacionamento com o saber.

d) Na teoria geral de poder de Foucault, os trabalhadores têm um papel de destaque, da mesma forma que para Marx.

Atividades de aprendizagem

Questões para reflexão

1. Na teoria marxista, a exploração à qual os trabalhadores são submetidos somente pode chegar ao fim por meio da ditadura do proletariado. Explique o que significa isso no pensamento de Marx.

2. Segundo Foucault, o poder é relacional, ou seja, é exercido nas relações sociais. Inserido no pensamento foucaultiano, pense nos momentos em que você exerce o poder e nos momentos em que você está submetido a ele.

Atividade aplicada: prática

1. Faça uma pesquisa com pessoas de seu convívio familiar, profissional e social, questionando a concepção de poder de cada uma delas. Após a resposta, apresente o conceito de poder defendido por Foucault. Pergunte aos entrevistados se eles já haviam pensado nessas relações de poder. Registre os comentários e as reações dos entrevistados diante do pensamento foucaultiano.

2. Depois de refletir sobre a letra da música *Eu despedi o meu patrão*, do álbum "Pet Shop Mundo Cão" de 2002, de Zeca Baleiro:
   a) relacione os conceitos abordados na letra ao pensamento marxista;
   b) disserte acerca da exploração social, do desenvolvimento econômico e da distribuição de renda;

c) busque dados comparativos do Instituto Brasileiro de Geografia e Estatística (IBGE) e/ou outras pesquisas confiáveis que abordem a renda *per capita* e a média salarial entre trabalhadores de diversos países, a fim de situar o posicionamento do Brasil quanto à valorização do trabalho.

BALEIRO, Z.; CAPINAM, J. C. **Eu despedi o meu patrão**. Pet Shop Mundo Cão, 2002. Disponível em: <https://www.youtube.com/watch?v=CLhjvJkjdho>. Acesso em: 19 jun. 2023.

considerações finais

Em dado momento da história da humanidade, alguns homens passaram a perceber a vida ou os planos da existência de modo, no mínimo, diferente dos demais, seja por seus estudos, seja pela sua função na sociedade ou mesmo por uma curiosidade inquietante. Esses indivíduos lançaram um olhar questionador não convencional para o próprio contexto em que viviam. Movimentos, ações e acontecimentos tomados como comuns, naturais e corretos são observados com indagação, vistos como incertos.

O mundo parecia ter outro sentido, com objetivos nem sempre tão explícitos para essas pessoas. Assim surgiu a filosofia, como explicamos. Dessa forma, o ato de filosofar constituiu-se como um pensamento radical, rigoroso e de conjunto como nos ensinou o mestre Saviani (1986). Assim é a filosofia hoje e sempre será.

Além dessa compreensão de filosofia, neste livro tivemos a intenção de trazer diversos exemplos de como algumas pessoas lançaram-se nessa reflexão radical, rigorosa e de conjunto sobre as coisas do mundo, sobre os conceitos colocados como verdadeiros, sobre a ações dos homens em sociedade. Os filósofos que apresentamos aqui teceram, ainda que timidamente, suas posições, suas críticas e seus questionamentos sobre a ética, a política, a ciência, a humanidade, a sociedade, a própria filosofia, entre outros temas que subjazem e emanam dos tópicos citados.

Torna-se mister ressaltar que, hoje, em nossa sociedade, no trabalho, nos estudos, na(s) comunidade(s) em que atuamos, nos círculos religiosos, agnósticos, políticos, educacionais, de amenidades, nos momentos de lazer, na presencialidade dessas ações ou no mundo virtual, existem homens e mulheres que levam a cabo esse diálogo provocativo. Não nos referimos aos grandes estudiosos da filosofia, professores mestres e doutores na área, mas sim a homens e mulheres que fazem do ato de filosofar uma atitude diária e constante em suas vidas.

Essa é a expectativa que ronda o término desta leitura. Se você percebeu que isso é possível, alcançamos nosso objetivo. Se você compreendeu que as mudanças, as melhorias e os avanços na sociedade, de modo geral, somente foram possíveis por meio de reflexões, questionamentos, diálogos, críticas e debates, por vezes, exaustivos, também tivemos êxito na elaboração desta obra. Ainda, se você deseja ampliar seus estudos de filosofia, se deseja se aprofundar na compreensão das possíveis conquistas que esse modo de pensar nos reserva, começando a se manifestar imbuído do ato de filosofar, alcançamos o maior de nossos objetivos. Seja bem-vindo à filosofia.

referências

ABBAGNANO, N. **Dicionário de filosofia**. São Paulo: M. Fontes, 2007.

ABRÃO, B. S. (Org.). **História da filosofia**. São Paulo: Nova Cultural, 1999.

ADORNO, T. W.; HORKHEIMER, M. **Dialética do esclarecimento:** fragmentos filosóficos. Rio de Janeiro: J. Zahar, 1985.

AGOSTINHO, Santo. **A cidade de Deus**. 2. ed. Tradução de J. Dias Pereira. Lisboa: Fundação Calouste Gulbenkian, 1996. v. 1. (Livro I a VIII).

AGOSTINHO, Santo. **Confissões**. São Paulo: Nova Cultural, 1999. Nova Cultural. São Paulo. (Coleção Os Pensadores).

ALMEIDA, T. F. de. **O conselheiro Francisco José Furtado**: biografia e estudo de história política contemporânea. Brasiliana, 1944.

ARANHA, M. L. de A. **Filosofia da educação**. São Paulo: Moderna, 1996.

ARANHA, M. L. de A.; MARTINS, M. H. P. **Filosofando**: introdução à filosofia. São Paulo: Moderna, 1993.

ARENDT, H.; ABRANCHES, A. **A dignidade da política**. Rio de Janeiro: Relume-Dumará, 1993.

ARISTÓTELES. **Ética a Nicômaco**. São Paulo: Nova Cultural, 1991. (Coleção Os Pensadores, v. 2).

ARISTÓTELES. **Metafísica**: livros I e II. São Paulo: Abril Cultural, 1984. (Coleção Os Pensadores).

ARISTÓTELES. **Metafísica**. São Paulo: Abril Cultural, 1973. (Coleção Os Pensadores).

ARISTÓTELES. **Órganon**. 3. ed. Tradução de Edson Bini. São Paulo: Edipro, 2016.

ARISTÓTELES. **Poética**. Tradução e Notas de Ana Maria Valente. Lisboa: Fundação Calouste Gulbenkian, 2008.

ARISTÓTELES, **Poética**. São Paulo: Nova Cultural, 1987. (Coleção Os pensadores).

BACON, F. **Novum Organum**. São Paulo: Nova Cultural, 1999. (Coleção Os Pensadores).

BERCOVICI, G. O Estado de exceção e a garantia do Estado. In: BERCOVICI, G. **Soberania e constituição**: para uma crítica do constitucionalismo. São Paulo: Quartier Latin, 2008.

BILLER, P. **The Measurement of Multitude**: Populations in Medieval thought. Oxford: Oxford University Press, 2000.

BITTAR, E. C. B. **Doutrinas e filosofias políticas**: contribuições para a história das ideias políticas. São Paulo: Atlas, 2002.

BRANDÃO, T. A. de F. Os contratos sociais clássicos e os limites do exercício dos direitos individuais. In: SEMANA DE HUMANIDADES, 19., Natal, 2011. **Anais...** Disponível em: <http://www.cchla.ufrn.br/shXIX/anais/GT36/OS%20 CONTRATOS%20SOCIAIS%20CL%C1SSICOS%20E%20 OS%20LIMITES%20DO%20EXERC%CDCIO%20DOS%20 DIREITOS%20INDIVIDUAIS%20-%20GT%2036.pdf>. Acesso em: 19 jun. 2023.

BRUYNE, E. **Mudes d'esthétique médiévale**. Bruges, 1946.

CABALLERO, A. **A filosofia através dos textos**. 3. ed. São Paulo: Cultrix, 1985.

CAMARGO, S. C. A recepção da teoria crítica no Brasil: 1968-1978. **Em Debate**, Florianópolis, n. 7, p. 126-149, jan./jul. 2012. Disponível em: <https://periodicos.ufsc.br/index.php/emdebate/article/view/1980-3532.2012n7p126>. Acesso em: 19 jun. 2023.

CAMPOS, L. B. O cinema nas potências do falso: devir e hibridizações. **Revista Travessias**, v. 2, n. 1, p. 109-125, 2008. Disponível em: <http://e-revista.unioeste.br/index.php/travessias/article/view/2861/2256>. Acesso em: 19 jun. 2023.

CAUQUELIN, A. **Arte contemporânea**: uma introdução. São Paulo: M. Fontes. 2005.

CERQUEIRA, F. V. Evidências iconográficas da participação de mulheres no mundo do trabalho e na vida intelectual e artística na Grécia antiga. In: ENCONTRO DE HISTÓRIA DA ARTE: A ARTE E A HISTÓRIA DA ARTE ENTRE A PRODUÇÃO E A REFLEXÃO, 4., 2008, Campinas.

CHÂTELET, F.; DUHAMEL, O.; PISIER, E. **História das ideias políticas.** Rio de Janeiro: Zahar, 2009.

CHAUI, M. de S. **Convite à filosofia.** São Paulo: Ática, 2000.

CHAUI, M. de S. **Iniciação à filosofia.** São Paulo: Ática, 2010.

CHEVITARESE, A. L. A pesca na polis ateniense no período clássico. Phoínix, Rio de Janeiro, v. 2, p. 57-69, 1996.

CONTI, F. **Como reconhecer a arte grega,** São Paulo: M. Fontes, 1987.

CORBISIER, R. **Introdução à filosofia.** Rio de Janeiro: Civilização Brasileira, 1984. Tomo II. Parte I.

CORBISIER, R. **Introdução à filosofia.** Rio de Janeiro: Civilização Brasileira, 1988. Tomo II. Parte II.

COSTA, M. R. N. Estética na filosofia medieval. *Ágora Filosófica*, v. 1, n. 1, 2011. Disponível em: <http://www.unicap.br/ojs/index.php/agora/article/view/19/1>. Acesso em: 7 jul. 2017.

CRESCENZO, L. **História da filosofia moderna:** de Descartes a Kant. Rio de Janeiro: Rocco, 2012.

D'OTTAVIANO, I. M. L.; FEITOSA, H. de A. Sobre a história da lógica, a lógica clássica e o surgimento das lógicas não clássicas. In: SEMINÁRIO NACIONAL DE HISTÓRIA DA MATEMÁTICA, 5., 2003, Rio Negro. Disponível em: <ftp://ftp.cle.unicamp.br/pub/arquivos/educacional/ArtGT.pdf>. Acesso em: 7 jul. 2017.

DASGUPTA, S. The Lokayata, Nastika and Carvaka. In: DASGUPTA, S. **A History of Indian Philosophy**. Delhi: Motilal Banarasidars, 1975. p. 512-550. v. III.

DESCARTES, R. **Meditações sobre a filosofia primeira**. Campinas: Ed. da Unicamp, 2004.

DUARTE, R. **Adorno/Horkheimer & a dialética do esclarecimento**. Rio de Janeiro: J. Zahar, 2002.

EPISTEMOLOGIA. In: **Significados.com**. Disponível em: <https://www.significados.com.br/epistemologia>. Acesso em: 19 jun. 2023.

EWALD, A. P. Fenomenologia e existencialismo: articulando nexos, costurando sentidos. **Estudos e Pesquisas em Psicologia**, Rio de Janeiro, v. 8, n. 2, p. 149-165, 1º sem. 2008. Disponível em: <http://pepsic.bvsalud.org/pdf/epp/v8n2/v8n2a02.pdf>. Acesso em: 19 jun. 2023.

FINLEY, M. I. **La economia de la antigüedad**. México: Fondo de Cultura Económica, 1986.

FLORES, A. V. A antropologia em Friedrich Nietzsche. **Ágora Filosófica**, v. 15, n. 1, p. 61-71, jul./dez. 2015. Disponível em: <http://www.unicap.br/ojs/index.php/agora/article/download/716/570>. Acesso em: 7 jul. 2017.

FOUCAULT, M. **As palavras e as coisas**: uma arqueologia das ciências humanas. Tradução de Salma Tannus Muchail. 8. ed. São Paulo: M. Fontes, 1999.

FOUCAULT, M. **Microfísica do poder**. Rio de Janeiro: Graal, 2000a.

FOUCAULT, M. **Vigiar e punir**. Petrópolis: Vozes, 2000b.

FREITAS, V. A subjetividade estética em Kant: da apreciação da beleza ao gênio artístico. **Veritas**, Porto Alegre, v. 48, n. 2, p. 253-276, 2003. Disponível em: <http://verlaine.pro.br/txt/subjkant.pdf>. Acesso em: 7 jul. 2017.

GALEFFI, A. D. O que é isto: a fenomenologia de Husserl? **Ideação**, Feira de Santana, n. 5, p. 13-36, jan./jun. 2000. Disponível em: <http://www.unilago.com.br/download/arquivos/30194/fenomenologia.pdf>. Acesso em: 19 jun. 2023.

GALLEGO, J. El mito de Orestes y el devenir dramático de la democracia. Política e tragédia em la Atenas de fines del siglo V a.C. En: **Estudios Interdisciplinarios de Historia Antigua III**. Argentina: Editorial Brujas, 2011.

GALLO, S. **Filosofia**: experiência do pensamento. São Paulo: Scipione, 2013.

GHIRALDELLI JUNIOR, P. **A aventura da filosofia**: de Parmênides a Nietzsche. Barueri: Manole, 2010.

GILLE, B. **Les origines de la civilisation tehnique**. Paris: P. U. F., 1963. (Le Moyen Age en Occident).

GOTO, T. A. **A (re) constituição da psicologia fenomenológica em Edmund Husserl**. 219 f. Tese (Doutorado em Psicologia) – Pontifícia Universidade Católica de Campinas, Campinas, 2007. Disponível em: <http://tede.bibliotecadigital.puc-campinas.edu.br:8080/jspui/handle/tede/378>. Acesso em: 19 jun. 2023.

GUEDES, H. **Coleção Lendas Paranaenses**. 4. ed. Curitiba: Editora Visare e Artes Gráficas Ltda, 2007.

HEGEL, G. W. F. **Fenomenologia do espírito**. Petrópolis: Vozes, 1992.

HEGEL, G. W. F. **Introdução à história da filosofia**. São Paulo: Nova Cultural, 1999.

HESÍODO. **Obras y fragmento**. Tradução de Pérez Jiménez. Madrid: Gredos, 1978.

HESÍODO. **Os trabalhos e os dias**. Tradução e estudo de Luiz Otávio Mantovaneli. São Paulo: Odysseus, 2011.

HUME, D. **Investigação acerca do entendimento humano**. São Paulo: Abril Cultural, 1973. (Coleção Os Pensadores).

HUME, D. **Investigações sobre o entendimento humano e sobre os princípios da moral**. São Paulo: Ed. da Unesp, 2004.

HUSSERL, E. **A ideia da fenomenologia**. Tradução de Artur Morão. Lisboa: Edições 70, 1989.

HUSSERL, E. **Europa: crise e renovação: a crise da humanidade europeia e a filosofia**. Lisboa: Centro de Filosofia; Universitas Olisiponensis, Phainomenon; Clássicos de Fenomenologia, 2006.

KANT, I. **Antropologia do ponto de vista pragmático**. São Paulo: Iluminuras, 2006.

KANT, I. **Crítica da faculdade do juízo**. Tradução de Valério Rohden e António Marques. Rio de Janeiro: Forense Universitária, 1993.

KANT, I. **Fundamentação da metafísica dos costumes e outros escritos**. São Paulo: M. Claret, 2004.

KANT, I. Ideia de uma história universal com um propósito cosmopolita. Tradução de Artur Morão. **LusosofiaNet**, Covilhã. Disponível em: <http://www.lusosofia.net/textos/kant_ideia_de_uma_historia_universal.pdf>. Acesso em: 19 jun. 2023.

KENNY, A. **História concisa da filosofia ocidental**. Lisboa: Sociedade Industrial Gráfica, 1998.

KUHN, T. S. **A estrutura das revoluções científicas**. São Paulo: Perspectiva, 1975.

LIPOVETSKI, G. **A sociedade pós-moralista**: o crepúsculo do dever e a ética indolor dos novos tempos democráticos. São Paulo: Manole, 2005.

MARX, K. **Contribuição à crítica da economia política**. 2. ed. São Paulo: M. Fontes, 1983.

MARX, K. **O capital**: crítica da economia política. 13. ed. São Paulo: Nova Cultural, 1985. (Livro Primeiro, v. 1).

MARX, K.; ENGELS, F. **A ideologia alemã**. 10. ed. São Paulo: Hucitec, 1996.

MARX, K.; ENGELS, F. **Manifesto comunista**. São Paulo: Boitempo, 1998.

MATOS, S. C. História, positivismo e função dos Grandes Homens do último quartel do século XIX. **Penélope: Revista de História e Ciências Sociais**, n. 8, p. 51-72, 1992.

MATTAR, J.; ANTUNES, M. T. P. **Filosofia e ética**. São Paulo: Education do Brasil, 2014.

MENDONÇA, A. L. de O. O legado de Thomas Kuhn após cinquenta anos. **Scientiae Studia**, São Paulo, v. 10, n. 3, p. 535-560, 2012. Disponível em: <http://www.revistas.usp.br/ss/article/view/48839>. Acesso em: 19 jun. 2023.

MUCHAIL, S. T. A trajetória de Michel Foucault. **Extensão**, Belo Horizonte, v. 2, n. 1, p. 7-14, 1992.

NIETZSCHE, F. **Crepúsculo dos ídolos**. Tradução de Paulo César de Souza. São Paulo: Companhia das Letras, 2006.

NIETZSCHE, F. **Obras incompletas**. São Paulo: Nova Cultural, 1999. (Coleção Os Pensadores).

NOUGUÉ, C. **O belo e a arte segundo Platão**. 2013. Disponível em: <http://catolicadeanapolis.edu.br/revmagistro/wp-content/uploads/2013/05/1-belo.pdf>. Acesso em: 19 jun. 2023.

PARANÁ. Secretaria de Educação. Os desafios da escola pública paranaense na perspectiva do professor de produções didático-pedagógicas. 2016. Disponível em: <http://www.diaadia educacao.pr.gov.br/portals/cadernospde/pdebusca/producoes_pde/2016/2016_pdp_port_unicentro_michellarossadequadros.pdf>. Acesso em: 7 jul. 2023.

PLATÃO. A República. São Paulo: Difusão Europeia do Livro, 1965.

PLATÃO. Diálogos. Tradução de Jaime Bruna. São Paulo: Cultrix, 1995.

PLATÃO. Fédon: a morte como libertação do pensamento. São Paulo: Abril Cultural, 1979.

PLATÃO. Hípias maior. Tradução de Carlos Alberto Nunes. Belém: Ed. da UFPA, 1980.

POPPER, K. R. A lógica da pesquisa cientifica. Tradução de Leonidas Hegenberg e Octanny Silveira da Mota. 13. ed. São Paulo: Cultrix, 2007.

POPPER, K. R. Conjecturas e refutações. Brasília: Ed. da UNB, 1972.

PROCLUS. In primum Euclidis elementorum librum, 64. Leipzig: Ed. G. Friedlein, 1873.

QUADROS, M. R. de. Os desafios da escola pública paranaense na perspectiva PDE 2016. Curitiba: SEED, 2016.

RADICAL. In: Dicionário etimológico. Disponível em: <http://www.dicionarioetimologico.com.br/radical>. Acesso em: 19 jun. 2023.

REALE, G.; ANTISERI, D. História da filosofia: Antiguidade e Idade Média. São Paulo: Paulus, 1990.

REALE, G.; ANTISERI, D. História da filosofia: de Nietzsche à escola de Frankfurt. São Paulo: Paulus, 2006. v. 6.

REALE, G.; ANTISERI, D. História da filosofia: patrística e escolástica. São Paulo: Paulus, 2005. v. 2.

REIS FILHO, D. A. Intelectuais, história e política: séculos XIX e XX. Rio de Janeiro: 7 Letras, 2000.

RÉMOND, R. **Introdução à história do nosso tempo:** do antigo regime aos nossos dias. Lisboa: Gradiva, 1994.

RENOUVIN, P. Historia de las relaciones internacionales. Madrid: Akal, 1990. Siglo XIX Parte I y II.

REYES ACOSTA, S. **Sobre el papel del cuerpo en la filosofía:** pensar desde la danza. Universidad de La Laguna, 2016. Disponível em: <https://riull.ull.es/xmlui/handle/915/2945>. Acesso em: 19 jun. 2023.

ROUSSEAU, J.-J. **Discurso sobre a origem e os fundamentos da desigualdade entre os homens.** Tradução de Lourdes Santos Machado. São Paulo: Nova Cultural, 1997.

ROUSSEAU, J.-J. **Do contrato social.** Tradução de Rolando Roque da Silva. 2002. Disponível em: <http://www.ebooksbrasil.org/adobeebook/contratosocial.pdf>. Acesso em: 3 out. 2022.

RUBIM, A. A. C. A contemporaneidade como idade mídia. **Interface-Comunicação, Saúde, Educação,** v. 4, p. 25-36, 2000.

RUSSELL. B. **História do pensamento ocidental.** Rio de Janeiro: Ediouro, 2004.

SAFFREY, H. Ageômetrètos mèdeis eisitô: une inscription légendaire. **Revue des Études Grecques,** n. 81, p. 67-87, 1968.

SANTOS, N. G. dos. Antropologia agostiniana: o homem em direção a Deus. **Revista Pandora Brasil,** n. 40, p. 137-145, mar. 2012. Disponível em: <http://revistapandorabrasil.com/revista_pandora/filosofia_40/nailson.pdf>. Acesso em: 19 jun. 2023.

SAVIANI, D. **Educação: do senso comum à consciência filosófica.** Campinas: Autores Associados, 1996.

SAVIANI, D. **Educação: do senso comum à consciência filosófica.** São Paulo: Cortez, 1986.

SCHNERB, R. **História geral das civilizações.** São Paulo: Difusão Europeia do Livro, 1958. Tomo VI: o século XIX. 2 v.

SILVEIRA, F. L. da. A filosofia da ciência de Karl Popper: o racionalismo crítico. **Caderno Catarinense de Ensino de Física,** v. 13, n. 3, p. 197-218, dez. 1996. Disponível em: <https://dialnet.unirioja.es/descarga/articulo/5166086.pdf>. Acesso em: 19 jun. 2023.

SÓCRATES. São Paulo: Nova Cultural, 1987. (Coleção Os Pensadores).

SOUZA, O. M.; PEREIRA MELO, J. J. **O hedonismo de Epicuro e o hedonismo da escola cirenaica.** 2013. Disponível em: <http://www.ppe.uem.br/publicacoes/seminario_ppe_2013/trabalhos/co_04/127.pdf>. Acesso em: 19 jun. 2023.

STIGAR, R. O padrão do gosto em David Hume. **Revista Filosofia Capital,** Brasília, v. 6, n. 12, p. 45-57, jan. 2011. Disponível em: <http://www.educadores.diaadia.pr.gov.br/arquivos/File/2010/artigos_teses/FILOSOFIA/Artigos/gosto_davi_hume.pdf>. Acesso em: 19 jun. 2023.

STRATHERN, P. **Santo Agostinho em 90 minutos.** Rio de Janeiro: J. Zahar, 2011.

STRATHERN, P. **São Tomás de Aquino em 90 minutos.** Rio de Janeiro: J. Zahar, 1999.

THOMAS Kuhn: físico norte-americano. **E-Biografia.** Disponível em: <https://www.ebiografia.com/thomas_kuhn>. Acesso em: 7 jul. 2017.

UnBTV. **Diálogos:** filosofia oriental. Entrevista com o Prof. Scott Randall Paine, nov. 2015. Disponível em: <https://www.youtube.com/watch?v=PNkLJ1wUwRw>. Acesso em: 19 jun. 2023.

VASCONCELLOS, P. S. de. **Mitos gregos.** São Paulo: Cered Objetivo, 1998. Disponível em: <http://www.filosofia.seed.pr.gov.br/arquivos/File/classicos_da_filosofia/mitos_gregos.pdf>. Acesso em: 19 jun. 2023.

VAZ, H. C. de L. **Antropologia filosófica.** São Paulo: Loyola, 1991.

VEIGA-NETO, A. **Linguagens, espaços e tempos no ensinar e aprender.** Rio de Janeiro: DP&A, 2000.

VERNANT, J.-P. **Mito e religião na Grécia antiga.** São Paulo: WMF Martins Fontes, 2006.

WEBER, M. **A ética protestante e o espírito do capitalismo.** 2. ed. São Paulo: Pioneira, 2001.

WILLIAMS, P. L. **O guia completo das cruzadas.** São Paulo: Madras, 2007.

ZAMBELLI, P. I problemi della magia naturale nel Rinascimento. **Rivista Critica di Storia della Filosofia,** v. 28, p. 271-96, 1973.

ZARAUZA, J. A. El campesino griego: sujeto de derecho en la pólis. In: COLOQUIO INTERNACIONAL ΑΓΩΝ: COMPETENCIA Y COOPERACIÓN. DE LA ANTIGUA GRECIA A LA ACTUALIDAD, 6., 2012, La Plata.

bibliografia comentada

ADORNO, T. W.; HORKHEIMER, M. **Dialética do esclarecimento**: fragmentos filosóficos. Rio de Janeiro: J. Zahar, 1985.

Os autores discutem, em tom de denúncia, como os ideais iluministas (a racionalidade e a ciência) e o progresso do capitalismo levaram a sociedade aos regimes totalitários (nazismo, fascismo, salazarismo) e às injustiças sociais. Talvez seja a obra mais importante da Escola de Frankfurt, mas, sem dúvida, é um livro fundamental para a compreensão crítica das estruturas ideológicas e da dominação política, social e econômica, presentes em nossa sociedade e resultantes do modo de produção capitalista.

CHAUI, M. de S. **Convite à filosofia**. São Paulo: Ática, 2000.

Com o objetivo de introduzir o leitor ao mundo da filosofia, Marilena Chaui nos brinda com uma obra reflexiva. Dividida por temas filosóficos, o livro apresenta o pensamento dos principais filósofos da história da humanidade.

COLEÇÃO OS PENSADORES. São Paulo: Nova Cultural, [1987-2004].

Essa coleção tem diversas edições pela Nova Cultural. É a mais ampla coleção na área de filosofia. Cada volume apresenta a obra de um filósofo, dos pré-socráticos até os contemporâneos.

COLEÇÃO HISTÓRIA DA FILOSOFIA. São Paulo: Paulus, [1990-2006].

Uma excelente coleção sobre história da filosofia. Dividida em sete volumes, apresenta o pensamento filosófico desde a sua gênese até a atualidade. Cada volume é denso e profundo tanto nos aspectos históricos como na apresentação do pensamento de cada filósofo.

FOUCAULT, M. **Microfísica do poder**. Rio de Janeiro: Graal, 2000.

O livro é organizado por Roberto Machado, que foi estagiário de Foucault no Collège de France, em Paris. Apresenta transcrições de entrevistas, aulas e cursos proferidos por Foucault. Traz a tese central de seu pensamento, a questão do poder, bem como todos os elementos que circundam essa tese e compõem todo o pensamento foucaultiano. É leitura obrigatória para iniciar os estudos sobre esse autor.

GAARDER, J. **O mundo de Sofia**. São Paulo: Companhia das Letras, 1995.

Uma bela introdução à filosofia com narrativa romântica. Com uma linguagem didática, são apresentados temas centrais do pensamento filosófico como conhecimento, verdade e razão.

KUHN, T. S. **A estrutura das revoluções científicas**. São Paulo: Perspectiva, 1975.

Nessa obra, que é uma das mais importantes em filosofia da ciência, Kuhn apresenta e explica os conceitos de ciência normal, ciência extraordinária, paradigma, incomensurabilidade e revoluções científicas. É uma leitura obrigatória, se o desejo do leitor for conhecer ou se aprofundar no relativismo epistêmico e relativismo científico.

LIPOVETSKI, G. **A sociedade pós-moralista**: o crepúsculo do dever e a ética indolor dos novos tempos democráticos. São Paulo: Manole, 2005.

Essa obra é uma crítica à sociedade em que vivemos. Sociedade caracterizada por narcisismo, ética e moralidade subpostas à busca por uma vida melhor, em que a noção de dever é frágil diante do bem-estar e dos direitos subjetivos.

MARX, K.; ENGELS, F. **Manifesto comunista**. São Paulo: Boitempo, 1998.

Marx e Engels finalizam essa obra conclamando todos os trabalhadores para se unirem contra o sistema capitalista. Durante o texto, os autores apresentam sua concepção de história, marcada pela luta de classes, e as teorias socialistas.

NIETZSCHE, F. **Crepúsculo dos ídolos**. Tradução de Paulo César de Souza. São Paulo: Companhia das Letras, 2006.

O autor realiza uma crítica contundente à moral cristã, ao pensamento filosófico e às ilusões do pensamento e aos ideais modernos de seu tempo. Aponta para o verdadeiro valor da filosofia ao demonstrar que os "ídolos" precisam ser destruídos a golpes de "martelo". Revela-se também como uma excelente obra para iniciar os estudos sobre Nietzsche.

apêndice

Principais filósofos da história
- Tales de Mileto (625 a.C.-545 a.C.). Mileto, antiga colônia grega, na Ásia Menor, atual Turquia.
- Anaximandro (609/610 a.C.-546 a.C.). Mileto, antiga colônia grega, na Ásia Menor, atual Turquia.

- Anaxímenes de Mileto (585 a.C.-528 a.C.). Mileto, antiga colônia grega, na Ásia Menor, atual Turquia.
- Pitágoras (571/570 a.C.-497/496 a.C.). Ilha de Samos, no Mar Egeu, Grécia.
- Xenófanes de Cólofon (aprox. 570 a.C.-460 a.C.). Cólofon, localizada na Jônia, atual Turquia.
- Heráclito de Éfeso (aprox. 540 a.C.-470 a.C.). Éfeso, antiga colônia grega, na Ásia Menor, atual Turquia.
- Parmênides de Eleia (aprox. 530 a.C.-460 a.C.). Eleia, Grécia.
- Anaxágoras de Clazômenas (aprox. 500 a.C.-428 a.C.). Calazômenas, na Jônia, colônia grega da Ásia Menor, atual Turquia.
- Diógenes de Apolônia (499 a.C.-428 a.C.). Apolônia, Trácia, Grécia.
- Empédocles de Agrigento (495 a.C.-430 a.C.). Colônia grega de Agrigento, Sicília.
- Zenão de Eleia (489 a.C-430 a.C.). Eleia, atual Vélia, Itália.
- Protágoras de Abdera (480 a.C.-410 a.C.). Abdera, na Grécia.
- Górgias de Leontini (480 a.C.-375 a.C.). Leontinos, antiga colônia grega, Sicília.
- Sócrates (470 a.C.-399 a.C.). Atenas, Grécia.
- Demócrito (aprox. 460 a.C.-370 a.C.). Abdera, na Grécia.
- Antístenes (445 a.C.-365 a.C.). Atenas, Grécia.
- Arquitas de Tarento (428 a.C.-347 a.C.). Tarento, Grécia (atual sul da Itália).
- Platão (428 a.C. 347 a.C.). Atenas, Grécia.
- Aristóteles (384 a.C-322 a.C.). Estagira, Macedônia, antiga região da Grécia.
- Euclides (360 a.C.-295 a.C.). Alexandria, Egito.
- Pirro de Élis (360 a.C.-275 a.C.). Élis, Grécia.
- Epicuro (341 a.C.-270 a.C.). Ilha de Samos, no Mar Egeu, Grécia.

- Aristarco de Samos (310 a.C.-230 a.C.). Ilha de Samos, no Mar Egeu, Grécia.
- Arquimedes (287 a.C-212 a.C.) Colônia grega de Siracusa, Sicília.
- Eratóstenes (276 a.C-194 a.C.). Cirene, Grécia.
- Marco Túlio Cícero (106 a.C.-43 a.C.). Arpino, Itália.
- Lucius Annaeus *Sêneca* (4 a.C.-65 d.C.). Córdoba, na Espanha.
- Epiteto (55 d.C.-135 d.C.). Heliópolis, na Frígia (atualmente, Pamukkale, Turquia).
- Marco Aurélio (121 d.C.-180 d.C.). Roma, Itália.
- Plotino (205 d.C.-270 d.C.). Licópolis, Egito.
- Agostinho de Hipona (354 d.C.-430 d.C.). Tagaste, pequena cidade da Numídia, atual Argélia, África.
- Anício Mânlio Torquato Severino Boécio (480-524). Roma, Itália.
- João Filopono (490-580). Alexandria, Egito.
- Santo Anselmo (1033-1109). Aosta, Itália.
- Pedro Abelardo (1079-1142). Aldeia de Pallet, França.
- Averróis (1126-1198). Córdoba, Al-Andalus, Espanha.
- Alberto Magno (aprox. 1200-1280). Lauingen, Ducado da Baviera, Alemanha.
- Roger Bacon (1214-1294). Ilchester, Somerset, Inglaterra.
- Tomás de Aquino (1225-1274). Castelo de Roccasecca, em Aquino, na região do Lácio, no sul da Itália.
- Raimundo Lúlio (1232-1315). Palma de Maiorca, Reino de Aragão.
- William de Ockham, ou Guilherme de Occam (Ockham) (1285-1350). Ockham, Londres.
- Nicolau de Cusa (1401-1464). Cusa, Alemanha.
- Erasmo de Roterdã (1466-1536). Roterdã, Holanda.
- Nicolau Maquiavel (1469-1527). Florença, Itália.
- Thomas More (1478-1535). Londres, Inglaterra.

- François Rabelais (1483-1553). Chinon, França.
- Paracelso (1493-1541). Einsiedeln, Suíça.
- Michel Eyguem de Montaigne (1533-1592). Dordonha, castelo de Montaigne, França.
- Giordano Bruno (1548-1600). Nola, Reino de Nápoles, Itália.
- Francis Bacon (1561-1626). Londres, Inglaterra.
- Galileu Galilei (1564-1642). Pisa, Itália.
- Tommaso Campanella (1568-1639. Stilo, Paris.
- Thomas Hobbes (1588-1679). Inglaterra.
- René Descartes (1596-1650). La Haye, antiga província de Touraine (hoje Descartes), França.
- Blaise Pascal (1623-1662). França.
- Baruch de Espinosa (1632-1677). Amsterdã, Holanda.
- John Locke (1632-1704). Somerset, Inglaterra.
- Nicolas Malebranche (1638-1715). Paris, França.
- Isaac Newton (1643-1727). Inglaterra.
- Gottfried Leibniz (1646-1716). Leipzig, Alemanha.
- Giambattista Vico (1668-1744). Nápoles, Itália.
- George Berkeley (1685-1753). Condado de Kilkenny, Irlanda.
- Montesquieu (1689-1755). Castelo de La Brède, perto de Bordeaux, França.
- Voltaire (1694-1778). Pseudônimo de François Marie Arouet, Paris, França.
- Thomas Reid (1710-1796). Strachan, Escócia.
- David Hume (1711-1776). Edimburgo, Escócia.
- Jean-Jacques Rousseau (1712-1778). Genebra, Suíça.
- Immanuel Kant (1724-1804). Königsberg, Alemanha.
- Johann Gottlieb Fichte (1762-1814). Rammenau, Saxônia (atual Alemanha).

- Georg Wilhelm Friedrich Hegel (1770-1831). Stuttgart, Alemanha.
- Friedrich Schelling (1775-1854). Leonberg, Alemanha.
- Arthur Schopenhauer (1788-1860). Dantzig, Polônia.
- Auguste Comte (1798-1857). Montpellier, França.
- John Stuart Mill (1806-1873). Pentonville, Inglaterra.
- Søren Kierkegaard (1813-1855). Copenhaguen, Dinamarca.
- Mikhail Aleksandrovitch Bakunin (1814-1876). Torzhok, Rússia.
- Karl Marx (1818-1883). Trèves, Prússia.
- William James (1842-1910). Nova York, Estados Unidos.
- Friedrich Nietzsche (1844-1900). Röchem, Alemanha.
- Apolinário Porto Alegre (1844-1904). Porto Alegre, Brasil.
- Henri Bergson (1859-1941). Paris, França.
- John Dewey (1859-1952). Burlington, Estados Unidos.
- Rosa Luxemburgo (1871-1919). Zamosc, Polônia.
- Bertrand Russell (1872-1970). Trelleck, País de Gales, Reino Unido.
- George Edward Moore (1873-1958). Cambridge, Londres.
- Max Scheler (1874-1928). Munique, Alemanha.
- Albert Schweitzer (1875-1965). Kaysersberg, Alemanha.
- Jacques Maritain (1882-1973). Paris, França.
- Louis Lavelle (1883-1951). Saint Martin de Villereal, França.
- Karl Jaspers (1883-1969). Oldemburgo, Alemanha.
- Gaston Bachelard (1884-1962). Bas-sur-Aube, França.
- Georg Lukács (1885-1971). Budapeste, Hungria.
- Ernst Bloch (1885-1977). Ludwigshafen, Alemanha.
- Pietro Ubaldi (1886-1972). Foligno, Itália.
- Ludwig Wittgenstein (1889-1951). Viena, Áustria.
- Siegfried Kracauer (1889-1966). Frankfurt, Alemanha.
- Martin Heidelberg (1889-1976). Messkirch, Alemanha.
- Herbert Marcuse (1889-1979). Berlim, Alemanha.

- Walter Benjamin (1892-1940). Berlim, Alemanha.
- Francisco Cavalcanti Pontes de Miranda (1892-1979). Maceió, Brasil.
- Friedrich Pollock (1894-1970). Friburgo, Brisgóvia, Alemanha.
- Max Horkheimer (1895-1973). Stuttgart, Alemanha.
- Karl August Wittfogel (1896-1988). Woltersdorf, Alemanha.
- Herbert Marcuse (1898-1979). Berlim, Alemanha.
- Alfred Sohn-Rethel (1899-1990). Neuilly-sur-Seine, França.
- Franz Neumann (1900-1954). Katowice, Prússia.
- Gilbert Ryle (1900-1976). Brighton, Inglaterra.
- Erich Fromm (1900-1980). Frankfurt, Alemanha.
- Leo Löwenthal (1900-1993). Frankfurt, Alemanha.
- Karl Popper (1902-1994). Viena, Áustria.
- Mortimer Adler (1902-2001). Nova York, Estados Unidos.
- Theodor W. Adorno (1903-1969). Frankfurt, Alemanha.
- Bernard Lonergan (1904-1984). Ontário, Canadá.
- Otto Kirchheimer (1905-1965). Heilbronn, Alemanha.
- Jean-Paul Sartre (1905-1980). Paris, França.
- Ayn Rand (1905-1982). São Petersburgo, Rússia.
- Delfim Santos (1907-1966). Porto, Portugal.
- Simone de Beauvoir (1908-1986). Paris, França.
- Willard Van Orman Quine (1908-2000). Boston, Estados Unidos.
- Álvaro Vieira Pinto (1909-1987). Rio de Janeiro, Brasil.
- Norberto Bobbio (1909-2004). Turim, Itália.
- John Austin (1911-1960). Lancaster, Inglaterra.
- Evaldo Coutinho (1911-2007). Pernambuco, Brasil.
- Albert Camus (1913-1960). Mondovi, Argélia.
- Paul Ricoeur (1913-2005). Valence, França.
- Herculano Pires (1914-1979). Avaré, Brasil.

- Georg Henrik Von Wright (1916-2003). Helsinki, Finlândia.
- Nelson Goodman (1918-1998). Somerville, Estados Unidos.
- Gilda Rocha de Mello e Souza (1919-2005). São Paulo, Brasil.
- Mário Bunge (1919). Buenos Aires, Argentina.
- Thomas Kuhn (1922-1996). Cincinnati, Ohio, Estados Unidos.
- Cornelius Castoriadis (1922-1997). Constantinopla, Turquia.
- Otto Apel (1922-2017). Düsseldorf, Alemanha.
- Paul Feyerabend (1924-1994). Viena, Áustria.
- Gilles Deleuze (1925-1995). Paris, França.
- Michel Foucault (1926-1984). Poitiers, França.
- Eduardo Abranches de Soveral (1927-2003). Mangualde, Portugal.
- Gerd Bornheim (1929-2002). Caxias do Sul, Brasil.
- Jean Baudrillard (1929-2007). Reims, França.
- Jürgen Habermas (1929). Düsseldorf, Alemanha.
- Benedito Nunes (1929-2011). Belém, Brasil.
- Félix Guattari (1930-1992). Villeneuve-les-Sablons, França.
- Michel Serres (1930). Agen, França.
- Alfred Schmidt (1931-2012). Berlim, Alemanha.
- Albrecht Wellmer (1933). Bergkirchen, Alemanha.
- Enrique Dussel (1934). Província de Mendoza, Argentina.
- Oskar Negt (1934). Kapkeim, Prússia.
- Ernildo Stein (1934). Santa Rosa, Brasil.
- Bento Prado Junior (1937-2007). Jaú, Brasil.
- Celso Charuri (1940-1981). São Paulo, Brasil.
- Marilena Chaui (1941). São Paulo, Brasil.
- Rubens Rodrigues Torres Filho (1942). Botucatu, Brasil.
- Gilles Lipovetsky (1944). Millau, França.
- Antônio Cícero Correa Lima (1945). Rio de Janeiro, Brasil.
- Antônio Carlos Carvalho Filho (1946-2008). Lavras, Brasil.

- Tyler Burge (1946). Califórnia, Estados Unidos.
- Olavo de Carvalho (1947). Campinas, Brasil.
- Axel Honneth (1949). Essen, Alemanha.
- Michael Tye (1950). Texas, Estados Unidos.
- Scarlet Marton (1951). São Paulo, Brasil.
- Mario Sérgio Cortella (1954). Londrina, Brasil.
- Pierre Lévy (1956). Túnis, Tunísia.
- Viviane Mosé (1964). Vitória, Brasil.
- Clóvis de Barros Filho (1966). Ribeirão Preto, Brasil.
- Márcia Tiburi (1970). Vacaria, Brasil.

índice onomástico

A

Adorno, 153, 249, 250, 251, 252, 253, 254, 263, 264, 275, 292

Agostinho, 88, 199, 200, 201, 202, 203, 204, 207, 221, 281, 289

Anaxágoras, 167, 168, 288

Anaximandro, 150, 156, 158, 159, 160, 287

Anaxímenes, 156, 159, 160, 288

Antístenes, 174, 288

Aquino, Tomás de, 50, 76, 88, 89, 152, 195, 199, 204, 205, 206, 207, 208, 221, 281, 289

Arendt, 272

Aristipo, 176

Aristóteles, 6, 11, 28, 35, 46, 49, 50, 51, 52, 53, 54, 55, 65, 67, 69, 74, 75, 77, 87, 88, 89, 92, 98, 99, 100, 101, 102, 103, 107, 114, 115, 117, 122, 132, 133, 142, 151, 155, 160, 161, 162, 167, 168, 170, 190, 191, 192, 193, 194, 195, 196, 197, 204, 206, 207, 208, 209, 212, 221, 224, 225, 226, 288

B

Benjamin, 249, 252, 292

D

Demócrito, 151, 167, 288

Descartes, 77, 92, 125, 152, 209, 212, 213, 214, 221, 222, 225, 274, 290

E

Empédocles 151, 166, 167, 288

Engels, 237, 240, 241, 250, 285

Epicuro, 151, 176, 177, 281, 288

Espinosa, 125, 290

Euclides, 173, 179, 288

F

Foucault, 6, 97, 98, 153, 230, 254, 255, 256, 257, 258, 259, 260, 261, 264, 265, 278, 284, 293

H

Hegel, 17, 50, 133, 134, 138, 139, 140, 143, 153, 157, 164, 176, 246, 250, 291

Heráclito, 150, 164, 288

Hobbes, 92, 133, 134, 135, 136, 137, 138, 140, 143, 152, 290

Horkheimer, 249, 250, 251, 252, 253, 254, 263, 264, 275, 292

Hume, 125, 153, 216, 217, 218, 219, 220, 221, 244, 281, 290

Husserl, 17, 18, 244, 245, 246, 247, 248, 276

K

Kant, 50, 79, 80, 86, 93, 98, 116, 126, 133, 138, 153, 244, 246, 250, 274, 276, 290

Kierkegaard, 86, 153, 243, 244, 291

Kuhn, 78, 81, 84, 85, 105, 106, 153, 278, 281, 285, 293

L

Leucipo, 150, 167

Lipovetski, 278, 285

Locke, 76, 92, 93, 133, 152, 209, 211, 215, 216, 221, 290

M

Maquiavel, 133, 134, 135, 143, 164, 289

Marcuse, 249, 291, 292

Marx, 50, 61, 153, 225, 236, 237, 238, 239, 240, 241, 242, 243, 250, 262, 263, 264, 265, 285, 291

N

Nietzsche, 6, 11, 46, 56, 57, 58, 59, 61, 65, 68, 69, 86, 96, 97, 128, 153, 164, 225, 244, 250, 275, 276, 279, 285, 291

P

Parmênides, 150, 161, 162, 276, 288

Pitágoras, 16, 17, 20, 40, 150, 159, 160, 225, 288

Platão, 28, 49, 51, 55, 56, 65, 87, 88, 121, 122, 124, 131, 133, 151, 168, 170, 171, 173, 179, 180, 181, 182, 183, 185, 189, 190, 191, 203, 209, 221, 222, 223, 224, 225, 226, 279, 288

Popper, 81, 82, 83, 106, 153, 281, 292

R

Rousseau, 92, 93, 133, 134, 137, 138, 143, 144, 153, 290

S

Sócrates, 6, 11, 17, 38, 46, 47, 48, 65, 66, 67, 69, 87, 101, 120, 121, 133, 150, 151, 154, 164, 168, 170, 171, 172, 173, 175, 177, 178, 179, 180, 181, 183, 189, 195, 196, 212, 221, 222, 223, 224, 225, 288

T

Tales, 11, 16, 17, 150, 156, 157, 158, 159, 160, 287

X

Xenófanes, 161, 288

Z

Zenão, 150, 151, 161, 163, 173, 174, 288

respostas

CAPÍTULO 1
1. b
2. a
3. d
4. b
5. a

CAPÍTULO 2
1. b
2. a
3. d
4. b
5. a

CAPÍTULO 3
1. b
2. c
3. c
4. a
5. b

CAPÍTULO 4
1. a
2. b
3. d
4. b
5. d

CAPÍTULO 5
1. c
2. a
3. c
4. d
5. b

CAPÍTULO 6
1. d
2. b
3. a
4. d
5. b

sobre os autores

Roseane Almeida da Silva é doutoranda em Educação pela Universidade do Oeste Paulista (Unoeste), mestre em Educação (2010) pela Pontifícia Universidade Católica do Paraná (PUC-PR), especialista em Metodologia do Ensino de Filosofia (2016) pela Universidade Federal do Paraná (UFPR), especialista em Educação a Distância (2003) pelo Centro Universitário Internacional Uninter, graduada em Filosofia (2002) pela UFPR e em Pedagogia (2015) pela Faculdade São Braz. Dos 25 anos de carreira no magistério, 20 foram dedicados à educação a distância e ao ensino superior, atuando sempre na docência e na gestão educacional de instituições privadas de ensino. É membro da Associação Nacional de Procuradores Institucionais (ANPI). É autora de diversos materiais didáticos na área de filosofia e pedagogia. Atualmente, é diretora Acadêmica e Procuradora Institucional da Faculdade UniBF.

Marcio Pheper é mestre em Educação (2022) pela Universidade Federal do Paraná (UFPR) e especialista em Educação, Tecnologia e Sociedade (2008) pela Universidade Tecnológica do Paraná (UTFPR), em Gestão Escolar (2020) pela Faculdade Batista de Minas Gerais (FBMG) e em Jornalismo Digital (2020) pela Faculdade Intervale de Minas Gerias. É graduado em Filosofia (2003) pela PUCPR e Pedagogia (2021) pela Faculdade Intervale de Minas Gerais. São 21 anos de docência no ensino médio como professor titular de Filosofia do Colégio Estadual do Paraná, tendo atuado nesse mesmo período em cursos de extensão universitária e no ensino superior em instituições privadas lecionando Filosofia Oriental, Oratória e Sociologia. Atualmente, além de ser professor titular do Colégio Estadual do Paraná, leciona no Ensino Superior EaD, cursa graduação de Jornalismo no penúltimo ano e desenvolve projetos no campo do teatro, tendo em vista sua formação como ator, e no campo da oratória e comunicação no ensino superior.

Impressão:
Julho/2023